D1726654

MARIE-LOUISE VON FRANZ

PSYCHOTHERAPIE

MARIE-LOUISE VON FRANZ

PSYCHOTHERAPIE

ERFAHRUNGEN AUS DER PRAXIS

DAIMON
VERLAG

ISBN 3.85630-036-8

© Copyright Daimon Verlag, CH-8840 Einsiedeln

1. Auflage 1990

Umschlag: Hanspeter Kälin
Umschlagphoto: © Bobhin

Gesamtherstellung: Rombach GmbH, Druck- und Verlagshaus
7800 Freiburg im Breisgau

INHALTSVERZEICHNIS

VORWORT

Der vorliegende Band „Psychotherapie" ist der dritte aus der Reihe der Gesammelten Aufsätze von Marie-Louise von Franz.[1] Dieses Buch erscheint als eine Art „Festband" zum 75. Geburtstag der Autorin, der am 4. Januar 1990 im Kreise vieler Freunde und ehemaliger Schüler gefeiert wurde. Übergeordnetes Thema in allen Beiträgen dieses Buches ist die Psychotherapie. Die verschiedenen Kapitel befassen sich sowohl mit wichtigen Aspekten im therapeutischen und analytischen Prozeß, wie z. B. mit Projektion, Übertragung, aktiver Imagination, als auch mit wesentlichen Kriterien für die Ausbildung von Therapeuten und Analytikern. Alle Artikel zeichnen sich aus durch einen direkten Praxisbezug: Hier wird spürbar nicht im theoretischen Raum argumentiert, sondern auf dem reichen Erfahrungsboden jahrzehntelanger praktischer Arbeit mit Patienten und Ausbildungskandidaten. Viele Beispiele aus der Praxis begleiten die Ausführungen von Marie-Louise von Franz und machen den Band zu einem lebendigen, bereichernden Bericht einer außergewöhnlichen Analytikerin, die bei aller intellektuellen Stringenz einen praktisch-konkreten und warmen Humor zeigt.

---

1 Band I: *Träume*, erschienen 1985; und Band II: *Psyche und Materie*, erschienen 1988, beide Daimon Verlag.

Die Beiträge sind unabhängig voneinander in einem Zeitraum von über zwanzig Jahren entstanden. Sie wurden ursprünglich in verschiedenen Sammelbänden, Fachpublikationen und Zeitschriften veröffentlicht, von denen viele nunmehr vergriffen und kaum mehr zugänglich sind. Im nachstehenden Quellenverzeichnis finden sich alle uns verfügbaren Angaben zum erstmaligen Veröffentlichungsort der einzelnen Beiträge. Wir danken allen dort aufgeführten Verlagen und Herausgebern für die Abdruckgenehmigung.

Aus herausgeberischer Sicht ist anzumerken, daß die Beiträge im vorliegenden Band nicht chronologisch nach Entstehungszeit, sondern thematisch-inhaltlich angeordnet wurden. Hinweise und Zitate im Zusammenhang mit Schriften C. G. Jungs wurden bei allen vorgängig von der Autorin revidierten Kapiteln den im Walter Verlag erschienenen Gesammelten Werken C. G. Jungs angepaßt – dies betrifft vor allem Fußnotenhinweise. In Übereinstimmung mit den Wünschen der Autorin wurde wiederum ein integriertes Sach- und Personenregister am Ende des Bandes angefügt.

Unser besonderer Dank richtet sich an Marie-Louise von Franz, die mit Rat und Tat diese Herausgabe begleitet hat, an Herrn René Malamud für seine wertvolle Mithilfe bei der Zusammenstellung der Beiträge und geschätzte Unterstützung sowie an die Stiftung für Jungsche Psychologie, die mit einem Unterstützungsbeitrag die Veröffentlichung in der jetzigen Form maßgeblich ermöglicht hat.

Die Herausgeber

QUELLENHINWEISE

„Selbstverwirklichung in der Einzeltherapie" erschienen in: *Praxis der Psychotherapie,* Vorträge der 27. Lindauer Psychotherapie-Wochen, 1977.

„Die inferiore Funktion" erschienen in: Hillman/von Franz, *Zur Typologie C. G. Jungs – Die inferiore und die Fühlfunktion",* ehemals Schriftenreihe des C. G. Jung Instituts, Bonz Verlag, 1980

„Die aktive Imagination in der Psychologie C. G. Jungs" erschienen in: *Meditation in Religion und Psychotherapie,* Wilhelm Bitter, Hrsg., Ernst Klett Verlag, Stuttgart, 1957

„Bemerkungen zur aktiven Imagination" erschienen in: *Zeitschrift für Analytische Psychologie,* Vol. 9, 1978, S. 161 ff. Ursprünglich Vortrag, gehalten am 7. Internationalen Kongreß für Analytische Psychologie in Rom, August 1977.

„Die religiöse Dimension der Analyse" erschienen in: *Die Behandlung in der Analytischen Psychologie,* Sammelband, Ursula Eschenbach, Hrsg., Bonz Verlag, 1983

„Religiöse oder magische Einstellung zum Unbewußten" erschienen in: *Psychotherapeutische Probleme,* Studien aus dem C. G. Jung Institut, Bd. 17, Zürich, 1964 (Rascher)

„Über einige Aspekte der Übertragung" erschienen in: *Zeitschrift für Analytische Psychologie,* Vol. 4, 1973, S. 155 ff.

„Über Projektion" erschienen in der Zeitschrift: *Schleswig-Holsteinisches Ärzteblatt,* Schriftleiter Dr. med. G. Iversen, Heft 10, 1980

„Beruf und Berufung" erschienen in *Die Behandlung in der Analytischen Psychologie,* Sammelband, Ursula Eschenbach, Hrsg., Bonz Verlag, 1979

„Zur Psychologie der Gruppe" erschienen in: *Gruppenprobleme in Jungscher Sicht;* in Bd. *Zeitwende,* Nr. 42, Gütersloh, 1971.

„Die Drogen in der Sicht C. G. Jungs" erschienen in: *Trug der Drogen,* Irmgard Buck, Hrsg., Siebenstern Verlag, Hamburg, 1974

„Über religiöse Hintergründe des Puer-Aeternus-Problems" ursprünglich Vortrag, gehalten am *2. Internationalen Kongreß für Analytische Psychologie,* Zürich 1962, publiziert erstmals im Jahr 1964, Karger, Basel.

SELBSTVERWIRKLICHUNG IN DER EINZELTHERAPIE VON C. G. JUNG

Selbstverwirklichung ist ein Wort, das heute von verschiedenen psychologischen Schulen verwendet wird, meistens in einer losen Anlehnung an C. G. Jungs Begriff der Individuation. Genauer besehen verwenden sie es aber in einem anderen Sinn als Jung, nämlich als Auffindung einer gewissen Ich-Identität. Letztere entsteht bekanntlich durch ein Kontinuierlicherwerden und Festerwerden des Ich. Das Ich weiß dann auch einiges mehr über sich selbst. Bei Jung hingegen ist etwas ganz anderes gemeint, nämlich ein bewußtes Entdecken und Sich-In-Beziehung-Setzen zu einem anderen seelischen Inhalt, den er in Anlehnung an die indischen Upanischaden als „Selbst" bezeichnet. Dadurch entsteht ebenfalls eine kontinuierlichere und festere Ich-Identität, aber von ziemlich verschiedener Art. Sie ist weniger egozentrisch und menschenfreundlicher. Das Ich verwirklicht nämlich dabei nicht so sehr sich selbst, sondern verhilft dem Selbst zu seiner Verwirklichung.

Das klingt zunächst wohl etwas abstrakt. Darum werde ich im folgenden versuchen, den Vorgang durch die Deutung eines Traumes zu erläutern, der die Hauptaspekte unserer Frage beleuchtet. Ich habe einen Traum gewählt, weil der Traum eine Aussage der unvoreingenommenen unbewußten Natur im Menschen ist, also nicht eine Theorie abbildet, sondern eine Antwort der Seele selber auf die Frage nach der Selbstverwirklichung darstellt.

11

Die Begriffe von Ich, Selbst und dem Unbewußten sind den meisten wohl theoretisch bekannt, aber viele wenden sie an, ohne zu wissen, um was es sich dabei in der praktischen Erfahrung handelt. So ging es zunächst auch dem Träumer unseres Traumes. Er ist ein vierzigjähriger Anglosachse, der gerade die ersten Examina am C. G. Jung-Institut absolviert hatte. Theoretisch wußte er über jene Begriffe somit Bescheid. Nun aber sollte er unter Kontrolle die ersten Patienten behandeln. Sympathischerweise fühlte er sich dieser Aufgabe nicht gewachsen und bekam Angst. Seine größte Befürchtung war, daß er die Träume seiner neuen Analysanden vielleicht nicht verstehen würde. (Bekanntlich gründet sich eine Analyse im Sinne C. G. Jungs sehr weitgehend auf die Interpretation der Träume des Patienten.) Alles schien ihm fraglich, und er begann zu grübeln, was denn eigentlich eine „richtige" oder „falsche" Traumdeutung überhaupt sei, und allgemeiner: was denn eigentlich in einer Analyse wirklich passiere. Nachdem er dies am Abend mit einem Freund länger diskutiert hatte, ging er schlafen und hatte folgenden Traum:

„Ich sitze auf einem offenen viereckigen Platz in einer alten Stadt. Da gesellt sich zu mir ein junger Mann, der nur mit einer Hose bekleidet ist, und setzt sich mit gekreuzten Beinen vor mich hin. Sein Torso ist kräftig und voller Vitalität und Kraft. Die Sonne schimmert durch seine blonden Haare. Er erzählt mir seine Träume mit dem Wunsch, daß ich sie ihm deuten solle. Die Träume sind dabei wie eine Art von Stoff, den er beim Erzählen vor mir ausbreitet. Jedesmal, wenn er einen Traum erzählt, fällt ein Stein vom Himmel, der dem Traum einen Schlag versetzt. Dadurch fliegen Stücke des Traumes davon. Als ich sie in die Hand nehme, erweist sich, daß sie aus Brot bestehen. Indem die Stücke wegfliegen, legen sie eine innere Struktur frei, die einer abstrakten modernen Skulptur gleicht.

Bei jedem Traum, der erzählt wird, fällt ein weiterer Stein darauf, und so erscheint mehr und mehr deren Skelett, welches aus Bolzen und ,Muttern' besteht. Ich sage zu dem Jüngling, daß dies zeige, wie man einen Traum entblößen müsse, bis man zu den Bolzen und Muttern komme. Es heißt dann noch: Traumdeutung ist die Kunst zu wissen, was man wegwirft und was man behält, es ist wie im Leben auch.

Dann wandelt sich die Traumszenerie: Der Jüngling und ich sitzen nun einander gegenüber am Ufer eines wunderschönen breiten Flusses. Er erzählt mir noch immer seine Träume, aber die durch die Träume aufgebaute Struktur hat eine andere Gestalt angenommen. Sie formen nicht eine Pyramide aus Bolzen und Muttern, sondern eine Pyramide aus Tausenden von kleinen Vierecken und Dreiecken. Es gleicht einer kubistischen Malerei von Braque, aber es ist dreidimensional und lebt. Die Farben und Schattierungen der kleinen Vierecke und Dreiecke ändern sich andauernd. Ich erkläre, daß es für einen Menschen essentiell sei, das Gleichgewicht der ganzen Komposition zu erhalten, indem man immer sofort eine Farbänderung durch eine entsprechende Änderung auf der Gegenseite kompensatorisch ausgleiche. Dieses die Farben Ausbalancieren ist unglaublich komplex, weil der ganze Gegenstand dreidimensional und in ständiger Bewegung ist. Dann blicke ich zur Spitze der Traumpyramide: Dort ist Nichts. Dort ist zwar der einzige Punkt, wo die ganze Struktur zusammengehalten wird, aber dort ist leerer Raum. Als ich hinblickte, beginnt dieser Raum in einem weißen Licht zu strahlen.

Wieder ändert sich die Traumszenerie: Die Pyramide bleibt da, aber besteht nun aus festgewordenem Scheißdreck. Die Spitze leuchtet noch immer. Ich realisiere plötzlich, daß die unsichtbare Spitze gleichsam durch den soliden Dreck sichtbar gemacht wird und daß umgekehrt der Dreck durch die Spitze sichtbar gemacht wird.

Ich schaue tief in den Dreck hinein und erfasse, daß ich auf die Hand Gottes blicke. In einer augenblicklichen Erleuchtung verstehe ich, warum die Spitze unsichtbar ist: Es ist das Antlitz Gottes.
Wieder ändert sich der Traum: Frl. von Franz und ich spazieren dem Fluß entlang. Sie sagt lachend: Ich bin 61 Jahre alt und nicht 16, aber beide Zahlen addieren sich zu sieben.
Ich erwache jäh mit dem Gefühl, daß jemand stark an die Tür geklopft hat. Zu meinem Erstaunen ist die Wohnung völlig still und leer."

In der Sprache der Primitiven ist dies ein „großer" Traum, in der Sprache Jungs ein archetypischer Traum, der von überpersönlicher allgemeinmenschlicher Bedeutung ist. Wir müssen nun versuchen, ihn genauer zu verstehen. Er besteht aus vier Abschnitten. Der Ort des ersten Geschehens ist ein viereckiger Platz in einer alten Stadt, was auf Tradition und kulturelles Menschenwerk hinweist, im Gegensatz zum Fluß in den nächsten Traumteilen. Dies bezieht sich vermutlich darauf, daß sich der Träumer mit der Frage quälte: Was tun wir, was tue ich eigentlich in einer Analyse? Die Antwort lautet: Das Erzählen und Deuten der Träume ist eine alte Kulturtradition, die früher in aller Öffentlichkeit geschah. Schon kommt der erste Patient, der seine Träume gedeutet haben will. Er ist aber betonterweise vital und gesund, nicht krank. Sein sonnendurchleuchtetes blondes Haar weist vielleicht sogar auf eine Sonnenheldenfigur hin. Dieses Gesundsein betont, daß die Träume immer, auch in einem kranken Patienten, aus der gesunden Schicht seiner Seele stammen, aber es sagt auch noch mehr aus: Der Sonnenheld ist im Mythos ein Bringer neuen Lichts, eines neuen Bewußtseins, er ist bereits ein Aspekt von dem, was Jung als das Selbst bezeichnet hat, ein noch unbekanntes Stück vom Träumer selbst, das ihm Erleuchtung bringen wird.

Die Träume, die dieser Mann erzählt, sind eine Art von Substanz. Sie sind eben nicht „Schäume", sondern etwas Reales, ein Stück Material sozusagen. Dann fallen auf sie die Steine vom Himmel. Darin besteht irgendwie ihre Deutung. Der Träumer war sehr ängstlich gewesen, ob er die Träume richtig deuten würde; kompensatorisch dazu betont hier das Traumbild, daß eine richtige Traumdeutung ein „Treffer" ist, den man nicht selber „macht". Es ist vielmehr ein seelisches Ereignis. Die Steine kommen vom Himmel, sie sind wohl Meteoriten. Was von oben kommt, bedeutet jeweils in der Sprache des Mythos, daß es aus der unbekannten geistigen Sphäre des kollektiven Unbewußten stammt. Meteoriten waren daher seit ältesten Zeiten hochverehrte Gegenstände, welche einen göttlichen Geist enthielten, Boten der Götter. So erzählen z. B. die nordamerikanischen Arikara-Indianer, daß der höchste Gott Nesaru' einen schwarzen Meteoriten als Gesandten zu ihnen geschickt habe, der ihnen das Ritual der „heiligen Pfeife", der Friedenspfeife, beibrachte. Die berühmte Ka'aba, das Ziel der Mekkapilger im Islam, ist auch ein schwarzer Meteoritstein. Da die Steine vom Himmel kommen, sehen wir, daß einerseits der Traum und auch andererseits seine Deutung, der richtige Ein-Fall, beide aus dem Unbewußten kommen, letztlich aus derselben Quelle, aber nur, wenn Therapeut und Analysand sich zusammen um den Traum bemühen.

Die durch den Einschlag der Steine wegfliegenden Traumstücke erweisen sich, näher besehen, als Brot, d. h. als etwas, das man essen bzw. psychologisch integrieren kann. Tatsächlich wirkt ja, wie wir alle erleben können, eine gelungene, d. h. „getroffene" Traumdeutung belebend, gleichsam das Bewußtsein ernährend. Eine synthetische, konstruktive Deutung, die die Trauminhalte nicht mit einem „Nichts als Wünsche" oder anderem „Nichts-als" abtut, sondern der aufbauenden Linie des Traumes, die Motive anreichernd, folgt, wirkt wie „Brot des Lebens". Tatsächlich bitten wir im Vaterunser nicht um das tägliche Brot, wie meistens falsch übersetzt wird. Im griechischen Text steht „hyperousion" – übersubstantielles Brot.

Was nicht gegessen, d. h. direkt integriert werden kann, ist gleichsam der Rest des Traumes. Er besteht aus Bolzen und Muttern, welche allmählich eine ganze Pyramide aufbauen. Sie sind, wie es heißt, das Skelett des Traumes, wenn man das Fleisch, d. h. hier das Brot, entfernt hat. Es heißt dann weiter im Traum, das müsse man tun, wie im Leben auch (nämlich das Skelett herausarbeiten). Damit ist wohl gemeint, daß man zum tieferen Sinn, der hinter den Traumbildern liegt, hindurchdringen muß. Leute sagen ja immer wieder: „Ich hatte heute nur einen lächerlichen, dummen oder absurden Traum." Sie bleiben an der Oberfläche des Traumes, jener Kombination absurder Bilder hängen, ohne zum Sinn hindurchdringen zu können. Jung antwortete oft in solchen Fällen: „Es gibt keine dummen Träume, nur dumme Leute, die sie nicht verstehen." Bolzen (das sind bekanntlich große Schrauben) sind dazu da, zwei Dinge zusammenzuhalten und zu befestigen, z. B. Schienen auf den Querbalken usw. Die sexuelle Analogie – darum heißt ja der eine Teil ,Mutter' – ist offenkundig. Durch den Bolzen werden Dinge vereint. Jedesmal, wenn eine Traumdeutung „trifft", werden dadurch ein Stück Unbewußtes mit dem Bewußtsein oder auch ein autonomer Komplex mit der restlichen Persönlichkeit vereinigt – ein sich stetig wiederholender Coniunctio-Vorgang. Und daraus baut sich dann allmählich jene seltsame Pyramide auf, von welcher der Rest des Traumes handelt. Wir müssen uns daher das Symbol der Pyramide näher ansehen:

Die wichtigste Funktion wurde wohl der Pyramide von den alten Ägyptern zugemessen, als Form ihrer

16

Königsgrabmäler. Sie war das Haus des Toten. Ihr Abschlußstein (selber eine Pyramide) wurde so angelegt, daß der erste Sonnenstrahl ihn traf.[1] Nun wurde in Ägypten der größte Gott, der All-Gott Atum, ursprünglich auch als kegelförmiger Stein dargestellt, als der sogenannte „unbekannte Ben-Benstein".[2] Dieser Name hängt zusammen mit w b n = aufgehen, aufleuchten. Derselbe Wortstamm liegt auch im ägyptischen Wort für den b n w = Vogel, den Phönix, der die aufgehende Sonne und die Auferstehung symbolisierte. Das Allerheiligste im Tempel von Heliopolis heißt abwechslungsweise „Haus des Steines" oder „Haus des Phönix". Der gleiche Ben-Benstein gilt auch als der Urhügel, der sich am Anfang der Welt aus den Urgewässern erhob. Nun wurde derselbe Phönix in der späteren ägyptischen Geschichte auch mit dem sogenannten Ba-Vogel identifiziert. Letzterer ist der unsterbliche Seelenkern jedes Menschen, seine Individualität, welche nach dem Tode mit dem Allgott verschmilzt, ohne seine Natur als Quintessenz eines individuellen irdischen Menschen dabei zu verlieren.

Nach Ansicht Helmuth Jacobsohns stellen auch die pyramidenförmigen Schlußsteine der Obelisken den Ben-Benstein dar. Sie hießen Benbenet. Wenn der König im Kult vom Sockel des Obelisken aus den aufgehenden Sonnengott begrüßte, fielen dessen erste Strahlen auf die damals vergoldete Spitze.[3] Dort wurde der Ba, der Seelenkern des Gottes, gesehen. Benbenet hieß aber auch die der Obeliskenspitze gleichende Pyrami-

---

1 Vgl. Helmuth Jacobsohn, Das göttliche Wort und der göttliche Stein im alten Ägypten. *Eranos-Jahrb.* Bd. 39, 1970, S. 217 ff.
2 Ebenda S. 233/4.
3 Ebenda S. 236.

denspitze.[4] Der zum Ba gewordene Tote erblickte bei seiner Auferstehung von dort aus den Sonnengott. Später gab man solche Steine auch den gewöhnlichen Menschen als Grabbeigabe mit.

Wie Helmuth Jacobsohn betont, stellt dieser Ben-Ben-stein in Ägypten eine Parallele zum „Stein der Weisen" in der abendländischen Alchemie dar. Letzterer symbolisierte ebenfalls den unsterblichen Seelenkern und eine Art von Auferstehungsleib des Toten. Die Pyramide unseres Traumes bildet dazu eine erstaunliche Parallele, denn der Träumer kannte jene erwähnten ägyptischen Tatsachen nachweisbar nicht. Aber auch diese Pyramide ist etwas Göttliches, die aufleuchtende Spitze ist sogar das Antlitz Gottes und in ihrem wertlosen Stoffgewand kann man die Hand Gottes sehen.

Vielleicht lohnt es sich noch nebenbei zu bemerken, daß Pyramiden tatsächlich seltsame physikalische, noch nicht erklärte Eigenschaften aufweisen.[5] Versuche mit aus Karton fabrizierten Modellen der Cheopspyramide ergaben, daß dareingelegte Kadaver nicht verwesen; stumpfe Rasierklingen werden darin wieder scharf. Das muß, wie es heißt, mit der Innenraum-Geometrie zusammenhängen, aber man weiß nichts Genaueres. Doch ist dies hier nicht so wesentlich, für uns wichtig ist nur die psychologische Bedeutung der Pyramide im Traum als einem Symbol des Selbst.

Vielleicht ist es so nun etwas deutlicher geworden, was Jung unter dem Selbst versteht. Es ist nicht das Ich, sondern eine umfassendere oder ewige innere Persönlichkeit, die durch das Symbol angedeutet ist. Jung definiert sie auch als die bewußt-unbewußte Ganzheit des

---

4 (Meine Fußnote): Diese war ein solider, genau pyramidenförmiger Stein.
5 Vgl. S. Ostrander und L. Schroeder: *Psi.* Scherzverl. Bern–München–Wien, 1970, S. 308 ff. (Karel Drbal).

Menschen. Dieses Selbst ist zwar als Anlage schon immer in jedem Menschen vorhanden, aber durch das Verstehen der Träume (oder durch aktive Imagination, worauf ich hier nicht eingehen kann [6]) wird es erst eigentlich verwirklicht; es „inkarniert" sich dann sozusagen im sterblichen Leben des Ichs. Wenn ich eine Musikbegabung wie Beethoven hätte, aber sie nie entdecken und gebrauchen würde, so wäre sie so gut wie nicht existent. Nur das bewußte Ich kann Psychisches verwirklichen. Sogar etwas so Großes, ja Göttliches, wie das Selbst kann nur vom Ich verwirklicht werden. Das ist Selbstverwirklichung.

Nun ist es an der Zeit, noch einmal zum Anfang des ersten Traumteils zurückzukehren: zum viereckigen Stadtplatz. Wie man z. B. bei Mircea Eliade nachlesen kann, ist ein solches Geviert in einer Stadt ein Symbol des Weltzentrums, der Ort, wo sich Himmel und Erde, Ewigkeit und Zeitlichkeit, verbinden. [7] Dieser Platz ist also eigentlich auch schon ein Symbol des Selbst, aber in der Funktion eines mütterlichen Temenos oder bergenden Raumes. Und der blonde Traumerzähler ebenfalls; er ist derjenige Aspekt des Selbst, der zur Bewußtwerdung drängt, wie alle mythischen Helden die Bringer einer neuen Weltsicht sind. Nun verstehen Sie wohl besser, warum Jung immer wieder vom Analytiker verlangt, daß er letztlich am meisten an seiner eigenen Individuation weiterarbeiten sollte – er nimmt dann dabei den Analysanden ohne direkte Einflußnahme (welche Machtausübung wäre) auf die Reise mit. In einem frühen Brief geht Jung sogar so weit zu sagen, daß der Therapeut nur die krankmachenden Aspekte der Seele des Patienten intellektuell analysieren sollte. [8] Das intellek-

---

6 Vgl. Beiträge in diesem Bd. S. 141 ff. und S. 159 ff.
7 *Kosmos und Geschichte.* Rowohlt. 1966, S. 11 ff.
8 *Briefe,* Walter-Verlag, Olten 1972, Bd. I, S. 53.

tuelle Verstehen zerstört nämlich. Verstehen, lat. comprehendere, heißt ja auch packen, greifen und entspricht deshalb einer Machthaltung. Wenn es um das eigentliche Wesen und Schicksal des Patienten gehe, sollte man dessen einmaliges Geheimnis wortlos respektieren. „Wir müssen in uns das Göttliche verstehen, aber nicht den anderen, insofern er fähig ist, selber zu gehen und zu verstehen." Unser Träumer hatte sich ja, wie wir uns erinnern, vor der Begegnung mit den Analysanden gefürchtet; sein Traum weist ihn auf die Arbeit an sich selbst zurück.

Nun wandelt sich das Bild und der Schauplatz wird zum Ufer eines breiten Flusses. Der Fluß ist in der Mythologie meistens mit dem Strom der Zeit, dem Fluß des Lebens assoziiert. So ist die Zeit z. B. für die Griechen der Gott Aion, das ist Okeanos, ein Strom, der ringförmig die Erde umkreist oder noch einmal als Himmelsstrom mit den Tierkreisbildern auf dem Rücken den Kosmos umzingelt.

Er ist ein Bild der ewigen Wandlung – denken wir an Heraklit, der sagte, daß wir nie zweimal in denselben Fluß steigen können. Aus dem technisch abstrakten Pyramidenskelett aus Bolzen und Muttern ist jetzt eine Pyramide aus unendlich vielen, aufeinander abgestimmten, farbigen Vierecken und Dreiecken geworden, deren Farbnuancen dauernd kompensatorisch ausgewogen werden müssen. Dies beschreibt einen fortgeschritteneren Aspekt der Traumanalyse; zuerst ist jede gelungene Traumdeutung ein einzelnes Aha-Erlebnis, nun aber tritt alles in näheren Kontakt mit dem Fortgang des Lebens, dem Fluß. Man beginnt nicht nur einzelne Träume zu verstehen, sondern lebt dauernd mit ihnen zusammen. Auch wird es nun klar, daß die Pyramide, trotz ihrer vielen Einzelfacetten, eine ausgewogene Ganzheit darstellt, wo alles mit allem zusammenhängt. Farben deuten auf gefühlsmäßige und emotio-

20

nale Beteiligung hin. Es geht nicht mehr nur darum, einzelne Stücke zu sehen, sondern auch alle Gefühlsnuancen der Träume lebendiger zu erfassen – immer mit einem Blick auf das Gleichgewicht des geheimnisvollen Ganzen.

Die Grundbestandteile sind Dreiecke und Vierecke, so wie das Ganze selber aus einem Grundviereck und vier Dreiecken besteht. Diejenigen, die mit dem Lebenswerk von C. G. Jung vertraut sind, werden wissen, daß Symbole des Selbst fast immer quaternarische, seltener triadische Strukturen sind. Die Weltmodelle der alten Kosmologien, wie auch alle natürlichen Gottessymbole, sind quaternarisch. Sogar die christliche Trinität hat die katholische Kirche durch die Himmelfahrt Mariae zur Vierheit ergänzt. Zahlensymbolisch gesehen sind die Drei und das Dreieck männlich-dynamisch, die Vier und das Viereck weiblich-statisch. Die Zusammensetzung der Pyramide aus beiden weist darauf hin, daß hier die Gegensätze vereint werden, was ja auch schon im Bild der Bolzen und Muttern angedeutet war. Das ganze Gebilde befindet sich in dauernder Wandlungsbewegung der Farben – es ist etwas Lebendes, das vom Betrachter bzw. Traumdeuter immer wieder neu verstanden werden muß.

Nun entdeckt der Träumer, daß die Spitze, der Angelpunkt des Ganzen, leer – leerer Raum – ist. Später hören wir, daß das so sei, weil es das Antlitz Gottes sei. Kein Mensch darf bekanntlich das Antlitz Gottes schauen und leben! In sehr vielen Mandalas, d. h. kreis- und quadratförmigen religiösen Bildern des Selbst, steht in der Mitte die Figur Christi oder Buddhas oder sonst eines Gottes oder auch ein Symbol wie der Donnerkeil (Dorje), ein Kristall, eine Blume, goldene Kugel usw. Doch besonders in neuerer Zeit häufen sich, wie Jung hervorhob, Fälle, wo das Zentrum leer ist. Es sei, sagt er, als ob viele moderne Menschen das göttliche Bild nicht mehr projizieren können, z. B. auf Christus oder Buddha.[9] Dadurch geraten sie in Gefahr, sich selber mit dem Zentrum zu identifizieren, was zu einer Auflösung der Persönlichkeit führen würde. Die Umschränkungen des Mandalas sind dazu da, dies zu verhindern und eine Konzentration auf das innere Zentrum, das Selbst, das nicht mit dem Ich identisch ist, zu unterstützen. Das Menschenbild ersetzt nicht die Gottheit, sondern versinnbildlicht sie. Als solche ist sie das Geheimnis, das in der Seelentiefe des einzelnen wohnt.

Es ist die Gefahr eines jeglichen Atheismus, daß sich dann der Mensch mit seinem Ich in die Mitte setzt und eine Inflation erfährt, die ihn in eine seelische Katastrophe stürzt. Unser Träumer ist nicht in dieser Gefahr, aber er nimmt sich als Analytiker zu wichtig, darum dieses Bild. Wie er auf die Spitze blickt, beginnt sie zu leuchten. Man ist an die Nirvana- oder Sartori-Erlebnisse des Fernen Ostens erinnert. Die Leere, die keine negative „Leere" ist, sondern voller Erleuchtungskraft.

Im dritten Traumteil folgt ein überraschender Umschlag, eine sogenannte Enantiodromie.[10] Die schöne Pyramide besteht nun aus verfestigtem „Scheißdreck". Dieser macht den Erleuchtungspunkt in der Leere sichtbar und umgekehrt. Die antiken und mittelalterlichen Alchemisten wurden nicht müde zu wiederholen, daß der Stein der Weisen „in stercore invenitur" (im Mist gefunden werde) und daß ihn dort die Menschen dieser Welt achtlos zertrampeln. Wie viele moderne Rationalisten meinen ja auch heute noch, daß Träume „Mist" sind, anale und genitale Phantasien und dgl. Was ein Analytiker so den ganzen Tag lang in seiner Praxis anhören muß, ist ja auch nicht gerade erbaulich: Ehestreite-

---

9 Vgl. C. G. Jung, Psychologie und Religion, *G. W.*, Bd. 11, S. 104 ff.
10 Vgl. C. G. Jung, Über psychische Energetik und das Wesen der Träume, *G. W.*, Bd. 8, S. 250.

reien, Eifersüchteleien, Ausbrüche verdrängter Ressentiments, Sexualphantasien, Geldnöte und jenes endlose „Da hat er gesagt – da habe ich gesagt …". Schrecklicher Scheißdreck, in dem der Patient und wir alle sitzen. Aber wenn man genauer hinschaut, könnte man darin die Hand Gottes sehen! Das war vielleicht die größte Kunst von Jung selber, daß er solchen Mist seltsam unberührt anhören konnte, um dann mit einem Wort oder einer Geste plötzlich auf die darin erscheinende „Hand Gottes", d. h. den tieferen Sinn, hinzuweisen, der die Not tragbar werden ließ. Das konnte er tun, weil er nicht so sehr nach dem Warum, der persönlichen Herkunftsgeschichte der neurotischen Symptome Ausschau hielt als nach dem Zweck, dem Telos, oder Sinn des Geschehens: „Was will es mit mir, daß ich mich in diesen Scheißdreck gesetzt habe?" Dadurch wird dann die Pyramidenspitze sichtbar, jene Spitze, die die alten Ägypter so anlegten, daß sie jeden Morgen der erste Sonnenstrahl traf. Im Orient, besonders in Persien, ist deshalb noch heute der „oriens", der Sonnenaufgang, ein Symbol des Augenblicks der mystischen Erleuchtung, wo der Erleuchtete Gott erkennt und mit ihm eins wird.

Der vierte Teil ist ein Abstieg oder eine Rückkehr zum Alltag. Ich trete auf (ich bin seine Analytikerin) und sage lachend, daß ich einundsechzig bin, nicht sechzehn, aber die Quersumme beider Zahlen sei sieben. Betrachten wir zunächst die konkreten Verhältnisse: Ich war einundsechzig Jahre alt, der Träumer vierzig, seine neuen Analysandinnen um zwanzig. Der Träumer stand also in der Mitte, etwa am Umschlagplatz zur zweiten Lebenshälfte. Bis vierzig hatte er einen anderen Beruf ausgeübt, und nun war er in Gefahr, sich vor der neuen Aufgabe zu fürchten wie ein Bub vor der Matura. Seine schon erworbene Lebenserfahrung, die Meisterung einer schwierigen Ehe, seine drei schon heranwachsenden Kinder, alles hatte er vergessen. Weiter führt uns hier aber die Zahlensymbolik: Eins hat dort die Bedeutung der Gottheit und der kosmischen Ganzheit, sechs die der Vereinigung der Geschlechter und der Ehe. Mit 16 Jahren verläßt man definitiv das unbewußte Ganzsein der Kindheit und wendet sich der Sexualität und den „zehntausend Dingen" der Welt zu. Mit 61 hat man die Schwelle zum höheren Alter überschritten, wo man sich vom Vielen wieder der inneren Einheit zukehrt. Aber die Quersumme beider Zahlen ist sieben. Sieben gilt als Zahl der Evolution, der Entwicklung.[11] Man denke z. B. an die sieben Tage der Schöpfung. In der Acht ist dann das Ziel, die differenzierte Ganzheit, erreicht. Die Betonung liegt hier auf der Sieben, darauf, daß Leben Entwicklung ist, in der Jugend wie im Alter. „Alles ist Übergang" oder: „Habentibus symbolum facilis est transitus", wie die alten Alchemisten sagten.

Dieser große Traum führt von der Angst des Träumers weit weg und antwortet ihm auf seine Fragen mit einer ganzen Lebensphilosophie, in deren Zentrum das Problem der Selbstverwirklichung steht. Das Ganze ist als reines Geschehen dargestellt, das den Träumer erleuchtet. Dies darf einen allerdings nicht dazu verleiten zu meinen, daß Analysieren nicht auch eine Leistung des Ichs erfordert. Wir wissen aus der Erfahrung, daß es harte, schwere Arbeit ist und viele Kenntnisse erfordert; der Traum, der diese Arbeit als reines Geschehen darstellt, bedeutet eine Kompensation, weil der Träumer in seinen Grübeleien des Vortages sein Ich, die Rolle des Therapeuten, zu wichtig genommen hatte. Seine realen, ihm zugewiesenen Patienten, zwei junge Frauen, kommen im Traum gar nicht vor, vielmehr ist der Patient, der „Leidende", eine innere Figur im Träumer selber, er ist ein Stück seines Selbst.

---

11 Vgl. R. Allendy, *Le Symbolisme des Nombres*. Paris 1928.

Vielleicht vermittelt dieser Traum eine Ahnung, warum wir in der Jungschen Schule die Gruppentherapie anzweifeln. Der Traum zeigt, daß die Hauptsache der inneren Entwicklung sich rein zwischen dem Ich und dem Selbst – in altmodischerer Sprache – dem Gottesbild im eigenen Inneren abspielt. Dort haben andere Leute und ihre Meinungen nichts mehr zu suchen. Es kommt sogar dann zu einer Phase, wo sogar der eine Analytiker als Partner zuviel ist. Es muß nämlich schon einer, wie Jung betont, „allein sein, um zu erfahren, was ihn trägt, wenn er sich nicht mehr ertragen kann. Einzig diese Erfahrung gibt ihm eine unzerstörbare Grundlage". [12]

Eine solche Einstellung hat nichts mit Narzißmus oder gar egoistischem Individualismus zu tun. Letztere sind nämlich eine Beschäftigung des Ichs mit dem „lieben Ich", nicht mit dem Selbst, das letztlich ein inneres Geheimnis des einzelnen ist. Die Beziehung zum Selbst macht den Menschen nicht egoistisch; vielmehr kann er sich sogar nie ganz richtig auf seine Mitmenschen beziehen, bevor er sich nicht selbst, d. h. sein Selbst, gefunden hat. Dennoch hat Jung zugegeben, daß diese seine Stellungnahme einseitig sei. In Wirklichkeit bilden wohl der extravertierte Weg der sozialen Anpassung einerseits und der introvertierte Weg der Beziehung zum Selbst andererseits ein komplementäres Gegensatzpaar, beides berechtigt und zugleich sich gegenseitig ausschließend. Aber durch den Druck der Überbevölkerung und der zunehmenden Urbanisation, durch den Kommunismus und die extravertierte Orientierung der amerikanischen psychologischen Schulen stehen wir in großer Gefahr, nur noch den einen Pol zu betonen, so daß das Individuum in seiner Einmaligkeit erdrückt zu werden droht.

---

12 Psychologie und Alchemie, *G. W.*, Bd. 12, S. 43 ff.

Weiß es dies nicht, so entsteht als unbewußte Gegenreaktion ein schrankenloser Egoismus und im Extremfall sogar asoziale Kriminalität. Darum ist es, nach Jungs Ansicht, an der Zeit, daß wir dem inneren Weg des Individuums zum Selbst mehr Berücksichtigung schenken. Denn nur wer im Selbst verankert ist, kann wirklich ethisch handeln und wird nicht mehr allen Modeströmungen und politischen -ismen kritiklos folgen. Er kann dann auch, wie der Traum so schön sagt, in allem Scheißdreck des Lebens die Hand Gottes wahrnehmen, allerdings nur, wie es ebenfalls heißt, wenn er genauer hinsieht.

DIE INFERIORE FUNKTION

Eine allgemeine Beschreibung der inferioren Funktion

Die „Psychologischen Typen" ist eines der frühen Werke von C. G. Jung. Als er es schrieb, tappte er in mehrfacher Hinsicht im dunkeln über die Bedeutung seines Modells. Seit dieses Buch geschrieben wurde, hat sich die Idee der vier Funktionen des Bewußtseins und das Wirken der bewußten menschlichen Persönlichkeit in dieser vielfältigen Weise als ausgesprochen produktiv erwiesen. Für diejenigen, die mit diesem Gebiet weniger vertraut sind, möchte ich einen kurzen Überblick über die Vorstellung der vier Funktionen in der Jungschen Psychologie geben. Jung unterschied zuerst zwischen zwei Einstellungstypen: dem Extravertierten und dem Introvertierten.

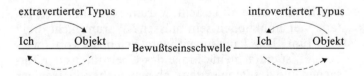

Beim Extravertierten fließt normalerweise die bewußte Energie zum Objekt hin, aber es besteht eine unbewußte geheime Gegenbewegung zurück zum Subjekt. Im Falle des Introvertierten geschieht das Gegenteil: Er erlebt sich, als ob ein überwältigendes Objekt dauernd auf ihn einwirken will, von dem er sich kontinuierlich zurückziehen muß; alles fällt auf ihn herunter, er ist dauernd überwältigt von Eindrücken, aber er ist nicht gewahr, daß er geheimerweise über seine unbewußte Extraversion psychische Energie dem Objekt zufließen läßt.

Die Zeichnung stellt den Unterschied zwischen dem extravertierten und dem introvertierten Typus dar. Neben diesen zwei Einstellungstypen stellte Jung vier Typen von Bewußtseinsfunktionen fest. Diese vier Funktionen – Empfinden, Denken, Fühlen und Intuition (jede kann extravertiert oder introvertiert sein) – ergeben acht Typen: extravertiertes Denken, introvertiertes Denken, extravertiertes Fühlen, introvertiertes Fühlen, usw. Unter den vier Funktionen sind zwei (Denken und Fühlen) rational, die zwei anderen irrational.

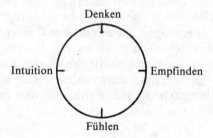

Die Frage wurde oft gestellt, warum es in aller Welt gerade vier Funktionen sein müssen? Warum nicht drei? oder fünf? Dies kann nicht theoretisch beantwortet werden; es ist einfach eine Frage des Überprüfens der Tatsachen und des Beobachtens, ob man mehr oder weniger Typen oder eine andere Typologie finden könnte. Für Jung war es eine große Entdeckung, als er später eine Bestätigung seiner eher intuitiv gesehenen Idee in den Tatsachen fand, daß überall in Mythen und religiösen Symbolen ein Modell einer vierfältigen Struktur der

Seele auftaucht. Er sah, daß er offenbar beim Studium seiner Patienten eine Grundstruktur der Psyche beobachtet hatte. Natürlich wird die vierfältige Struktur der Psyche, die noch viel mehr bedeutet als nur die bewußten Funktionen, normalerweise dargestellt als eine rein primitive Selbstmanifestation des Unbewußten, gewöhnlich als ein undifferenzierter Quaternio. Es sind jeweils vier Prinzipien mehr oder weniger gleicher Natur: vier Farben, vier Götter, vier Engel usw. Je mehr diese Vier mit dem Bewußtsein verbunden sind, desto mehr neigen sie dazu, sich zu differenzieren: drei Tiere und ein menschliches Wesen oder drei gute Götter und ein böser Gott zu werden. Man findet dies auch in differenzierteren Mandalas, bei denen die vier Pole der Quarternärstruktur voneinander verschieden sind, was dann besonders vorkommt, wenn an dem Material bewußt viel gearbeitet wurde. In diesem Fall trifft man dann oft auf das klassische Problem der Drei und der Vier, über welches Jung bekanntlich viel geschrieben hat. Dies bedeutet, daß, wenn von der Grundstruktur die eine oder andere Funktion bewußt wird, oder wenn unter optimalen Bedingungen drei Funktionen bewußt werden, dies den Effekt hat, daß sich auch die Grundstruktur der Psyche verändert. Weder in der Psychologie noch in irgendeinem anderen Bereich der Realität gibt es einen einseitigen Verlauf einer Wandlung, denn wenn das Unbewußte einen neuen Bewußtseinsbereich aufbaut, erzeugt der Widerhall einer solchen Veränderung auch eine Wandlung der unbewußten psychischen Struktur. Wenn man darum in Träumen und in mythologischem Material entdeckt, daß diese Grundstruktur in gewandelter Form erscheint, kann man daraus schließen, daß ein Teil des Funktionsproblems in jener Kultur schon bewußt geworden ist und daß als Folge einer Gegenwirkung sich sogar die Grundstruktur der Psyche gewandelt oder geändert hat.

Die Typendifferenzierung beginnt in der frühen Kindheit. Zum Beispiel können die zwei Einstellungen – Extraversion und Introversion – schon bei einem Kind von einem oder anderthalb Jahren gesehen werden, wenn auch vielleicht noch nicht ganz deutlich. Jung hat mir einmal von dem Fall eines Kindes erzählt, das jeweils keinen Raum betreten wollte, bevor ihm nicht die Namen der Möbelstücke aufgezählt wurden – Tisch, Stuhl usw. Das ist typisch für eine eindeutig introvertierte Einstellung, bei der das Objekt erschreckend ist und gebannt werden, d. h. durch Worte oder durch eine versöhnende Geste an seinen Platz verwiesen werden muß. Durch die Benennung wird das Objekt gekennzeichnet und es kann sich deshalb nicht mehr „unerwartet" benehmen. An solchen Details (wenn man sie zu beachten weiß) kann man die Neigung zur Introversion oder Extraversion schon bei einem sehr kleinen Kind beobachten.

Die Funktionen zeigen sich nicht so früh, aber schon im Kindergartenalter kann man normalerweise die Entwicklung der Hauptfunktion anhand der Vorlieben für gewisse Beschäftigungen oder anhand des Verhaltens des Kindes anderen Kindern gegenüber beobachten. Kinder wie Erwachsene neigen dazu, häufiger das zu tun, was sie gut können und dasjenige zu vermeiden, was sie nicht können. Wahrscheinlich benehmen sich die meisten so, wie ich es bei meinen Hausaufgaben tat: Ich war begabt für Mathematik, erledigte dies immer zuerst und schob auf später auf, was ich nicht so gut konnte. Die natürliche Tendenz ist es, die Dinge, in denen wir uns nicht überlegen fühlen, aufzuschieben oder anderen Leuten anzuhängen. Aber durch dieses natürliche Verhalten verstärkt sich die Einseitigkeit mehr und mehr. Dazu kommt noch oft die Familieneinstellung: Ein Junge, der intelligent ist, „muß später studieren", oder das Kind, das in praktischen Belangen begabt ist, „soll später Techniker werden". Die Umgebung verstärkt so die vorhandene einseitige Neigung, daraus ergibt sich eine Zunahme der Entwicklung der Hauptfunktion und ein langsames Zurückbleiben der anderen Seiten der Persönlichkeit. Dies ist ein unvermeidbarer Prozeß, der aber auch Vorteile hat. Viele Menschen passen in dieses Muster, und man kann ihren Typus auf Anhieb bestimmen; bei anderen kann es sehr schwierig sein.

Manche Menschen haben Schwierigkeiten, ihren eigenen Typus herauszufinden. Dies ist oft auf die Tatsache zurückzuführen, daß sie „abgewandelte" Typen sind. Das ist eine nicht sehr häufige Erscheinung, die dann auftritt, wenn sich jemand normalerweise zu einem Fühl- oder Intuitionstypus entwickelt hätte, aber durch die ihn umgebende Familienatmosphäre zur Entwicklung einer anderen Funktion gezwungen wurde. Angenommen, ein Junge wird als Fühltypus in eine intellektuell ehrgeizige Familie hineingeboren. Die Umgebung wird Druck auf ihn ausüben, auch ein Intellektueller zu werden, und seine ursprünglichen Anlagen zum Fühltypus werden behindert oder verachtet. In solch einem Fall wird er gewöhnlicherweise nicht gerade ein Denktypus. Das wäre ein Schritt zu weit. Aber er wird möglicherweise die Empfindung oder die Intuition entwickeln, eine der Hilfsfunktionen, um so wenigstens relativ besser an seine Umgebung angepaßt zu sein; seine Hauptfunktion ist einfach „unmöglich" in dem Milieu, in dem er aufwächst. Solche abgewandelten Typen haben Vor- und Nachteile. Der Nachteil ist, daß sie nicht von Anfang an ihre Hauptfunktion richtig entwickeln können; sie bleiben darum immer etwas unter dem Niveau, das sie erreicht hätten, wenn sie sich in einseitiger Richtung hätten entwickeln können. Andererseits sind sie verfrüht zu etwas gezwungen worden, was sie in der zweiten Lebenshälfte sowieso hätten tun müssen. In der Analyse kann man solchen Leuten oft helfen, zu ihrem ursprünglichen Typus zurückzufinden, und sie sind dann fähig, schnell die anderen Funktionen aufzunehmen und erreichen so ein entwickeltes Stadium. Sie sind wie Fische, die glücklich in ihr Element zurückkehren können.

Ein anderer Aspekt der frühen Stadien, in denen der einzelne immer noch seine Hauptfunktion entwickelt, ist die Neigung der Familien, die Funktion untereinander zu verteilen: Ein Mitglied ist der Familien-Introvertierte, ein anderes wird der Familien-Techniker, ein drittes der Familien-Prophet usw. Die anderen sind nur zu glücklich, diese Funktion aufgeben zu können, da ein anderes Mitglied dies ja so gut kann. Dies ergibt eine vitale Gruppe, die gut aufeinander eingespielt ist, und das Individuum kommt erst in Schwierigkeiten, wenn die Gruppe auseinanderfällt. Es besteht eine starke Neigung in den meisten Familien und auch in anderen Gruppen, das Funktionenproblem dadurch zu lösen, daß man die Funktionen verteilt und sich auf die Hauptfunktion eines anderen abstützt.

Wie Jung darauf hinweist, neigt man auch in Ehen dazu, den gegensätzlichen Typus zu heiraten, und man glaubt dann, zumindest für den Moment von der unangenehmen Aufgabe befreit zu sein, sich mit der eigenen minderwertigen Funktion, der vierten, auseinandersetzen zu müssen. Dies ist eine der großen Wohltaten und Quellen des Glücks in frühen Ehestadien; plötzlich ist das ganze Gewicht der inferioren Funktion weg, man lebt in einer gesegneten Einheit mit dem anderen, und jedes Problem ist gelöst! Aber wenn einer der Partner stirbt oder in einem das Bedürfnis aufkommt, seine verwaiste inferiore Funktion zu entwickeln, anstatt diesen Teil des Lebens dem anderen zu überlassen, dann beginnen die Schwierigkeiten. Das gleiche geschieht auch bei der Wahl des Analytikers. Häufig wählen die Menschen den gegensätzlichen Typus als Analytiker, weil zum Beispiel ein Fühltypus nicht denken kann, und er darum eine Person, die denken kann, unendlich bewundert. Diese Wahl ist aber nicht unbedingt empfehlenswert, weil, wenn man immer mit jemandem zusammen ist, der alles weiß, man entmutigt wird und selber völlig aufgibt. Man mag sich glücklich fühlen, da jetzt für das Denken gesorgt wird, aber dies ist keine geeignete Lösung. Jung zum Beispiel liebte es, Leute mit dem gleichen blinden Fleck zueinander zu schicken, da, wie er sagte, zwei Idioten, die zusammensäßen, wobei keiner von ihnen denken könne, in solche Schwierigkeiten geraten werden, daß bis zum Schluß wenigstens einer von ihnen beginnen werde zu denken. Das gleiche würde natürlich auch für die anderen Funktionen zutreffen; sie würden einfach dasitzen und hoffen, der andere werde die Arbeit erledigen. Wenn man zu einem gegensätzlichen Typus geht, sollte hauptsächlich der Analytiker darauf achten, daß er sorgfältig vorgeht und seine eigene Hauptfunktion nicht zu stark ausspielt. Er muß dann, entgegen seinen wirklichen Gefühlen, dauernd behaupten, daß er nicht wisse, sich unfähig fühle – keine Idee habe – und so weiter. Man muß oft seine Hauptfunktion aufgeben, um nicht die ersten scheuen Versuche eines Analysanden in dieser Richtung zu lähmen.

Wenn wir fragen, wodurch die ursprüngliche Grundveranlagung bestimmt wird, müssen wir zugeben, daß wir es nicht wissen. Jung sagt im Schlußwort der „Psychologischen Typen", daß es möglicherweise eine biologische Parallele gäbe. Er weist darauf hin, daß die Tiere sich auf zwei Arten an die Realität anpassen können: Entweder vermehren sie sich sehr stark und haben nur schwache Verteidigungsfähigkeiten – zum Beispiel Fliegen, Läuse und Kaninchen –, oder sie haben nur eine kleine Nachkommenschaft, aber dafür haben sie gewaltige Verteidigungskräfte, wie zum Beispiel der Igel oder Elefant. Schon in der Natur gibt es also zwei Möglichkeiten, mit der Wirklichkeit umzugehen: Entweder verteidigt man sich gegen sie, hält sie fern, während man sein eigenes Leben aufbaut, oder man stürzt sich in sie hinein, überkommt oder erobert sie durch die Zahl. Dies wäre introvertiertes und extravertiertes Verhalten im biologischen Rahmen. Ich denke, man könnte sogar weitergehen. Als Jung sein Buch über die Typen herausgab, war noch nicht viel über tierisches Verhalten publiziert worden, aber in modernen Büchern kann man sehen, daß es bei den Tieren ein mixtum compositum von Faktoren in den meisten Verhaltensmustern gibt. Gewisse Aspekte tierischen Verhaltens stammen mehr von innen, das heißt sie kommen ohne äußeren Stimulus ins Spiel, während anderes tierisches Verhalten mehr von äußeren Stimuli abhängt. Heinrich Hediger, Professor für Zoologie an der Universität von Zürich und ehemaliger Direktor des Zürcher Zoos, hat in einer seiner Vorlesungen dargestellt, daß die höher entwickelten anthropoiden Affen sogar unfähig seien, einen sexuellen Akt zu vollziehen, es sei denn, sie hätten einen anderen Affen dabei beobachtet und es so gelernt. Bei vielen anderen Tieren trifft jedoch das Gegenteil zu: Ohne jemals andere Tiere ihrer Spezies sich paaren gesehen zu haben, genügt der Antrieb von innen. Aber wenn in einem zoologischen Garten höher entwickelte Affen, ohne je einen Kameraden sich paaren gesehen zu haben, aufgezogen werden, bleiben sie unwissend und unfähig genau wie menschliche Wesen. Es ist daher offensichtlich, daß auch tierisches Verhalten zum Teil von äußeren Faktoren abhängig ist und zum Teil von einer angeborenen Veranlagung konditioniert wird. Das Verhaltensmuster ist das Ergebnis einer gegenseitigen Interaktion zwischen inneren und äußeren Faktoren. So wurden Versuche mit Störchen durchgeführt, die man getrennt ausgebrütet hatte und von jedem Kontakt mit ihrer sozialen Gruppe fernhielt. Als die aus solchen Eiern gezüchteten Vögel freigelassen wurden, flogen die, deren Gruppe normalerweise über Jugoslawien nach Afrika fliegt, über dieses Land und diejenigen, deren Gruppe über Spanien nach Afrika fliegt, flogen über Spanien nach Afrika. Dies beweist, daß sie sich völlig auf eine angeborene Veranlagung verlassen, die ihnen sagt, wie Afrika zu erreichen ist. Wenn aber ein Storch aus der jugoslawischen Gruppe mit Störchen, die über Spanien nach Afrika fliegen, zusammengebracht wird, wird dieser Vogel mit letzteren fliegen und nicht seiner angeborenen Anlage folgen. Dies zeigt beide Möglichkeiten sehr deutlich – entweder man wird von äußeren Faktoren und vom sozialen Druck beeinflußt, oder man folgt einfach seiner angeborenen Veranlagung. Die Frühformen der Einstellungstypen in bezug auf das, was wir eben über das tierische Verhalten herausgefunden haben, zu studieren, wäre ein interessantes Thema auch für Jungianer, da, wenn wir uns fragen, wie solche Anlagen im Menschen entstanden sind, wir auf diese Weise auf das tierische Leben zurückschauen müssen.

Ich möchte jetzt die inferiore Funktion, die unser eigentliches Thema ist, in ihrem allgemeinen Verhalten charakterisieren. Man kann behaupten, daß jede Funktion eine Tendenz hat, sich in einer gewissen Weise zu benehmen. Auch die minderwertige Funktion, welche es auch immer sein mag, zeigt ein allgemeines Verhaltensmuster.

Das Verhalten der minderwertigen Funktion wird wundervoll in all jenen Märchen, die folgende Struktur aufweisen, dargestellt: Ein König hat drei Söhne. Er liebt die zwei älteren Söhne, während der jüngste als Dummling betrachtet wird. Der König stellt dann eine Aufgabe, in der die Söhne das Wasser des Lebens oder die schönste Braut finden müssen, oder sie müssen einen geheimen Feind, der die Pferde oder die goldenen Äpfel aus dem königlichen Garten stiehlt, vertreiben. Im allgemeinen brechen die zwei Älteren sofort auf, kommen nirgendswohin oder bleiben stecken, und dann sattelt der dritte Sohn sein Pferd, wobei jedermann ihn auslacht und ihm sagt, er solle lieber zu Hause hinter dem Ofen bleiben, wohin er gehöre. Aber er ist es, der gewöhnlicherweise die große Aufgabe vollbringt.

Diese vierte Figur – der dritte Sohn, aber die vierte Figur in der gesamten Anordnung – hat in Übereinstimmung mit den Mythen andere Eigenschaften. Manchmal ist er der Jüngste, manchmal ist er etwas dumm, manchmal ist er ein völliger Narr. Es gibt da mehrere Versionen, aber immer gehört er in eine dieser Kategorien. In einem schönen russischen Märchen wird er als völliger Idiot betrachtet. Die zwei älteren Söhne reiten auf wunderbaren Pferden aus ihres Vaters Stall fort, während der jüngste Sohn ein schäbiges kleines Pony nimmt, verkehrt aufsitzt, das heißt mit dem Gesicht zum Pferdeschwanz, und, belacht von den anderen, wegreitet. Er ist natürlich Ivan, der russische Held, und derjenige, der das Königreich erbt. Dann gibt es auch das Thema des Krüppels und des Soldaten, der desertierte oder verwundet aus der Armee entlassen wurde und sich in den Wäldern verliert. Oder es kann der arme Bauernbub sein, der König wird.

In all diesen Fällen weiß man von Anfang der Geschichte an, daß es um mehr geht als nur um die vier Funktionen, da der Narr eine archetypische Figur ist, die über die inferiore Funktion hinausweist. Er schließt einen Teil der menschlichen Persönlichkeit oder gar der Menschheit mit ein als derjenige, der zurückgeblieben ist und darum noch die ursprüngliche Ganzheit der Natur aufweist. Er symbolisiert eine spezifische, hauptsächlich religiöse Funktion. Sobald aber in der Mythologie der Narr als der vierte in einer Gruppe erscheint, können wir mit Recht annehmen, daß er das allgemeine Verhalten der minderwertigen Funktion widerspiegelt.

Ich habe oft versucht, bei der Interpretation von Märchen weiter in die Details zu gehen, und den König die Denk-, den vierten Sohn die Fühlfunktion zu nennen, aber nach meiner Erfahrung geht das nicht gut. Man muß das Material verdrehen und unehrliche Tricks anwenden, um ein solches Ergebnis zu erzwingen. Darum bin ich zu der Schlußfolgerung gekommen, daß in der Mythologie solch ein dritter Sohn oder solch ein Narr einfach das allgemeine Verhalten der inferioren Funktion, welche sie auch immer sein mag, darstellt. Dies ist weder individuell noch spezifisch, sondern ein allgemeines Schema.

Wenn man die einzelnen Fälle studiert, kann man sehen, daß die minderwertige Funktion dazu neigt, sich in der Art eines solchen „Narr"-Helden, eines göttlichen Narren oder idiotischen Helden zu verhalten. Er repräsentiert den verachteten Teil, aber auch den Teil, der die Verbindung zum Unbewußten aufbaut und daher den geheimen Schlüssel zur unbewußten Ganzheit in sich trägt.

Es steht außer Zweifel, daß die inferiore Funktion immer die Brücke zum Unbewußten bildet. Sie ist immer auf das Unbewußte und auf die symbolische Welt gerichtet. Aber das bedeutet nicht, daß sie entweder nach innen oder nach außen gerichtet ist; dies variiert beim einzelnen. Ein introvertierter Denktypus zum Beispiel hat eine minderwertige extravertierte Fühlfunktion; ihre Bewegung wird auf äußere Objekte gerichtet sein, auf andere Menschen und Objekte, aber diese haben eine symbolische Bedeutung für die Person, da sie Träger von Symbolen des Unbewußten sind. Die symbolische Bedeutung einer unbewußten Tatsache erscheint außen als die Qualität des äußeren Objektes. Wenn dieser Introvertierte, mit seiner gewohnten Art des Introjizierens, sagt, er brauche mit Frau Sowieso nicht zu telephonieren – sie sei nur ein Symbol seiner

Anima und darum symbolisch, und die wirkliche Person gehe ihn nichts an, da seine Projektion nur zufällig auf sie gefallen sei –, dann wird er nie auf den Grund seiner minderwertigen Funktion gelangen; er wird sie nie als ein Problem assimilieren, weil eben das Fühlen eines introvertierten Denktypus im allgemeinen extravertiert ist. Durch so einen Trick versucht er nur, die inferiore Funktion mit Hilfe der Hauptfunktion in den Griff zu bekommen und sich nach innen zu ziehen. Er introjiziert im falschen Moment, um die Vorherrschaft der superioren über die inferiore Funktion zu behalten. Ein Introvertierter, der seine inferiore Funktion assimilieren will, muß sich auf äußere Objekte beziehen, dabei aber in Erinnerung behalten, daß sie symbolisch sind. Jedoch darf er daraus nicht die Schlußfolgerung ziehen, daß sie nur symbolisch seien, und darum die äußeren Objekte außer acht lassen. Dies ist ein lausiger, unehrlicher Streich, den viele Introvertierte ihrer minderwertigen Funktion spielen. Natürlich tun Extravertierte das Gleiche, nur umgekehrt. Darum darf man nicht sagen, daß die inferiore Funktion immer nach innen gerichtet erscheine, aber sie ist immer der Träger von symbolischen Erlebnissen, die von innen oder außen kommen können.

Zum allgemeinen Bild der inferioren Funktion gehört die Tatsache, daß sie im allgemeinen langsam ist, im Gegensatz zur superioren Funktion. Jung nennt sie auch infantil und tyrannisch. Dazu müssen wir in die Details gehen. Die Langsamkeit der minderwertigen Funktion ist einer der Gründe, warum die Leute nicht gerne anfangen, daran zu arbeiten; die Reaktionen der Hauptfunktion kommen viel schneller und besser angepaßt, während viele Leute dagegen keine Vorstellung haben, wo ihre minderwertige Funktion wirklich ist. Zum Beispiel haben Denktypen keine Ahnung, ob sie Gefühle haben und welcher Art diese sind. Sie müssen eine halbe

Stunde sitzen und meditieren, um herauszufinden, ob sie Gefühle über etwas haben, und wenn ja, wie sie beschaffen sind. Wenn man einen Denktypus fragt, was er fühlt, so antwortet er im allgemeinen mit einem Gedanken oder mit einer schnellen konventionellen Reaktion; und wenn man dann darauf besteht zu erfahren, was er wirklich fühle, weiß er es nicht. Es aus seinem Bauch herauszuziehen, sozusagen, kann eine halbe Stunde beanspruchen. Oder wenn ein Intuitiver ein Steuerformular ausfüllen muß, braucht er dazu eine Woche, oder eine Ewigkeit, wenn er es genau und richtig machen will. Ich kenne eine introvertierte intuitive Frau, mit der ich eine Bluse kaufen ging. Nie wieder: es brauchte eine Ewigkeit – bis das ganze Geschäft verärgert war. Aber es kann nicht beschleunigt werden. Es hilft auch nichts, ungeduldig zu werden. Und das natürlich ist es, was die Beschäftigung mit der inferioren Funktion so entmutigend macht – man hat keine Zeit dazu. Daran kann man nichts ändern. Dies ist ein Stadium, das man nicht überspringen kann. Wenn man die Geduld verliert und sagt: „Zum Teufel damit", bedeutet dies, daß man aufgibt, daß man die vierte Funktion verdrängt und sie durch eine Art künstlichen Mechanismus ersetzt – durch eine Krücke. Die vierte Funktion kann nicht beschleunigt werden, oder nur in einem gewissen Ausmaß; sie kann jedoch nie die Schnelligkeit der Hauptfunktion erreichen. Dies hat seinen guten Grund. Wenn man an den Wendepunkt des Lebens, an die Probleme des Alterns und der inneren Wandlung denkt, dann ist dieses Verlangsamen des Lebensprozesses durch das Hereinbringen der inferioren Funktion genau das, was man braucht. Darum sollte die Langsamkeit nicht mit Ungeduld und einem Versuch, die „verdammte inferiore Funktion" zu erziehen, behandelt werden; man sollte eher die Tatsache akzeptieren, daß man auf diesem Gebiet Zeit vergeuden muß. Das ist gerade ihr Wert, da dies dem Unbewußten die Möglichkeit gibt, heraufzukommen.

Ein anderer typischer Aspekt der inferioren Funktion, der mit ihrer Unangepaßtheit und Primitivität verbunden werden kann, ist ihre Empfindlichkeit und Tyrannei. Die meisten Menschen werden, wenn ihre minderwertige Funktion auf irgendeine Weise berührt wird, ausgesprochen kindisch; sie können die kleinste Kritik nicht ertragen und fühlen sich immer angegriffen. Hier sind sie ihrer selbst nicht sicher; natürlich tyrannisieren sie damit jedermann um sich herum. Wenn man etwas über eines anderen Menschen inferiore Funktion sagen will, ist es wie der Tanz auf rohen Eiern: Die Menschen können hier keine Kritik ertragen. Ein „rite d'entrée" wird benötigt. Man muß den richtigen Moment für eine friedliche Atmosphäre abwarten, und kann dann mit einer langen einführenden Rede sorgfältig vielleicht eine winzige Kritik an der inferioren Funktion anbringen. Aber einfach Kritik auf die Leute abzuschießen, wird sie völlig verwirren und emotionell werden lassen, und die Lage ist verdorben. Ich habe dies zum ersten Mal mit Erstaunen vor vielen Jahren gelernt, als ich noch studierte. Eine Mitstudentin zeigte mir eine Arbeit, die sie geschrieben hatte. Sie war ein Fühltypus. Die Arbeit war sehr gut, aber an einer Stelle, wo sie von einem Thema zu einem anderen wechselte, fehlte zwischen den zwei Abschnitten für einen Denktypus der logische Übergang. Ich sagte ihr, es sei eine ausgezeichnete Arbeit, daß sie aber auf dieser einen Seite einen besseren Übergang machen sollte. Darüber wurde sie ausgesprochen emotionell und sagte: „Ja, dann ist alles verdorben, ich werde die Arbeit einfach verbrennen," und riß sie aus meiner Hand mit den Worten: „Es ist alles wertloser Plunder." Ich zog ihr die Arbeit weg: „Um Gottes willen, verbrenn' sie doch nicht!" „Doch", sagte sie, „ich wußte, du würdest es als wertlos betrachten", und sie fuhr im gleichen

40

Stil weiter. Als sich der Sturm gelegt hatte, sagte ich: „Du brauchst sie doch nicht einmal neu zu tippen, es genügt, wenn du einen kleinen Satz schreibst, der den Übergang bildet – nur einen Satz zwischen diesen zwei Schnitten." Der Sturm begann von neuem und ich gab auf. Ich sah sie später und sie erzählte mir, daß sie in der folgenden Nacht geträumt habe, ihr Haus sei niedergebrannt und bezeichnenderweise habe das Feuer im Dach begonnen. Ich dachte: „Oh mein Gott, diese Fühltypen." Für sie war es eine solche Leistung, eine Arbeit zu schreiben, einige Gedanken zu formulieren, daß sie an die Grenze von dem, was sie erreichen konnte, gelangte. Sie konnte einfach das bißchen Kritik nicht mehr ertragen, ja nur die Idee, daß man die Arbeit hätte etwas bessern können. Dies ist ein extremer Fall von dem, was mit der minderwertigen Funktion geschehen kann. Sie tyrannisiert ihre Umgebung mit ihrer Empfindlichkeit, weil ja jede Empfindlichkeit eine geheime Form der Tyrannei ist. Sensitive Menschen sind einfach tyrannische Menschen. – Jedermann muß sich an sie anpassen. Aber auch Menschen, die normalerweise gut angepaßt sind, haben im allgemeinen einen empfindlichen, kindischen Punkt, wo man mit ihnen nicht vernünftig reden kann, und man „Buschmanieren" anwenden muß, als ob man mit Tigern und Elefanten verhandelte.

In van Genneps „Les Rites de Passage" findet man eine Beschreibung, wo sich Forscher einem Eingeborenendorf nähern. Sie müssen mehrere Kilometer davon entfernt anhalten, und dann kommen drei Kuriere aus dem Dorf; die Dorfbewohner müssen sicher sein, daß die Forscher keine bösen Absichten haben, und vor allem, daß sie keine schwarze Magie gegen die Dorfbewohner anwenden werden. Die Kuriere gehen dann zurück und, wenn sie wiederkehren, werden Geschenke ausgetauscht. Manchmal werden auch Frauen ausgetauscht, oder Frauen werden den Gästen gegeben, die mit ihnen schlafen, da dies eine Art von Verwandtschaft formt; wenn ein Mann mit eines anderen Mannes Frau schläft, ist er verwandt mit ihm, wird in die Familie aufgenommen. Die Naskapi-Indianer auf der Labrador-Halbinsel tun dies zum Beispiel, und viele Eskimos leihen ihre Frauen den Fremden für die Nacht. Dies soll jede Art von bösem Ausbruch verhindern, jede Möglichkeit, daß ein Gast des Nachts die Hausbewohner ermorden könnte, oder daß die letzteren den Gast ermorden. Bei vielen Völkern gibt es auch den Blutaustausch, sie fügen sich gegenseitig eine Wunde zu und tauschen das Blut aus. Es gibt eine bestimmte Form des Küssens und des Geschenkeaustauschens. All diese „rites de passage" kommen ins Spiel, sobald man sich auf Leute auf dem Niveau der inferioren Funktion beziehen muß.

Man kann das gleiche im täglichen Leben beobachten. So kann man jemanden schon zwei oder drei Jahre kennen, aber nur auf dem konventionellen Niveau, wo man gemeinsam Tee trinkt, essen geht, über das Wetter, die Politik oder theoretische Fragen spricht, aber es nie wagt, den empfindlichen Punkt im anderen anzusprechen oder die Konversation auf eine kitzlige Frage zu bringen. Aber dann findet man eines Tages, dies sei keine richtige Beziehung, da man sich nicht wirklich nahekomme. Dann trinkt man ein bißchen Wein, und wenn die Stimmung günstig ist, kommt der empfindliche Punkt heraus und man lädt den anderen ein, auch mit seinem herauszukommen. Mit all diesen Vorsichtsmaßnahmen, Buschmanieren, kommen sich zwei Menschen langsam näher. Das ist die Formel, mit der wir die andere Seite angehen, da der empfindliche Punkt im allgemeinen mit der minderwertigen Funktion verbunden ist.

Es besteht aber ein Unterschied zwischen persönlicher Höflichkeit und „Buschmanieren". Ich will dies an einem praktischen Beispiel zeigen: Ich war einmal mit einem Mann, einem intuitiven Typen, im Auto unterwegs. Wir wollten spät abends nach Hause fahren, und er vergaß, die Zündung anzustellen. Er versuchte immer und immer wieder den Wagen anzukurbeln, aber es ging einfach nicht. Ich wagte höflich zu fragen, ob er die Zündung angestellt habe? „Natürlich", antwortete er, aber in einem so affektgeladenen Ton, daß ich nicht wagte, mehr zu sagen. Seine inferiore Empfindung war getroffen. So saßen wir eine halbe Stunde, und ich war sicher, daß die ganzen Schwierigkeiten nur daher stammten, daß ich nicht wußte, wie ich es ihm sagen sollte. Der kleinste Ton von Besserwissen hatte eine Explosion hervorgerufen. Ich fühlte mich so hilflos, daß ich tatsächlich versuchte, eine Garage zu erreichen. Ich schaute sogar das Wasser nach, wußte aber die ganze Zeit, was nicht stimmte, ich wußte nur nicht, wie ich um den wunden Punkt herumkommen konnte. Es war eine Frage seines Prestiges. Ich muß anfügen, daß viel Alkohol zu diesem abaissement beitrug, was die Affekte noch explosiver machte. Dazu kam, daß der Mann älter war als ich, und das Problem, nicht unhöflich zu sein, damit verbunden war. Aber dies hat nichts mit der Persona zu tun, es ist eine andere Form von Höflichkeit. Es ist eher die Frage, wirkliche Gefühle und Verständnis für eines anderen Menschen Schwäche zu haben und nicht zu wagen, diese Schwäche zu berühren.

Die inferiore Funktion und der wunde Punkt sind völlig miteinander verbunden. Ohne diese minderwertige Empfindung hätte er auf meine Frage: „Haben Sie die Zündung angestellt?" geantwortet: „Oh mein Gott", hätte es getan und weg wären wir gewesen. Statt dessen saßen wir eine halbe Stunde auf der Straße und versuchten, zu erraten, woher die Schwierigkeiten stammen könnten, und ich wußte einfach nicht, wie ich mich dem wunden Bereich der minderwertigen Funktion nähern konnte.

Dieses Beispiel illustriert einen allgemeinen Zug der inferioren Funktion: Gewöhnlich ist nämlich eine ungeheure emotionelle Ladung mit ihren Prozessen verbunden. In diesem Beispiel kann man die negative Seite dieser Verbindung zu den Emotionen sehen, aber es gibt auch einen sehr positiven Aspekt. Im Bereich der minderwertigen Funktion besteht eine große Lebenskonzentration, denn sobald die Hauptfunktion ausgelaugt ist, sie anfängt zu rattern und Öl zu verlieren wie ein altes Auto, kann es den Menschen gelingen, sich ihrer minderwertigen Funktion zuzuwenden, sie als ein neues Lebenspotential zu entdecken. Alles im Bereich der inferioren Funktion wird aufregend, dramatisch und voll von positiven und negativen Möglichkeiten. Es entsteht eine enorme Spannung, und die Welt wird, wie sie ist, durch die inferiore Funktion neu entdeckt. Aber der große Nachteil der minderwertigen Funktion ist, daß sie diesen unangepaßten Aspekt hat. Dies ist der Grund, warum es in den Märchen, die ich erwähnt habe, der Narr ist, der dritte Sohn von einer Gruppe von vier königlichen Figuren, der das Wasser des Lebens oder den großen Schatz findet. Die inferiore Funktion bringt eine Erneuerung des Lebens, wenn man ihr erlaubt, in ihrem eigenen Bereich heraufzukommen.

Viele Leute entdecken relativ bald, daß sie im Bereich der minderwertigen Funktion emotionell, empfindlich und unangepaßt reagieren, und sie erwerben darum die Gewohnheit, diesen Teil ihrer Persönlichkeit mit einer Pseudoreaktion zu überdecken. Zum Beispiel kann ein Denktypus häufig seine Gefühle nicht normal, in angemessener Art und zum richtigen Zeitpunkt äußern. Es kann geschehen, daß er weint, wenn er vernimmt, der Ehemann einer Freundin sei gestorben, wenn er aber die Witwe trifft, wird nicht ein Wort des Beileids aus ihm herauskommen. Sie sehen nicht nur sehr kühl aus, sie fühlen wirklich nichts! Sie hatten alle ihre Gefühle vorher zu Hause, aber jetzt, im geeigneten Augenblick, können sie sie nicht aus sich herausziehen. Denktypen werden von anderen Leuten oft angesehen, als hätten sie keine Gefühle; dies ist völlig unwahr. Es ist nicht so, daß sie keine Gefühle haben, aber sie können sie nicht im richtigen Moment ausdrücken. Sie haben ihre Gefühle irgendwie und irgendwo, aber nicht gerade dann, wenn sie sie ausdrücken sollten. Ebenfalls ist es ein großer Fehler anzunehmen, Fühltypen könnten nicht denken. Sie denken sehr wohl und haben oft tiefe, gute und echte Überlegungen, unkonventionelle Gedankengänge, aber letztere kommen und gehen, wie es ihnen paßt. Zum Beispiel ist es für einen Fühltypus ausgesprochen schwierig, seine Gedanken im richtigen Moment, während eines Examens z. B., aus sich herauszuziehen. Nun sollte er denken, aber das Denken ist weg! Sobald er zu Hause ist, kann er wieder denken, aber sein Denken will sich nicht fügen, es ist nicht liebenswürdig genug, zum richtigen Zeitpunkt herauszukommen. Er wird von der Gesellschaft als dumm betrachtet, da er seine Gedanken nicht auf Befehl vorzeigen kann.

Das Leben hat kein Mitleid mit der Inferiorität der minderwertigen Funktion. Das ist der Grund, warum die Menschen Überdeckungsreaktionen bilden. Weil diese nicht ihre wirklichen Reaktionen sind, entleihen sie sie einfach vom Kollektiv. Ein Fühltypus, der zum Denken gepreßt wird, liebt es, einen Haufen Gemeinplätze oder Gedanken, die nicht seine wirklichen sind, aufzutischen. Er muß sofort denken, und seine wirklichen Gedanken sind noch nicht auf dem Niveau, auf dem sie ausgedrückt werden können. Darum machen sie ein paar gemeinplätzige Bemerkungen, oder, was für Fühltypen nützlich ist, sie benutzen Material, das sie auswendig gelernt haben. Das gleiche gilt für Denktypen, die die Gewohnheit annehmen, eine Art liebenswürdiger, konventioneller Gefühle hervorzubringen. Sie schicken Blumen, bringen Schokolade mit oder machen ein paar sehr konventionelle Gefühlsbemerkungen. Zum Beispiel habe ich einen Kondolenzbrief abgefaßt mit gewissen Sätzen, die mir als ausgesprochen nett und rührend auffielen. Wenn ich versuchte, meine wirklichen Gefühle auszudrücken, würde ich an einem solchen Brief drei Tage lang kleben bleiben. So mache ich in all diesen Situationen einen Cocktail von Sätzen, die ich während meines Lebens gesammelt habe. Dasselbe trifft auf Intuitive mit ihrer inferioren Empfindung zu; sie haben einfach eine gewohnheitsmäßige, technische Art, mit ihr umzugehen, und entlehnen Hilfe vom Kollektiv. Man darf sich nicht von solchen angepaßten Reaktionen täuschen lassen, wenn man versucht, mit einem anderen Menschen Kontakt zu bekommen. Man kann diese Verhüllungsreaktionen immer an der Tatsache beobachten, daß sie unpersönlich, banal und sehr kollektiv wirken. Sie haben keine persönlich überzeugenden Eigenschaften an sich.

Wenn man die dynamische Wechselwirkung zwischen den Funktionen prüft, wird man fast immer die Macht entdecken, die die superiore Funktion über die inferiore hat. Wenn jemand versucht, seiner minderwertigen Funktion zu begegnen und dabei einen emotionellen Schock oder Schmerzen bei der Konfrontation mit ihren wirklichen Reaktionen erlebt, dann wird die Hauptfunktion sofort sagen: „Ah, das ist etwas, was wir nun organisieren müssen."

Die superiore Funktion ist wie ein Adler, der eine Maus ergreift; sie versucht, die inferiore in ihre Klauen zu bekommen und sie in ihren Bereich zu ziehen. Ich kenne einen Naturwissenschaftler, einen sehr erfolgreichen introvertierten Denktypus, der in seinen Fünfzigern von seiner beruflichen Arbeit gelangweilt war und auf der Suche nach anderen Möglichkeiten herumzustreifen begann. Seine Familie hätte ihm viel über seine

46

minderwertige Gefühlsfunktion sagen können, ein Experimentierfeld gerade vor seiner Nase. Er hatte mehrere Träume, in denen er seltene Bergpflanzen sammelte, Träume, die offen zeigten, worauf das Unbewußte hinzielte. Er hatte das typisch inferiore Fühlen eines Denktypus, nämlich seltene und sehr besondere Gefühle. Die Bergblumen haben auch intensivere Farben als die der Ebenen, und dies ist ebenfalls bezeichnend für das inferiore Fühlen eines Denktypus. Er dachte, er hätte eine gute Idee für eine Freizeitbeschäftigung, und so befreundete er sich mit einem Botaniker und ging während der Ferien weg, um Bergblumen zu sammeln. Jedem Versuch von anderen Menschen, die ihm mitteilten, er solle etwas für seine Gefühlsfunktion tun, begegnete er mit der Antwort, daß er seine Hauptfunktion aufgegeben habe und etwas für seine andere Seite tue, er studiere jetzt Bergblumen! So blieb er in einer konkretistischen Interpretation stecken, anstatt die Träume symbolisch zu nehmen, und machte eine Form von Wissenschaft daraus. Er wollte Kenntnisse über die Blumen, so war wieder die Hauptfunktion wirksam und die minderwertige blieb einmal mehr frustriert.

Betrachten wir jetzt einmal einen irrationalen Typus: Da ist der Intuitive, der in eine Situation kommt, in der er seine minderwertige Empfindung benutzen sollte. Er wird von der Idee, Steine zu schneiden oder mit Ton zu arbeiten, angezogen. Diese Art von Dingen helfen häufig der minderwertigen Empfindung in Intuitiven herauszukommen, da sie durch solche Mittel mit äußeren Ursachen oder Wirkungen mit einer Art von konkretem Material, mit Materie in Berührung kommen können. Er wird vielleicht etwas in Ton modellieren, sagen wir eine hilflos aussehende, kindliche Figur von einem Tier. Dann erlebt er einen Fortschritt in sich selbst, aber sofort – wie ein Adler – stürzt sich die Intuition darauf und sagt: „Das ist es, was man in allen Schulen einführen sollte …" Und schon sieht der Intuitive in allen Möglichkeiten des Tonmodellierens, was man damit in der Erziehung der Menschheit tun könnte, was alles mit eingeschlossen ist, und wie es den Schlüssel zum Erlebnis der Gottheit bildet. Der Intuitive bringt immer die ganze Welt hinein. Aber das einzige, was er nicht bedenkt, ist, daß er eine weitere Figur modellieren könnte! Die Hauptfunktion brilliert wieder. Nachdem er seine erfrischende und belebende Berührung mit der Erde hatte, verschwindet er wieder in die Lüfte. Das gleiche geschieht mit dem Fühltypus, der, wenn er durch absolute Notwendigkeit in die Ecke getrieben wird, manchmal ein paar Gedanken hervorbringt. Dann taucht er schnell in dieses heiße Bad, kehrt aber nie zu seinen Gedanken zurück, hat aber ein gefühlsmäßiges Urteil darüber, was Denken ist und wie es zu gebrauchen wäre und so fort. Er macht eine Reihe von Bewertungen, anstatt mit dem Prozeß weiterzufahren. Auf diese Weise versucht die Hauptfunktion die minderwertige in den Griff zu bekommen und sie zu „organisieren".

Ein anderer Aspekt der dynamischen Wechselwirkung der Funktion ist die Art, in der die inferiore Funktion in die superiore eindringt und sie verfälscht. Vor ein paar Jahren gab es eine wundervolle Demonstration dafür: Ein gewisser Professor K. wollte die Psychologie des Unbewußten in der Neuen Zürcher Zeitung attackieren. Er ist ein Schüler von Heidegger und die vollkommene Verkörperung von überarbeitetem introvertiertem Denken. Dies hatte die unglückliche Auswirkung, daß er unfähig war, etwas anderes zu behaupten, als daß das Leben ein ontologisches Phänomen der Existenz sei! Er bereicherte diese Aussage mit ein paar eindrucksvollen Adjektiven, aber das war es, worauf es hinauslief. Dieser eine Gedanke, daß „Existenz wirklich existiert", drückte für ihn einen göttlichen Reichtum aus, wie schon für Parmenides. Er kann nicht aufhören,

48

uns dieser Existenz immer wieder zu versichern. Dann sagte er: „Aber das Unbewußte ist ein unheimliches Theater von Marionetten und Geistern." Dies ist eine ausgezeichnete Illustration von dem, was Jung mit dem Satz meint: „Die unbewußten Phantasien werden proportional bereichert durch eine Vielheit von archaisch geformten Tatsachen, einem wahrhaftigen Pandämonium von magischen Faktoren." Dies ist genau das, was Professor K. in seinem Artikel darlegt – die Idee, daß das Unbewußte schrecklich ist, eine theatralische Hölle, und dann rettet er sich seine bewußte Stellung durch die Behauptung, daß das Unbewußte einfach nicht existiere, daß es nur eine Erfindung der Psychologen sei. Wenn man eine der bewußten Einstellungen überfordert, wird sie arm und verliert ihre Fruchtbarkeit; die unbewußte Gegenfunktion, die gegensätzliche Funktion, bemächtigt sich der Hauptfunktion und verfälscht sie. Das geschah offensichtlich in Professor K.s Leitartikel; es zeigt, daß seine Gefühle mit der Erleuchtung der Menschheit beschäftigt waren, was die Absurdität der Idee der Psychologie des Unbewußten betrifft. Er verliert völlig den objektiven Stil, an den wir in wissenschaftlichen Diskussionen gewöhnt sind und erlebt sich selbst als ein Prophet, dessen Mission es ist, die Menschheit vor einem bösen Gift zu bewahren. Seine ganze Moral – oder Gefühlsfunktion – kam herauf und kontaminierte sein Denken. Es wurde subjektiv anstatt objektiv, und es war offensichtlich, daß er keine Literatur über die Psychologie des Unbewußten gelesen hatte.

Eine andere Art und Weise, in der die inferiore Funktion häufig die superiore stört, kann im Falle eines sehr bodenständigen, realistischen introvertierten Empfindungstypus gezeigt werden. Empfindungstypen, ob introvertiert oder extravertiert, haben im allgemeinen eine recht gute Beziehung zum Geld, das heißt, sie sind nicht verschwenderisch. Wenn aber ein solcher Typus seine

Empfindung überanstrengt, kann seine Intuition mit hineingezogen werden. Ich kannte einmal einen Empfindungstypus, der unheimlich geizig wurde und sich im Leben praktisch kaum mehr bewegen konnte, weil eben alles etwas kostet. Versuchte man herauszufinden, woher sein plötzlicher Geiz stammte – bis anhin war er nur mäßig geizig, wie die meisten Leute hier –, bemerkte man, daß er eine Unzahl von dunklen Möglichkeiten in seinem Leben aufzählte: Er könnte einen Unfall haben und unfähig sein, zu arbeiten und seine Familie zu unterhalten, etwas könnte seiner Familie zustoßen, seine Frau könnte eine lange Krankheit erleiden, sein Sohn könnte in seinem Studium versagen, und mehr Jahre dazu brauchen als gewöhnlich, seine Schwiegermutter, eine sehr reiche Frau, könnte plötzlich wütend mit ihm werden und all ihr Geld einer anderen Familie anstatt der seinen zu hinterlassen etc. Dies sind Beispiele von dunklen Intuitionen, über das, was geschehen könnte. Dies ist typisch für eine negative inferiore Intuition. Nur die dunklen Möglichkeiten werden ins Auge gefaßt. Die ersten Erscheinungen dieser inferioren Intuition verstärkten seine Empfindung in die falsche Richtung und machten ihn geizig. Das Leben konnte nicht länger fließen, da alles verfälscht wurde durch die Invasion der inferioren Intuition.

Wenn die Zeit für die Entwicklung der anderen Funktionen reif ist, gibt es im allgemeinen zwei damit verbundene Phänomene: Die superiore Funktion degeneriert wie ein altes Auto, das verbraucht und abgenutzt ist, und das Ich langweilt sich, da ja alles, was man zu gut kann, langweilig wird; anstatt in ihrem eigenen Bereich zu erscheinen, neigt die inferiore Funktion dazu, in den Bereich der superioren einzudringen und gibt ihr dadurch einen unangepaßten neurotischen Dreh. Man wird dann mit einem neurotischen „mixtum compositum" konfrontiert – ein Denktypus, der nicht länger denken kann, oder ein Fühltypus, der keine einnehmenden Gefühle mehr zeigt. Dann gibt es ein Übergangsstadium, in dem die Menschen weder Fisch noch Vogel sind. Früher waren sie gute Denker, aber jetzt können sie nicht mehr denken, haben aber noch keine neue Ebene erreicht. Darum ist es wichtig, seinen eigenen Typus zu kennen und zu erkennen, was das Unbewußte im Schilde führt, sonst wird man von hinten erwischt.

Eine der großen Schwierigkeiten, seinen eigenen oder jemandes anderen Typus zu bestimmen, tritt ein, wenn die Leute schon das Stadium erreicht haben, in dem sie von ihrer Hauptfunktion und ihrer Haupteinstellung gelangweilt sind. Sie versichern uns dann oft mit absoluter Ernsthaftigkeit, daß sie zum Gegensatztypus gehören. Dies kommt von der Tatsache, daß die minderwertige Funktion subjektiver und darum als die wirklichere, wichtigere und echtere Einstellung empfunden wird. Darum wird ein Denktypus, weil er weiß, daß alles in seinem Leben vom Gefühlsmäßigen her belangvoll ist, uns versichern, daß er ein Fühltypus sei. Es ist nicht gut zu überlegen, was einem am meisten bedeutet, wenn man versucht, seinen eigenen Typus zu erkennen; eher sollte man fragen: „Was tue ich normalerweise am meisten?" Ein Extravertierter kann dauernd extravertiert sein, aber wird uns versichern und wird es auch glauben, daß er tief introvertiert ist, und daß er nur mit inneren Problemen beschäftigt ist. Das ist kein Schwindel, er fühlt sich so, weil er weiß, daß, auch wenn es nur eine Minute pro Tag ist, diese Minute, in der er introvertiert, wirklich ist; dort ist er sich selbst nahe. Im Bereich der inferioren Funktion ist man überwältigt, ist man unglücklich, hat man sein größtes Problem, ist man dauernd beeindruckt von Sachen, und darum ist die Lebensintensität auf eine Art dort viel größer, besonders wenn die Hauptfunktion schon ausgelaugt ist. Praktisch ist es für das Erkennen des eigenen Typus äußerst hilfreich zu fragen, welches das größte Kreuz für den Menschen ist, wo er am meisten leidet, wo er fühlt, daß er immer mit seinem Kopf an Hindernisse anrennt und die Hölle erleidet. Dies weist im allgemeinen auf die minderwertige Funktion hin. Viele Menschen jedoch entwickeln zwei Funktionen so gut, daß es schwierig wird zu sagen, ob ein Mensch ein Denk-Intuitionstypus oder ein intuitiver Typ mit einem guten Denken ist, da beide Funktionen gleich gut wirken. Manchmal sind in einem Individuum das Fühlen und Empfinden so gut entwickelt, daß es schwierig ist, festzustellen, welches die erstere ist. Aber leidet ein Intuitions-Denktypus mehr unter der Tatsache, daß er seinen Kopf an der Empfindungswirklichkeit anschlägt, oder leidet er mehr unter Gefühlsproblemen? Hier kann man entscheiden, welches die erste und welches die gut entwickelte zweite Funktion ist.

Ich werde mich jetzt einer allgemeinen Überlegung des Problems der Assimilation, der minderwertigen Funktion, zuwenden. Wie wir sagten, entfaltet sich das Bewußtsein in der frühen Kindheit aus dem Unbewußten heraus. Von unserem Gesichtspunkt ist das Unbewußte die primäre und das Bewußtsein die sekundäre Wirklichkeit. Darum besteht die unbewußte Ganzheit und die Struktur der ganzen Persönlichkeit zeitmäßig vor der Entstehung der bewußten Persönlichkeit. Dies könnte auf folgende Weise betrachtet werden.

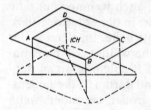

Die vierfältige Struktur im Bereich des Bewußtseins mit dem Ich als Zentrum.

Die vorbewußte, ganze quaterne Struktur der Persönlichkeit.

Wenn sich die Funktionen im Bereich des Bewußtseins entwickeln – A B C D –, dann kommt zuerst von unten herauf, nehmen wir einmal an, die Denkfunktion, die dann die Hauptfunktion des Ichs wird. Das Ich braucht dann hauptsächlich Denkoperationen zur Organisation seines Bewußtseinsfeldes. Langsam erscheinen andere Funktionen und – unter günstigen Bedingungen – erscheinen allmählich alle im Bewußtseinsfeld.

Wenn jedoch die vierte Funktion heraufkommt, bricht die ganze obere Struktur zusammen. Je mehr man die vierte Funktion heraufzieht, desto stärker sinkt die obere Ebene herab. Ein Fehler, den manche Menschen begehen, ist, zu denken, sie könnten die inferiore Funktion auf das Niveau der anderen, bewußten Funktionen bringen. Ich kann dazu nur sagen: „Ja gut, versuchen Sie es. Wenn Sie wollen, können Sie es für immer versuchen." Es ist völlig unmöglich, – wie ein Fischer mit seiner Angel – die inferiore Funktion heraufzuziehen, und alle Versuche, sie zum Beispiel zu beschleunigen oder sie dazu zu erziehen, im richtigen Moment heraufzukommen, müssen scheitern. Man kann versuchen, sie in einem Examen oder in einer bestimmten Lebenssituation zu forcieren, aber dies gelingt nur bis zu einem gewissen Grad und nur dadurch, daß man konventionelles, geliehenes Material hineinbringt. Man kann die vierte Funktion nicht heraufbringen, da sie darauf besteht, unten zu bleiben. Sie ist mit dem Unbewußten verschmolzen und verbleibt in diesem Zustand. Versuche, sie heraufzubringen, wären wie Versuche, das ganze kollektive Unbewußte heraufzubringen, etwas, das man ganz einfach nicht tun kann. Der Fisch wäre zu groß für die Angel. Was ist also zu tun? Sie wieder verdrängen? Das ist Regression. Aber wenn man nicht aufgibt, besteht eine andere Alternative: Der Fisch wird einen ins Wasser ziehen. In diesem Moment entsteht ein großer Konflikt, der für den Denktypus zum Beispiel das berühmte „sacrificium intellectus" bedeutet oder für den Fühltypus das sacrificium seiner Gefühle. Es bedeutet eine Erniedrigung, mit seinen anderen Funktionen auf das tiefere Niveau hinabzusteigen. Dies erzeugt dann ein Stadium zwischen den beiden Schichten etwa auf dem Niveau, in dem alles weder Denken noch Fühlen, noch Empfinden, noch Intuition ist. Etwas Neues kommt herauf, nämlich eine völlig verschiedene, neue Einstellung zum Leben, in der man alle Funktionen benutzt, aber keine die ganze Zeit.

Sehr oft wird jemand naiverweise sagen, daß er ein Denktypus ist und jetzt beginnen wird, seine Gefühlsfunktion zu entwickeln – was für eine Illusion! Wenn ein Mensch ein Denktypus ist, kann er zuerst entweder seine Empfindungen oder seine Intuition angehen. Das ist seine Wahl. Dann wendet er sich zum Gegensatz seiner Hilfsfunktionen zu, und erst dann, zum Schluß zur inferioren. Aber er kann nicht direkt zur Gegensatzfunktion überwechseln. Der Grund ist sehr einfach: Sie schließen sich gegenseitig völlig aus, sie sind unvereinbar. Nehmen wir das Beispiel eines Stabsoffiziers, der unter den gegebenen Bedingungen die Evakuierung einer Stadtbevölkerung so gut wie möglich planen muß. Unglücklicherweise befinden sich seine eigene Frau und seine Kinder in der gleichen Stadt. Wenn er seinen Gefühlen nachgibt, wird er keinen guten Plan entwickeln, er kann einfach nicht. Er muß sie aus seinen Gedanken streichen, und sich selbst sagen, daß es jetzt seine Aufgabe sei, die Evakuierung so gut wie möglich zu planen; er muß seine eigenen Gefühle als reine Sentimentalität abtun. Dies ist eine Geringschätzung, um sich selbst zu befreien. Man kann nicht einen direkten Sprung von seiner Hauptfunktion zu ihrem Gegenstück machen, aber man kann das Denken mit der Empfindung assimilieren oder sie gemeinsam wirken lassen. Es ist sehr leicht möglich, die anderen zwei Hilfsfunktionen zu kombinieren, so daß, wenn man von der einen zu der anderen springt, man nicht so stark leiden muß, wie wenn man zur Gegensatzfunktion springen müßte. Wenn man sich von der Intuition zur Empfindung wenden muß, kann man noch die Denkfunktion als Schiedsrichter benutzen, und wenn die Intuition und Empfindung sich bekämpfen, kann man sich selbst mit Hilfe des Denkens vom Kampf absondern.

Wenn ich einen Denktypus analysiere, stoße ich ihn niemals direkt ins Fühlen. Ich achte darauf, daß die anderen Funktionen zuerst bis zu einem gewissen Grad assimiliert sind. Es ist ein Fehler, dieses Übergangsstudium zu vergessen. Nehmen wir zum Beispiel einen Denktypus, der sich wegen seiner inferioren Gefühlsfunktion Hals über Kopf in einen völlig ungeeigneten Menschen verliebt. Wenn er schon die Empfindung entwickelt hat, die einen gewissen Realitätssinn impliziert, und die Intuition – die Fähigkeit, „den Braten zu riechen" –, wird er nicht einem völligen Unsinn verfallen. Aber wenn er nur ein einseitiger Denktypus ist, und sich in eine ungeeignete Frau verliebt und keinen Sinn für die Realität hat und keine Intuition, dann wird das geschehen, was so wundervoll im Film „Der blaue Engel" beschrieben wird, wo ein Schulprofessor in den Diensten eines Vamp zum Zirkusclown wird. Dort gibt es kein Übergangsstadium, in dem er sich selbst auffangen könnte – er wird einfach von seiner inferioren Funktion über den Haufen geworfen. Aber wenn sein Analytiker darauf achten könnte, daß er, wenn er schon ungeeignete Gefühle hat, zumindest einen gewissen Realitätssinn entwickelt, dann kann er die Schwierigkeiten mit dieser Vermittlungsfunktion meistern. Ich denke, das ist etwas, was man im Gedächtnis behalten muß, wenn man Analytiker ist: Man sollte nie direkt zur inferioren Funktion springen. Natürlich geschieht es doch im Leben, das Leben kümmert sich nicht darum. Aber der analytische Prozeß sollte nicht diesen Verlauf nehmen, und normalerweise tut er dies nicht, wenn man den Andeutungen, die die Träume geben, folgt. Die Tendenz des Prozesses ist, daß die Entwicklung einer Schlangenbewegung folgen sollte. Dies ist der normale Weg, auf dem das Unbewußte versucht, die minderwertige Funktion heraufzubringen.

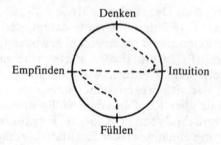

Fragen und Antworten

Frage: Warum neigen Künstler dazu, vor einer Analyse zurückzuschrecken?

Dr. von Franz: Künstler glauben oft, daß die Analyse ihre inferiore Funktion so weit erziehen wird, daß sie ihre Kreativität verlören. Aber dies ist ganz unmöglich. Es besteht keine Gefahr, weil, sogar wenn ein Analytiker so dumm wäre, es zu versuchen, es nicht durchgeführt werden kann. Die inferiore Funktion ist wie ein dressierbares Pferd. Sie kann nur soweit unterjocht werden, daß man nicht die ganze Zeit dumme Dinge tut. So viel ist möglich. Ich werde immer an eine Geschichte mit meinem Vater erinnert. Er kaufte einmal ein Pferd, das viel zu groß für ihn war – er war ein kleiner Mann. In der Armee wurde sein Pferd als kriminell betrachtet, weil man es nicht peitschen oder die Sporen brauchen konnte – es brach dann jeweils einfach aus und warf seinen Reiter ab. Mein Vater verliebte sich in dieses schöne Pferd, kaufte es und schloß einen Pakt mit ihm: „Ich werde dich nicht peitschen, wenn du mich dafür nicht abwirfst." Das heißt, er verhandelte mit ihm als ebenbürtig und es wurde sein bestes Pferd. Er gewann mit ihm mehrere Rennen, aber in Fällen, wo andere es gepeitscht hätten, tat er dies nicht. Hätte er es nur mit der Peitsche berührt, hätte dies das Ende bedeutet. Aber das Pferd war intelligent, und durch intensives Training konnte er es dazu bringen, seinen Wünschen zu folgen; es tat dann mehr oder weniger, was er wollte. Dies ist das höchste, was man bei der inferioren Funktion erreichen kann. Man kann sie nie regieren oder dressieren und dazu bringen, zu handeln, wie man es wünscht. Aber wenn man klug genug ist und bereit, in vielem nachzugeben, kann man sich vielleicht mit ihr arrangieren, so daß sie einen nicht abwirft. Sie wird uns manchmal abwerfen, aber nicht im falschen Moment.

Frage: Gibt es Situationen, in denen sich die Funktionen nicht so einseitig differenzieren?

Dr. von Franz: Ja, zum Beispiel bei Menschen, die noch völlig in der Natur leben, wie die Bauern, Jäger und Buschmänner, über die Laurens van der Post schrieb, daß keiner überleben könnte, gebrauchte er nicht mehr oder weniger alle seine Funktionen. Ein Bauer kann nie so einseitig werden wie ein Stadtbewohner: Er kann nicht nur intuitiv sein, er muß einfach seine Empfindung gebrauchen; aber er kann letztere nicht allein gebrauchen, da das Anbauen geplant sein muß – wann gesät werden muß, und welche Art von Karotten, oder wo Korn gepflanzt werden muß und wieviel und wie die Preise stehen. Sonst wäre er innerhalb kürzester Zeit ruiniert. Er muß ebenfalls über ein gewisses Maß an Gefühlen verfügen, sonst kann er nicht mit seiner Familie und den Tieren umgehen, und er braucht auch eine Nase für das Wetter und die Zukunft im allgemeinen, sonst ist er immer in Schwierigkeiten. In natürlichen Situationen sind die Dinge immer mehr oder weniger so angeordnet, daß man bis zu einem gewissen Grad alle seine Funktionen gebrauchen muß. Das ist der Grund, warum Menschen, die in natürlichen Bedingungen leben, selten so einseitig werden. Das ist das alte, wohlbekannte Problem der Sozialisierung. Aber auch unter in der Natur lebenden Leuten kann man sehen, daß sie im allgemeinen ihre Funktionen verteilen. Zum Beispiel fragt mein Bauer-Nachbar immer den Fischer, der mit ihm lebt, wie das Wetter sein wird. Er sagt, er wisse nicht, woher der Fischer es weiß, aber er tut es, und so kümmert er sich nicht weiter darum. Er verläßt sich auf dieses Mannes Intuition und gebraucht nicht seine eigene. Sogar hier neigen also die Menschen dazu, gewisse Funktionen anderen zuzuschieben, die dafür besser geeignet sind. Aber sie können dies nicht so vollkommen tun wie Stadtspezialisten. Wenn man zum Beispiel als Junggeselle in einem statistischen Bureau ganz für sich alleine arbeitet, braucht man praktisch keine Gefühle. Das hat natürlich auch seine unangenehmen Folgen, aber in der Natur könnte man dies einfach nicht tun.

Frage: Wenn etwas unbewußt ist, sowohl für den Extravertierten als auch für den Introvertierten, erscheint es dann immer in der Außenwelt in seiner projizierten Form?

Dr. von Franz: Nein, im Falle eines Extravertierten habe ich schon oft gesehen, daß es innen erscheint, entweder als Vision oder Phantasie. Ich bin oft beeindruckt gewesen durch die Tatsache, daß Extravertierte, wenn sie zu ihrer anderen Seite gelangen, eine viel reinere Beziehung zum Innenleben haben als Introvertierte. Ich war sogar schon ausgesprochen eifersüchtig. Sie haben eine naive, echte und lautere Beziehung zur inneren Wirklichkeit, da sie eine Vision haben und sie sofort vollkommen ernst und ganz naiv aufnehmen können. Bei einem Introvertierten wird es immer etwas verzerrt durch seinen Schatten, der Zweifel auf sie wirft. Man kann sagen, daß, wenn ein Extravertierter in seine Introversion fällt, es eine ausgesprochen echte, ausgesprochen reine und tiefe sein wird. Extravertierte sind dann sehr stolz darauf, daß sie sich laut rühmen, was für große Introvertierte sie sind. Sie versuchen aber oft, daraus ein Verdienst zu machen – das ist wieder typisch für den Extravertierten –, und dadurch ruinieren sie die ganze Sache. Aber tatsächlich, wenn sie es nicht durch ihre Eitelkeit verderben, kann man beobachten, daß sie eine viel kindlichere, naivere, lautere und echtere Introversion haben als Introvertierte. Genauso wie ein Introvertierter, wenn er aus seiner inferioren Extraversion aufwacht, eine Lebensglut verbreiten und das Leben in seiner Umgebung in ein symbolisches Fest verwandeln kann – besser als jeder Extravertierte. Er kann dem äußeren Leben eine Tiefe von symbolischer Bedeutung geben und ein Gefühl für das Leben als einem „magischen Fest" entwickeln, welches der Extravertierte nicht kann. Wenn ein Extravertierter zu einer Einladung geht, ist er bereit zu sagen, daß jedermann wundervoll ist und: „Kommt, laßt uns das Fest genießen." Aber das ist Technik, und damit wird das Fest nie seine magische Tiefe bekommen, oder sehr selten; es bleibt auf dem Niveau einer freundlichen Oberfläche. Aber wenn ein Introvertierter mit seiner Extraversion herauskommen kann, in der richtigen Art, kann er eine Atmosphäre schaffen, in der äußere Dinge symbolisch werden: Ein

Glas Wein mit seinen Freunden zu trinken, wird wie eine Kommunion. Aber man darf nicht vergessen, daß die meisten Menschen ihre echte inferiore Seite mit einer Pseudoanpassung überdecken, wie ich vorher dargestellt habe.

Die vier irrationalen Typen

A. Der extravertierte Empfindungstypus und seine inferiore introvertierte Intuition

Der extravertierte Empfindungstypus ist jemand, dessen Begabung und besondere Funktion es ist, in einer konkreten und praktischen Art äußere Objekte wahrzunehmen und sich auf sie zu beziehen. Solche Leute beobachten alles, riechen alles, und wenn sie einen Raum betreten, wissen sie meist sofort, wie viele Menschen anwesend sind. Später wissen sie immer, ob Frau Sowieso da war und welches Kleid sie trug. Wenn man eine solche Frage einem Intuitiven stellte, würde er sagen, er habe nichts bemerkt, habe keine Ahnung, was für ein Kleid jene trug. Der Empfindungstypus ist ein Meister im Beobachten von Details.

Es gibt eine berühmte Geschichte eines Jurisprudenzprofessors, der seinen Studenten die Unzuverlässigkeit von Zeugen demonstrieren wollte. Er ließ zwei Menschen in einen Raum eintreten, sie ein paar Sätze austauschen und dann miteinander kämpfen. Er hieß sie aufhören und sagte: „Nun, meine Damen und Herren, schreiben Sie bitte genau auf, was Sie wahrnahmen." Der Professor zeigte dann, daß keiner einen genauen und objektiven Bericht von dem, was geschah, geben konnte. Alle ließen sie gewisse Punkte aus. Auf dieses inszenierte Ereignis gründend, versuchte er, seinen Studenten zu demonstrieren, daß sie sich nicht zu stark auf Augenzeugen verlassen sollten. Diese Geschichte illustriert auch die enorme Relativität der Empfindung. Sie ist immer nur relativ gut entwickelt: Einige sind mehr, andere weniger begabt darin. Ich würde sagen, daß der extravertierte Empfindungstypus den größten Erfolg bei diesem Experiment gehabt und am wenigsten Details ausgelassen hätte. Der extravertierte Empfindungstypus hat gleichsam den besten Photoapparat: Er kann sich schnell und objektiv auf die äußere Wirklichkeit beziehen. Dies ist der Grund, warum dieser Typus unter guten Bergsteigern, Technikern und Geschäftsleuten zu finden ist, die alle eine weite und genaue Sicht der äußeren Realität mit all ihren Schattierungen haben. Dieser Typus wird die Beschaffenheit der Dinge – sei es Seide oder Wolle – bemerken. Er wird ein gewisses Gefühl für das Stoffliche haben. Guter Geschmack ist im allgemeinen auch vertreten.

Jung sagt, daß solche Menschen oft den Eindruck einer gewissen Seelenlosigkeit geben. Die meisten Leute haben schon solche seelenlosen Techniker getroffen, von denen man das Gefühl hat, daß sie sich völlig ihren Maschinen und Ölen widmen und alles aus diesem Gesichtswinkel sehen. Sie verfügen über keinerlei Gefühle und scheinen auch nicht viel zu denken. Die Intuition fehlt völlig. Der extravertierte Empfindungstypus nennt alles, was sich der Intuition nähert, „verrückte Phantasie", völlig „idiotische" Vorstellungen, etwas, das nichts mit der Realität zu tun hat. Er kann sogar das Denken verabscheuen, weil, wenn er sehr einseitig ist, er erwägen wird, daß das Denken ins Abstrakte führe, anstatt bei den Tatsachen zu bleiben. Ich hatte so einen extravertierten Empfindungstypus als Lehrer in den naturwissenschaftlichen Fächern, und wir konnten ihm nie eine allgemein theoretische Frage stellen, er nannte dies jeweils ins abstrakte Denken abschweifen und sagte, daß wir bei den Tatsachen bleiben sollten: „Schau den Wurm an, beobachte, wie er aussieht, und zeichne ihn dann oder schaue ins Mikroskop und beschreibe, was du dort siehst. Das ist Naturwissenschaft, und alles andere ist Phantasie, Theorie und Unsinn." Er war sehr gut im Erklären, wie Fabriken gewisse chemische Produkte herstellen, und ich weiß heute noch den Haber-Bosch-Prozeß auswendig. Aber wenn es zur allgemeinen Theorie der gegenseitigen Beziehung der Elemente kam, konnte er uns nicht viel beibringen. Er sagte, daß man in der Wissenschaft immer noch unsicher sei und daß sich die Theorie jedes Jahr verändere und in einem dauernden Entwicklungsprozeß stehe. So könne man diese Seite der Arbeit überspringen. Alles, was eine Vermutung oder Ahnung sein könnte, alles Intuitive erscheint diesem Typus in einer unangenehmen Form. Wenn ein solcher Mensch überhaupt Intuitionen hat, sind sie von mißtrauischer oder grotesker Natur. Dieser Lehrer wagte sich einmal in ganz erstaunlicher Art an die Graphologie. Eines Tages brachte ich ihm einen Brief, den meine Mutter geschrieben hatte und die mich darin für eine Absenz entschuldigte, da ich die Grippe gehabt hatte. Er schaute die Schrift an und fragte: „Hat dies deine Mutter geschrieben?" Ich sagte: „Ja." Worauf er nur antwortete: „Armes Kind!" Er nahm nur das Negative wahr. Oft hatte er Mißtrauensausbrüche seinen Kollegen und seinen Schülern gegenüber. Man konnte sehen, daß er eine Art von dunkler Intuition von etwas Düsterem hatte, weil seine Intuition minderwertig war, sie war wie ein Hund, der in Abfallhaufen herumschnüffelte. Diese minderwertige Art der Intuition war sehr oft richtig, aber manchmal auch völlig falsch. Manchmal hatte er einfach Verfolgungsideen – dunkle Verdächtigungen ohne jeden Grund. Ein Typus, der auf der Wirklichkeitsebene so genau ist, kann plötzlich melancholisch werden, argwöhnische Vermutungen und Ideen von dunklen Möglichkeiten haben, und man weiß nicht, woher diese plötzlich hereinschleichen. So kommt in diesem Fall die inferiore Intuition herauf.

Normalerweise kreist im Falle eines extravertierten Empfindungstypus die inferiore Intuition um die Stellung des Subjekts, sehr oft in dunklen Gefühlen, Ahnungen oder Vermutungen über Krankheiten, die er haben könnte, oder andere Unglücksfälle, die ihm zustoßen könnten. Dies bedeutet, daß die minderwertige Intuition im allgemeinen egozentrisch ist. Solch ein Mensch hat oft eine Art negativer, selbst-entwertender Einstellung. Wenn jemand stark betrunken oder sehr müde ist oder man ist so eng mit ihm vertraut, daß er mit seiner anderen Seite herauskommt, dann kann er höchst erstaunliche, unheimliche und schaurige Geistergeschichten erzählen.

Ich kannte einmal eine Frau, die eine der besten Bergsteigerinnen der Schweiz war. Sie war offensichtlich ein extravertierter Empfindungstypus; nur konkrete Tatsachen zählten, und alles hatte seine natürlichen Ursachen. Sie hatte alle Viertausender nicht nur in der Schweiz, sondern im ganzen Alpenraum, in Frankreich, Italien und Österreich bestiegen. Aber an den dunklen Abenden danach am schönen Cheminéefeuer schaltete sie jeweils um und erzählte die unheimlichsten Geistergeschichten von der Art, wie man sie normalerweise von Schäfern und Bauern zu hören bekommt. Es war wunderbar zu beobachten, wie diese urtümlichen Phantasien aus ihr herauskamen. Am nächsten Morgen, wenn sie ihre Wanderschuhe anzog, setzte sie sich jeweils lachend darüber hinweg und sagte, daß alles Unsinn sei. Was solch ein Mensch intuiert, ist aber normalerweise mehr ein Ausdruck seiner ursprünglichen Probleme.

Ein anderer Aspekt der minderwertigen Intuition in einem extravertierten Empfindungstypus ist, daß er plötzlich von der Anthroposophie oder von einem Cocktail östlicher Metaphysik, im allgemeinen von ausgesprochen jenseitiger Art, angezogen wird. Sehr realistische Ingenieure treten solchen Bewegungen mit einem völlig unkritischen Geist bei und verlieren sich darin. Das ist so, weil ihre inferiore Intuition einen solchen archaischen Charakter hat. Auf ihrem Schreibtisch wird man oft, erstaunlich genug, mystische Texte finden, aber von zweitrangiger Art. Wenn man sie fragt, warum sie diese Bücher lesen, werden sie antworten, es sei Unsinn, aber es helfe ihnen einzuschlafen. Ihre superiore Funktion verneint immer noch ihre inferiore. Aber wenn man die Anthroposophen in Dornach fragt, wer ihnen das Geld für ihre Gebäude gäbe, wird man herausfinden, daß es oft von solchen extravertierten Empfindungsmenschen stammt. Die amerikanische Nation hat eine große Anzahl von extravertierten Empfindungstypen, und das mag der Grund sein, warum eigenartige Sekten besonders gut in den Vereinigten Staaten blühen, in einem viel größeren Ausmaß als in der Schweiz. In Los Angeles kann man praktisch jede Art von phantastischer Sekte finden.

Ich erinnere mich, daß ich einmal einen solchen Typus in Analyse hatte. Eines Tages bekam ich einen Telephonanruf von ihm. Der Mann schluchzte am Telephon und sagte, daß er überwältigt sei: „Es geschah – ich kann es ihnen nicht sagen, ich bin in Gefahr." Nun war er kein hysterischer Mensch und hatte keine latente Psychose oder etwas ähnliches. Ich hätte nie erwartet, daß er sich so verhalte. Ich war erstaunt und fragte ihn, ob er fähig sei, zum Bahnhof zu gehen, ein Billet zu kaufen und nach Zürich zu kommen – er lebte in einer anderen Stadt. Er antwortete, er dächte, er könne dies bewältigen, und so forderte ich ihn auf, nach Zürich zu kommen. Bis zum Zeitpunkt, als er ankam, war er wieder in seine Hauptfunktion zurückgeschnappt und brachte mir einen Korb voller Kirschen, die wir fröhlich zusammen aßen. Ich fragte: „Und was jetzt?" Aber er konnte es mir nicht einmal sagen. In der Zwischenzeit, während er zum Bahnhof ging und Kirschen kaufte, war er wieder auf seine obere Ebene zurückgekehrt. Während einer Minute wurde er von der unteren Ebene angegriffen, und das einzige, was ich aus ihm herausbekam, war: „Während einer Minute wußte ich, was Gott war! Es ist, als hätte ich Gott erfaßt! Und das schockierte mich so sehr, daß ich dachte, ich würde wahnsinnig werden, und jetzt ist es wieder weg. Ich erinnere mich daran, aber ich kann es nicht mehr mitteilen, und ich bin nicht mehr darin." Über die minderwertige Funktion, die Intuition, hatte er plötzlich das ganze kollektive Unbewußte und das Selbst erfaßt. In einer Sekunde – wie ein Blitz – kam es herauf und erschütterte den oberen Teil seiner Persönlichkeit, aber er konnte es nicht behalten. Dies war der Beginn des Heraufkommens der inferioren Intuition, die ihren ungeheuer positiven schöpferischen als auch gefährlichen Aspekt zeigt. Die Intuition hat die Fähigkeit, eine große Menge von bedeutungsvollen Inhalten gleichzeitig zu übermitteln. Er sah die ganze Sache während einer Sekunde; für eine Minute kam es herauf, und dann ging es wieder weg. Hier saß er, kaute schmatzend Kirschen, zurückgekehrt in seine flache, gewöhnliche, extravertierte Empfindungswelt. Dies wäre ein Beispiel für die erste echte Erscheinung der inferioren Intuition in einem solchen Typus.

Eine große Gefahr kommt von der Macht her, die die minderwertige Funktion über die gesamte Persönlichkeit haben kann. Ich kannte einmal einen extravertierten Empfindungstypus, einen sehr tüchtigen Baumeister und guten Geschäftsmann, der ungeheuer reich war. Er war ausgesprochen praktisch veranlagt, baute aber gräßliche Häuser; nur die „gadgets" in ihnen waren so perfekt, daß die Menschen gerne darin wohnten, obwohl die Häuser von einem künstlerischen Standpunkt aus gräßlich waren. Er fuhr gut Ski, zog sich gut an, bewunderte Frauen und hatte eine Art verfeinerter Sinnlichkeit, die extravertierte Empfindungstypen entfalten können. Dieser Mann fiel in die Hände einer intuitiven Frau, die zwanzig Jahre älter war als er. Sie war eine wilde, fantasievolle Mutterfigur und enorm fett. In ihrem Fall stellte dies einen Mangel an Disziplin dar; intuitive Typen können oft schrecklich maßlos sein und, auf Grund ihrer inferioren Empfindung, ihre vernünftigen Grenzen sowohl physisch als auch psychisch überschreiten. Diese Frau lebte nur in ihren Phantasien und war völlig unfähig, sich selbst finanziell zu unterhalten. Es war eine typische Vereinigung, bei der der Mann das Geld lieferte und für die praktische Seite des Lebens sorgte, während die Frau den Phantasieanteil beifügte. Einmal ging ich mit ihm – und war tödlich gelangweilt! Das einzige, über das er interessant hätte erzählen können, war sein Geschäft, aber darüber sprach er nicht mit Frauen, und sonst hatte er nichts zu sagen, außer daß das Wetter schön sei und das Essen nicht schlecht. Zu meiner großen Überraschung lud mich dieser Mann zu den Anthroposophen nach Dornach ein, um ein Theaterstück zu sehen. Das „Goetheanum" war seine „geistige Mutter" und fesselte ihn stark. Er war so ergriffen von dem Stück und so bewegt, daß er völlig weggeschwemmt wurde. Später war ich taktlos genug zu sagen, daß dies zu hoch für mich sei und daß ich mich jetzt nach einem Beefsteak sehne. Er war maßlos von meinem Materialismus verletzt! Ich war damals erst 18, heute wäre ich weiser. So aber arbeitete seine Intuition. Auf der einen Seite war sie auf diese Frau projiziert, und auf der anderen Seite gab es Dornach. Er versuchte mit der Frau zu brechen, nachdem er die Mutter-Sohn-Beziehung erkannt hatte, und hoffte, seine inferiore Intuition dafür in Dornach zu parkieren. Das war sicher ein Schritt weiter, als sie nur auf eine Mutterfigur zu projizieren, weil er zumindest einen Versuch unternahm, die Intuition auf einer inneren Ebene zu assimilieren. Das ist auch der Grund, warum meine Bemerkung so besonders taktlos war. Ob der Versuch gelang, weiß ich nicht, da ich den Kontakt mit ihm verlor.

Ein anderes Beispiel minderwertiger introvertierter Intuition, aber diesmal wirklich minderwertig, veranschaulicht die ekelerregende Form und verzweifelten

Abgründe, in die die minderwertige Funktion führen kann. Kürzlich las ich in einem amerikanischen Science-fiction-Heft die Geschichte eines Mannes, der einen Apparat erfand, mit dem er Menschen ent- und rematerialisieren konnte. Er konnte zum Beispiel hier in Zürich sein und dann plötzlich feste Gestalt in New York annehmen. Mit Hilfe dieses Apparates wäre es möglich gewesen, sich der Schiffe und Flugzeuge zu entledigen. Zuerst experimentierte er mit Aschenbechern und später mit Fliegen. Am Anfang geschahen ein paar Fehler, aber nachdem er einige Drähte neu angeordnet hatte, schien das Experiment mit der Fliege zu gehen. Im Falle, daß irgend etwas falsch herauskam, wollte er das erste Opfer sein; also setzte er sich selbst in den Apparat. Unglücklicherweise blieb das Experiment in der Mitte stecken, und er kam am anderen Ende mit dem Kopf einer enormen Fliege heraus! Er versuchte, seine Frau zu treffen, und versteckte seinen Kopf mit einem Tuch, so daß sie ihn nicht sehen konnte. Er sagte ihr, sie müsse versuchen, ihn zu befreien, und gab ihr verschiedene Anweisungen. Aber nichts gelang, und schlußendlich aus Verzweiflung bat er sie, ihn zu töten; aus Liebe zu ihm tat sie es. Nachher nimmt die Geschichte den Verlauf eines gewöhnlichen Kriminalromans. Als er tot und begraben war, wurde die Frau wahnsinnig und in eine Nervenheilanstalt gesteckt. Aber dann wurde die erste Fliege gefunden, diejenige, die jetzt den Kopf des Mannes trägt. Aus Mitleid steckt die Familie die Fliege in eine Zündholzschachtel, die voller Gefühlsduselei auf dem Grab abgestellt wird, und eine Inschrift erklärt, daß der Verstorbene ein „Held und Opfer der Wissenschaft" gewesen war. Ich habe sie mit den ekelerregendsten und perversesten Einzelheiten der Geschichte verschont, die mit großem Gusto ausgebreitet werden.

Hier sieht man, wie die minderwertige Intuition in einem Erzeugnis eines Empfindungstypus Form annimmt.

Da die Geschichte von einem Empfindungstypus geschrieben ist, wird sie als völlig praktische Empfindung
verkleidet. Die Fliege stellt die inferiore Intuition dar,
die mit der bewußten Persönlichkeit vermengt wird.
Eine Fliege ist ein teuflisches Insekt. Im allgemeinen
stellt die Fliege die ungewollten Phantasien und Gedanken dar, die einen ärgern, um den Kopf herumbrummen
und die man nicht verjagen kann. Hier wird dieser Wissenschaftler der Gefangene und das Opfer einer Idee,
die Mord und Wahnsinn miteinschließt. Um das Leben
seiner Frau zu retten, wird sie in eine Irrenanstalt gesteckt, wo sie ihre Zeit damit verbringt, Fliegen zu fangen in der Hoffnung, diejenige zu finden, die ein Teil ihres Mannes sein könnte. Am Ende der Geschichte
spricht der Polizeikommissar mit dem Autor und sagt,
daß die Frau trotz allem einfach verrückt sei. Man sieht,
daß er den kollektiven gesunden Menschenverstand darstellt – das Urteil, das schließlich vom Schriftsteller angenommen wird, der zugibt, daß alles einfach Wahnsinn
ist. Wenn der Autor für die Kontinuität seiner inferioren
Funktion gesorgt und sich von seiner extravertierten
Empfindung befreit hätte, dann wäre eine lautere und
reine Geschichte herausgekommen. In echten Phantasien, solchen von Edgar Allan Poe und dem Poeten Gustav Meyerinck, wird die Intuition in ihrem eigenen
Recht etabliert. Diese Phantasien sind höchst symbolisch und können nur symbolisch ausgelegt werden.
Aber ein Empfindungstypus versucht immer auf irgendeine Weise, seine Intuitionen zu konkretisieren.

B. Der introvertierte Empfindungstypus und seine extravertierte Intuition

Vor vielen Jahren hatten wir im psychologischen Club ein Treffen, bei dem die Mitglieder gebeten wurden, ihren eigenen Typus in ihren eigenen Worten zu beschreiben, anstatt einfach Jungs Buch über die Typen zu zitieren. Die Hauptmitglieder waren aufgefordert zu beschreiben, wie sie ihre eigene Hauptfunktion erlebten. Ich habe nie die ausgezeichnete Arbeit, die Frau Emma Jung gab, vergessen. Erst nachdem ich sie gehört hatte, meinte ich, den introvertierten Empfindungstypus etwas zu verstehen. In ihrer Selbstbeschreibung sagte sie, daß der introvertierte Empfindungstypus wie eine hochempfindliche photographische Platte sei. Wenn jemand einen Raum betrete, notiere ein solcher Typus die Art, wie die Person hereinkomme, das Haar, den Gesichtsausdruck, die Kleider und die Art, wie der Mensch gehe. All dies mache einen sehr genauen Eindruck auf den introvertierten Empfindungstypus; jedes Detail werde aufgesogen. Der Eindruck komme vom Objekt zum Subjekt; es sei, wie wenn ein Stein in tiefes Wasser falle – der Eindruck falle tiefer und tiefer, er sinke hinein. Äußerlich wirkt der introvertierte Empfindungstypus oft gänzlich dumm. Er sitzt einfach da und starrt, und man weiß nicht, was in ihm vorgeht. Er wirkt wie ein Stück Holz ohne jede Reaktion – es sei denn, er reagiere mit einer der Hilfsfunktionen, dem Denken oder Fühlen. Aber innerlich wird dabei der Eindruck aufgesogen.

Darum macht der introvertierte Empfindungstypus den Eindruck, er sei sehr langsam, was tatsächlich nicht der Fall ist. Es ist jedoch so, daß die schnelle innere Reaktion untergründig weitergeht und die äußere Reaktion verspätet kommt. Dies sind Menschen, die, wenn man ihnen am Morgen einen Witz erzählt, um Mitternacht lachen. Dieser Typus wird von anderen oft falsch beurteilt und nicht verstanden, weil man nicht bemerkt, was in ihnen vorgeht. Wenn solch ein Typus seine photographischen Eindrücke künstlerisch ausdrücken kann, können sie entweder im Malen oder Schreiben wieder hervorgebracht werden. Ich habe den Verdacht, daß Thomas Mann solch ein introvertierter Empfindungstypus war. Er beschreibt jede Einzelheit einer Szene, und in seinen Schilderungen gibt er die ganze Atmosphäre eines Raumes oder einer Persönlichkeit wieder. Dies ist eine Art von Sensitivität, die jede kleinste Schattierung und jede Einzelheit aufnimmt.

Die inferiore Intuition dieses Typus ist ähnlich der des extravertierten Empfindungstypus, da sie auch diese unheimlichen, gespensterhaften, phantastischen Eigenschaften hat. Aber sie ist mehr mit der unpersönlichen, kollektiven, äußeren Welt beschäftigt. Bei dem Baumeister, den ich erwähnte, kann man zum Beispiel sehen, daß er ein extravertierter Empfindungstypus ist. Er nimmt Intuitionen auf, die ihn selbst betreffen. Mit seiner extravertierten Empfindung ist er an der kollektiven äußeren Welt interessiert – am Bau von Straßen und großen Häusern. Aber seine Intuition wendet er bei sich selbst an; sie ist sehr persönlich und mit persönlichen Problemen vermengt. Beim introvertierten Empfindungstypus verläuft die Bewegung vom Objekt zu ihm selbst zurück. Die Romane von Thomas Mann haben einen ausgesprochen subjektiven Charakter. Und die Intuition dieses Typus ist dafür mehr mit Ereignissen beschäftigt, die sich im Hintergrund abspielen; er nimmt die Möglichkeit und die Zukunft der äußeren Umgebung auf.

Ich habe bei introvertierten Empfindungstypen Material gesehen, das ich als ausgesprochen prophetisch bezeichnen würde – archetypische Phantasien, die nicht hauptsächlich das Problem des Träumers, sondern das seiner Zeit darstellen. Die Assimilation dieser Phantasien ist sehr schwierig, da die Empfindung – die dominante Funktion – eine Funktion ist, mit der wir das „Hier und Jetzt" begreifen. Der negative Aspekt der Empfindung ist, daß dieser Typus in der konkreten Wirklichkeit steckenbleibt. Wie Jung einmal bemerkte: Für sie gibt es keine Zukunft, zukünftige Möglichkeiten existieren nicht, sie sind im Hier und Jetzt, und vor ihnen befindet sich ein eiserner Vorhang. Sie verhalten sich im Leben, als ob es immer so bleiben würde, wie es jetzt ist, sie sind unfähig, in Erwägung zu ziehen, daß sich die Dinge verändern könnten. Der Nachteil dieses Typus ist, daß, wenn dann die ungeheuren inneren Phantasien hervorquellen, solch ein Mensch wegen der Genauigkeit und Langsamkeit der bewußten Funktion große Schwierigkeiten hat, sie zu assimilieren. Wenn solch ein Typus überhaupt bereit ist, seine Intuitionen ernst zu nehmen, wird er dazu neigen, sie möglichst genau aufzuschreiben. Aber wie kann man so etwas tun? Die Intuition ist wie ein Aufblitzen, und wenn man versucht, sie niederzuschreiben, ist sie wieder weg. Darum weiß er nicht, wie mit diesem Problem umzugehen sei, und erleidet Qualen, weil die einzige Art, seine inferiore Funktion zu assimilieren, darin besteht, die Umklammerung der superioren Funktion zu lockern.

Ich kannte einmal eine Frau mit introvertierter Empfindung, die über Jahre hinweg die Inhalte ihres Unbewußten sehr genau malte. Sie brauchte etwa drei Wochen, um eine Zeichnung zu beenden. Die Zeichnungen waren wunderschön und bis ins letzte Detail ausgearbeitet, aber – wie ich später hörte – malte sie die Inhalte ihres Unbewußten nicht so, wie sie kamen; sie korrigierte und verbesserte die Farben und verfeinerte die Einzelheiten. Sie sagte jeweils: „Natürlich verbessere ich sie von einem ästhetischen Standpunkt aus." Langsam wurde das Bedürfnis, die inferiore Funktion zu assimilieren, immer gebieterischer, und ihr wurde in einem

72

Traum gesagt, sie solle die Bilder schneller ausführen, die Farben genau so wählen, wie sie seien, mögen sie auch noch so grob sein, und alles rasch aufs Papier bringen. Als ich ihr die Inhalte ihrer Träume auf diese Weise übersetzte, geriet sie in Panik, sie könne dies nicht, es sei ihr unmöglich. Ihr dies anheimzustellen, war für sie wie eine Niederlage, sie konnte es nicht und fuhr fort, in ihrer gewohnten Weise zu malen. Immer und immer wieder verpaßte sie das Heraufkommen der unbewußten Intuition, da sie sie nicht so festhalten konnte, wie sie kam.

So sieht der Kampf zwischen der superioren und der inferioren Funktion in einem introvertierten Empfindungstypus aus. Wenn man versucht, ihn zu einer schnellen Assimilation der Intuition zu zwingen, so kann er Symptome von Schwindel oder Seekrankheit bekommen. Er fühlt sich vom festen Boden der Realität hinweggetragen, und weil er so an ihr klebt, bekommt er tatsächlich Symptome der Seekrankheit. Eine andere Frau mit introvertierter Empfindung mußte ins Bett gehen, um aktive Imagination zu betreiben, sonst fühlte sie sich wie auf einem Schiff.

Da bei einem introvertierten Empfindungstypus die Hauptfunktion introvertiert ist, ist seine Intuition extravertiert und wird darum im allgemeinen von äußeren Ereignissen ausgelöst. Solch ein Typus kann, während er eine Straße langgeht, ein Kristallstück in einem Schaufenster sehen, und seine Intuition kann plötzlich die ganze symbolische Bedeutung dieses Steines erfassen; die ganze symbolische Kraft des Kristalls fließt in seine Seele. Aber dies wäre durch ein äußeres Ereignis ausgelöst, da seine inferiore Intuition im wesentlichen extravertiert ist. Natürlich hat sie die gleichen schlechten Eigenschaften wie beim extravertierten Empfindungstypus: Bei beiden hat die Intuition oft einen unheilvollen Charakter, und wenn sie nicht bearbeitet wird, werden die prophetischen Inhalte, die durchbrechen, pessimistisch und negativ sein.

Negative Intuition trifft entweder ins Schwarze, oder sie geht völlig daneben. Im allgemeinen, wenn die Intuition die Hauptfunktion ist und eine der anderen Funktionen – entweder das Denken oder das Fühlen – entwickkelt ist, kann ein Mensch beurteilen, ob er das Zentrum der Schießscheibe getroffen hat oder völlig daneben liegt, und darum hält er sich zurück. Aber die inferiore Intuition ist unausgearbeitet, und der Empfindungstypus überrascht einen damit, daß er das Zentrum der Schießscheibe genau trifft, was man bewundern kann, oder aber er kommt mit irgendwelchen Ahnungen heraus, an denen kein Körnchen Wahrheit ist – einfach reine Erfindung.

C. Der extravertierte Intuitions-Typus und seine inferiore introvertierte Empfindung

Die Intuition ist eine Funktion, mit der wir Möglichkeiten wahrnehmen. Ein Empfindungstypus würde das Objekt „Glocke" nur Glocke nennen, aber ein Kind könnte sich alle möglichen Sachen, die man damit tun könnte, darunter vorstellen. Es könnte ein Kirchturm sein und dieses Buch ein Dorf usw. In allem steckt eine Entwicklungsmöglichkeit. In der Mythologie wird die Intuition oft durch die Nase dargestellt. Man sagt: „Ich kann den Braten riechen"; das bedeutet, meine Intuition sagt mir, daß etwas faul ist. Ich weiß nicht genau was, aber ich kann es riechen. Und dann drei Wochen später kommt die Sache heraus und man sagt: „Oh, ich habe es gewittert, ich hatte eine Ahnung, daß etwas in der Luft lag." Dies sind ungeborene Möglichkeiten, Keime der Zukunft. Intuition ist darum die Fähigkeit, das zu erahnen, was noch nicht sichtbar ist, zukünftige Möglichkeiten, potentielle Gelegenheiten im Hintergrund einer Situation.

Der extravertierte Intuitive wendet dies an der Außenwelt an, wird darum die zukünftige äußere Entwicklung um ihn herum mit großem Erfolg richtig erraten. Solche Typen findet man oft unter Geschäftsleuten. Sie sind Unternehmer, die den Mut haben, neue Erfindungen zu fabrizieren und auf den Markt zu bringen. Man findet sie unter Journalisten und häufig unter Verlegern; sie wissen, was nächstes Jahr populär sein wird. Sie bringen etwas heraus, was noch nicht Mode ist, es aber bald sein wird, und sie sind die ersten, die es auf den Markt bringen. Börsenmakler haben auch eine gewisse Fähigkeit, die ihnen sagt, ob eine bestimmte Aktie steigt, ob der Markt herauf- oder hinuntergeht, und sie verdienen ihr Geld damit, daß sie das Steigen und Fallen der Aktien erahnen. Man findet sie, wo immer etwas Neues gebraut wird, sogar in mehr geistigen Bereichen. Sie befinden sich immer in der Vorhut.

Im allgemeinen ist es der schöpferische Künstler, der die Zukunft erschafft. Eine Zivilisation, die keine schöpferischen Menschen mehr besitzt, ist zum Untergang verdammt. Darum ist der Mensch, der wirklich in Berührung mit der Zukunft ist – mit den Keimen der Zukunft –, eine schöpferische Persönlichkeit. Der extravertierte Intuitive, weil er fähig ist, den Wind zu erschnüffeln, und weiß, wie das Wetter morgen sein wird, kann erkennen, daß dieser vielleicht völlig unbekannte Maler oder Schriftsteller der Mann von morgen ist. Die Intuition kann den Wert eines solch schöpferischen Menschen anerkennen. Schöpferische Menschen selbst sind oft introvertiert und so beschäftigt mit ihrem Werk, daß sie nicht darauf achten können, es herauszubringen. Das Werk selbst braucht so viel von ihrer Energie, daß sie sich keine Gedanken machen können, wie es der Welt präsentiert werden soll, wie dafür geworben wird, etc.

Jede Art von Vorsätzlichkeit zersetzt den schöpferischen Prozeß. Sehr oft kommt dann der Extravertiert-Intuitive vorbei und hilft. Aber natürlich, wenn er dies sein Leben lang tut, beginnt er, eine geringe schöpferische Fähigkeit von sich selbst auf den Künstler zu projizieren und verliert sich so selbst. Früher oder später müssen sich solche Menschen aus ihrer Extraversion herausreißen und sich sagen: „Nun, sogar wenn sie nur von geringem Niveau wäre, wo ist *meine* Kreativität?" Und dann werden sie auf ihre minderwertige Empfindung hinunter forciert und anstatt daß sie anderer Leute Kreativität aufwerten, müssen sie ihre eigene inferiore Empfindung pflegen, was immer daraus werden wird.

Die Intuition muß die Dinge von weitem oder ungenau anschauen, um zu funktionieren, weil sie so vom Unbewußten gewisse Hinweise bekommt, mit halb geschlossenen Augen und nicht zu nah bei den Tatsachen. Wenn man die Dinge zu genau betrachtet, liegt der Focus auf den Tatsachen, und die Ahnung kann nicht durchbrechen. Das ist der Grund, warum Intuitive dazu neigen, unpünktlich und unbestimmt zu sein. Ein Nachteil, dies als Hauptfunktion zu haben, ist, daß der Intuitive sät, aber selten erntet. Zum Beispiel, wenn jemand ein neues Geschäft aufbaut, gibt es im allgemeinen Anfangsschwierigkeiten: Die Sache läuft nicht gleich gut; es ist notwendig, eine gewisse Zeitspanne abzuwarten, bis das Geschäft Erfolg einbringt. Der Intuitive wartet oft nicht lang genug. Er fängt ein neues Geschäft an, aber das ist genug für ihn; er verkauft es, verliert darauf, und der nächste Besitzer verdient viel Geld mit dem gleichen Geschäft. Der Intuitive ist der, der erfindet, aber am Ende nichts daraus bekommt. Aber wenn er ausgeglichen ist und ein bißchen warten kann und wenn er durch die Identifikation mit der Hauptfunktion nicht völlig dissoziiert ist, dann ist er ein Mensch, der Neues in allen Ecken der Welt auffinden kann.

Der extravertierte Intuitive neigt dazu, seinem Körper und seinen physischen Bedürfnissen nicht genug Aufmerksamkeit zu schenken; er weiß einfach nicht, wann er müde ist, er bemerkt es nicht. Es bedarf eines Zusammenbruchs, um es ihm zu zeigen. Er weiß auch nicht, wann er hungrig ist. Wenn er ein übertrieben einseitiger Typ ist, weiß er sogar nicht, daß er endosomatische Empfindungen hat.

Die minderwertige Empfindung ist, wie alle minderwertigen Funktionen, bei solchen Menschen langsam, schwerfällig und mit Emotionen beladen. Da sie introvertiert ist, ist sie von der äußeren Welt und ihren Geschäften abgewandt. Sie hat, wie alle minderwertigen Funktionen, eine mystische Eigenheit an sich.

Ich habe einmal einen solchen extravertierten intuitiven Typ analysiert, einen Geschäftsmann, der in fremden Ländern viele verschiedene Geschäfte aufgezogen und viel in Goldminen und ähnlichem spekuliert hatte. Er wußte immer, wo günstige Gelegenheiten waren, und machte ein großes Vermögen in sehr kurzer Zeit, völlig ehrlich, einfach weil er wußte, wo zu investieren war. Er wußte, was kommen, was in ein paar Jahren geschehen werde, und er war immer zuerst zur Stelle und bekam so das ganze Geschäft in seine Hände. Seine introvertierte Empfindung – er war eine ziemlich gespaltene Persönlichkeit – kam zuerst als sehr schmutziger, schlecht gelaunter Landstreicher herauf, der in seinen Träumen erschien. Dieser Landstreicher saß in Kneipen herum, trug dreckige Kleider, und wir wußten nicht, was dieser Gesell vom Träumer wollte. Ich veranlaßte ihn, mit dem Landstreicher in einer „Aktiven Imagination" zu sprechen. Der Landstreicher sagte, daß er verantwortlich sei für die physischen Symptome, die den Mann in die Analyse gebracht hatten, und daß sie gesandt worden seien, weil er (der Landstreicher) nicht genug Aufmerksamkeit bekomme. So, in der aktiven Imagination, fragte er, was er tun solle. Der Landstreicher antwortete, daß er einmal pro Woche in Landstreicherkleidung mit ihm übers Land gehen und aufmerksam dem zuhören soll, was er zu sagen habe. Ich riet dem Träumer, diesen Vorschlag genau zu befolgen. Das Ergebnis war, daß er lange Wanderungen durch viele Teile der Schweiz unternahm und unerkannt in den einfachsten Herbergen übernachtete. Während dieser Zeit hatte er viele überwältigende innere Erlebnisse durch den Kontakt mit der Natur: der Sonnenaufgang und kleine Dinge, wie eine Blume in der Ecke eines Felsens usw. Dies traf den Kern seiner Persönlichkeit und offenbarte ihm eine ungeheure Anzahl von Dingen. Ich kann damit nur beschreiben, daß er in einer sehr ursprünglichen Art die Gottheit in der Natur erlebte. Er kam sehr still und ruhig zurück, und man hatte das Gefühl, daß etwas in ihm bewegt worden war, was nie zuvor gelebt hatte. Seine Zwangssymptome verschwanden völlig während dieser wöchentlichen Wanderungen. Dann kam das Problem, wie er dieses Erlebnis behalten sollte und nicht zurückfallen, sobald er wieder in sein eigenes Land heimkehren würde. Also fragten wir den Landstreicher noch einmal um Rat. Dieser antwortete, er werde ihn von seinen Symptomen entbinden, wenn er einen Nachmittag pro Woche frei nähme, allein in die Natur hinausgehe und mit ihm seine Wanderungen fortsetze. Der Mann ging dann weg. Aus seinen Briefen erfuhr ich, daß er dies eine Zeitlang durchhielt, aber dann in seine alten Gewohnheiten zurückfiel – er hatte so viel Arbeit, er fing drei neue Geschäfte an, und es gab so viele Sitzungen. So schob er die Gänge mit dem Landstreicher auf und sagte immer: „Nächste Woche, nächste Woche – sicher komme ich, aber erst nächste Woche." Unverzüglich kehrten seine Symptome zurück. Das war ihm eine Lehre; er schaltete zurück, wanderte regelmäßig und fühlte sich wohl. Es kristallisierte sich dann darin, daß er eine kleine Farm kaufte und ein

Pferd hielt. Einen Nachmittag pro Woche pflegte er sein Pferd mit dem, was man nur religiöse Hingebung nennen könnte. Das Pferd war sozusagen sein Freund, und wie ein Ritual ging er es jede Woche besuchen, ritt mit ihm aus, pflegte es. Von da an hatte er Frieden. Ich bin sicher, viel geht inwendig mit ihm vor, aber ich habe nichts mehr von ihm gehört, außer Weihnachtskarten, auf denen er schrieb, daß es ihm gut gehe. Und dann natürlich Photos des Pferdes!

Hier kann man sehen, wie die inferiore Funktion die Türe für Erfahrungen mit den tieferen Schichten des Unbewußten ist. Dieser intuitive Typ kam aus seinem Ich und seinen Ich-Strebungen über den Kontakt mit der Natur und dem Pferd heraus. Man sieht sehr klar, daß, sogar wenn die minderwertige Funktion außen erscheint – in einem Pferd zum Beispiel –, sie offensichtlich eine symbolische Bedeutung trägt. Sein Pferd zu pflegen war für ihn wie seine eigene physische und instinktive Seite zu pflegen: Das Pferd war für ihn die erste Verkörperung des kollektiven, unpersönlichen Unbewußten. Es ist wichtig für einen Intuitiven, dies konkret und sehr langsam zu tun und nicht sofort auszurufen: „Oh, das Pferd ist ein Symbol des Unbewußten" usw. Er muß am wirklichen Pferd kleben bleiben und es pflegen, auch wenn er weiß, daß es letztlich ein Symbol ist.

D. Der introvertierte intuitive Typus und seine inferiore extravertierte Empfindung

Der introvertierte Intuitive hat die gleiche Fähigkeit wie der extravertierte Intuitive, einen Riecher für die Zukunft und richtige Vermutungen oder Ahnungen zu haben über noch nicht sichtbare zukünftige Möglichkeiten einer Situation. Aber seine Intuition ist nach innen gerichtet, und darum ist er primär der Typus des religiösen Propheten oder Sehers. Auf dem einfachen Niveau ist er der Schamane, der weiß, was die Götter, Gespenster und Geister der Vorfahren planen, und der diese Botschaft seinem Volke übermittelt. In der psychologischen Sprache würde man sagen, daß er um den langsamen Wandlungsprozeß weiß, der im kollektiven Unbewußten vor sich geht; die Archetypen ändern sich, und er teilt dies der Gesellschaft mit. Die Propheten des Alten Testaments zum Beispiel waren Menschen, die, während die Kinder Israels glücklich schliefen – wie es die Massen immer tun –, ihnen von Zeit zu Zeit mitteilten, was Jahwes wirkliche Absichten wären, was er jetzt tat und was er von seinem Volke verlangte. Das Volk freut sich meistens nicht, diese Botschaften zu hören.

Viele Introvertiert-Intuitive findet man unter Künstlern und Poeten. Sie sind im allgemeinen Künstler, die sehr archetypisches, phantastisches Material hervorbringen, wie man es in Nietzsches „Also sprach Zarathustra" oder in Gustav Meyrincks „Der Golem" oder in Alfred Kubins „Die andere Seite" findet. Diese Form von visionärer Kunst wird im allgemeinen erst von späteren Generationen verstanden als eine Darstellung dessen, was zu jener Zeit im kollektiven Unbewußten vor sich ging.

Die inferiore Empfindung dieses Typus hat im allgemeinen auch Schwierigkeiten, die Bedürfnisse des Körpers zu bemerken und seine Begierde zu kontrollieren. Swedenborg hatte eine Vision, in der Gott ihm selbst sagte, er solle nicht soviel essen. Er aß natürlich ohne die geringste Selbstdisziplin und völlig ohne Aufmerksamkeit. Swedenborg war der typisch Introvertiert-Intuitive, der Prophet oder Seher-Typus, und er war einfach grob, unanständig und ungehemmt in seinem maßlosen Essen; übrigens auch in der Sexualität. Der introvertierte Intuitive leidet auch, wie es extravertierte Intuitive tun,

80

unter einer ungeheuren Unbestimmtheit, was die Tatsachen anbelangt.

Eine Illustration des mehr lächerlichen Anteils der minderwertigen Empfindung einer introvertiert Intuitiven bietet sich in der folgenden Geschichte: Eine introvertiert intuitive Frau war anwesend, als ich einmal eine Vorlesung über die frühen griechischen Philosophen gab, und sie war äußerst beeindruckt und bewegt davon. Nach der Vorlesung bat sie mich, ihr Stunden über das Thema der präsokratischen Philosophen zu geben, da sie sich in dieses Gebiet vertiefen wollte. Sie lud mich zu einem Tee ein und, wie es oft geschieht, wenn man introvertiert Intuitiven eine Stunde geben muß, verschwendete sie die erste Stunde damit, mir zu erzählen, wie bewegt sie war und was sie sich vorstellte, was im Hintergrund meines Kopfes vor sich gehe und was sie glaubte, was wir zusammen tun könnten und so weiter. Die zweite Stunde wurde oft auf die gleiche Art verschwendet, und da ich glaubte, ich müßte etwas für mein Geld leisten und sie irgendwie in Schwung bringen, bestand ich darauf, daß wir das Buch, das ich mitgebracht hatte, anschauen und in einer systematischen Art verfahren sollten. Sie stimmte dem bei, fügte aber hinzu, daß ich sie alleine lassen müsse, sie müsse es auf ihre Art ganz alleine tun. Ich bemerkte, daß sie sehr nervös wurde. Als ich für die nächste Stunde kam, sagte sie, sie habe die beste Art gefunden, in dieses Problem einzudringen; nämlich, daß sie nicht die griechischen Philosophen studieren könne, ohne etwas über die Griechen zu wissen, und sie könne nichts über die Griechen wissen, bevor sie nicht ganz konkret etwas über deren Land wisse. So begann sie damit, eine Karte von Griechenland zu zeichnen, und zeigte mir diese Karte. Sie hatte dafür lange gebraucht. Mit ihrer minderwertigen Empfindung mußte sie zuerst Bleistift, Papier und Tinte kaufen – das erregte sie ungeheuer, sie war ihrer großen Leistung wegen im siebten Himmel. Sie sagte, sie könne noch nicht mit der Philosophie weitermachen, sie müsse zuerst die Karte fertigstellen. Bis zur nächsten Stunde hatte sie sie angemalt. So ging es über Monate, und dann nahm ihre Intuition ein anderes Thema auf, und wir kamen nie zur griechischen Philosophie. Sie verließ Zürich, und ich habe sie erst 15 Jahre später wieder gesehen; dann erzählte sie mir eine lange Geschichte, wie beeindruckt und bewegt sie von den Stunden war, die ich ihr gegeben hatte, und wieviel sie daraus gewonnen habe. Sie hatte einfach die Karte gezeichnet. Sie war ein extremer Fall von introvertierter Intuition. Aber wenn ich zurückschaue, muß ich zugeben, daß ich begreife, was für eine wirklich numinose Sache es für diese Frau war, eine Karte von Griechenland zu zeichnen; zum ersten Mal war sie mit ihrer inferioren Empfindung in Berührung gekommen.

Der introvertierte Intuitive ist äußerer Wirklichkeit gegenüber oft so völlig unaufmerksam, daß man seine Beschreibungen mit größter Vorsicht behandeln muß. Obwohl er nicht bewußt lügt, kann er die unmöglichsten Unwahrheiten erzählen, einfach weil er nicht bemerkt, was direkt vor seiner Nase geschieht. Ich mißtraue aus diesem Grund oft Gespensterberichten und Schilderungen von parapsychologischen Tatsachen. Introvertiert Intuitive interessieren sich ausgesprochen für dieses Gebiet, aber sie können den schrecklichsten Unsinn erzählen und schwören, es sei wahr, wegen ihrer Schwäche im Beobachten von Tatsachen und wegen ihres Konzentrationsmangels der äußeren Umgebung gegenüber. Sie gehen an einer absolut erstaunlichen Anzahl von äußeren Tatsachen vorbei, ohne sie überhaupt wahrzunehmen. Ich erinnere mich, einmal im Herbst mit einem intuitiven introvertierten Typ Auto gefahren zu sein, überall auf den Feldern wurden die Kartoffeln ausgegraben und Feuer angezündet. Ich hatte dies schon einige Zeit bemerkt und mich über diesen Anblick gefreut. Plötzlich hielt die Fahrerin das Auto mit Schrecken an, schnüffelte und sagte: „Etwas brennt! Kommt es vom Motor?" Wir schauten nach den Bremsen, aber alles war in Ordnung. Dann entschieden wir, daß es von draußen kam. Es waren die Kartoffelfeuer! Für mich war es klar, daß der Geruch von Verbranntem von ihnen stammte. Aber ein introvertiert Intuitiver kann während einer Stunde durch eine Gegend fahren, in der überall solche Erscheinungen auftreten, und sie überhaupt nicht bemerken. Aber plötzlich wird er von der Wirklichkeit getroffen und zieht daraus eine völlig unkorrekte Folgerung. Seine inferiore Empfindung hat die gleiche Eigenschaft, wie es alle inferioren Funktionen haben, nämlich daß sie in Inseln im Bewußtsein auftaucht; manchmal funktioniert sie und dann verschwindet sie wieder. Plötzlich wird ein Geruch ganz intensiv bemerkt, wogegen er während dreiviertel Stunden überhaupt nicht realisiert wurde, aber dann wird er mit großer Intensität wahrgenommen. Der introvertiert Intuitive hat besondere Schwierigkeiten, die Sexualität anzugehen, da sie mit seiner inferioren extravertierten Empfindung verwickelt ist. Dies spiegelt sich z. B. ausgesprochen tragisch im Werk Nietzsches wider, wo zum Ende seiner Laufbahn, kurz bevor er wahnsinnig wurde, ausgesprochen grobe sexuelle Anspielungen in seine Gedichte eindrangen und auch im „Also sprach Zarathustra" erschienen. Als er geisteskrank wurde, schien er eine Art von Material zu erschaffen, das so ekelerregend war, daß es nach seinem Tode zerstört werden mußte. Die minderwertige extravertierte Empfindung war in diesem Falle sehr stark und auf eine völlig konkrete Art mit Frauen und Sexualität verbunden, und er wußte überhaupt nicht, wie er sich diesem Problem gegenüber zu verhalten habe.

Der positive Aspekt der minderwertigen, extravertierten Empfindung im Falle eines introvertierten Intuitiven findet sich in einer interessanten Art in den Erleuchtungserlebnissen von Jakob Boehme, einem deutschen Mystiker und introvertiert intuitiven Typus. Er hatte eine Frau und sechs Kinder, für die er nie genug Geld verdiente. Er war in dauernden Schwierigkeiten mit ihnen, da seine Frau sagte, daß er besser daran täte, zu schauen, daß seine Familie genug zum Essen hatte, anstatt Bücher über Gott zu schreiben und über die innere Entwicklung der Gottheit zu phantasieren. Er war zwischen diesen beiden Polen des Lebens gekreuzigt. Sein größtes inneres Erlebnis, eine Erleuchtung über die Gottheit, auf der sein ganzes späteres Schreiben gründete, kam davon, daß er einen Lichtstrahl sah, der sich auf einer Zinnplatte widerspiegelte. Dieses Empfindungserlebnis beförderte ihn unvermittelt in eine innere Ekstase, und innerhalb einer Minute sah er sozusagen das ganze Geheimnis der Gottheit. Jahrelang tat er nichts anderes, als langsam in eine ausschweifende Sprache zu übertragen, was er innerlich in einer Minute, ja in einer Sekunde gesehen hatte. Sein Stil ist so emotionell und chaotisch, weil er dieses eine Erlebnis in so vielen Amplifikationen zu beschreiben suchte. Die implizit extravertierte Empfindung – eine äußere Empfindungstatsache – setzte den Individuationsprozeß in ihm in Gang. Hier kann man, neben dem minderwertigen Aspekt der extravertierten Empfindung, die seltsame Eigenart der Ganzheit sehen, den mystischen Anteil, den die inferiore Funktion oft hat. Es ist interessant, daß auch Swedenborgs übermäßiges Essen ihn mit der Gottheit verband. Seine inferiore Empfindung war mit seinen tiefsten und größten Interessen verbunden.

Frage: Ich möchte fragen, ob ekstatische Zustände im allgemeinen mit minderwertigen Funktionen verbunden sind?

Dr. von Franz: Ja, sie sind insoweit damit verbunden, als sie normalerweise durch eine Aktivierung der inferioren Funktion ausgelöst werden.

Frage: Würden Sie sagen, daß intuitive Typen dazu neigen, mehr auf das, was wir unbewußte Stimuli nennen, empfindlich zu sein?

Dr. von Franz: Ja, im allgemeinen würde ich sagen, sind beide intuitiven Typen so. Sie müssen es sein, da sie ihr Bewußtsein immer unzentriert und verschwommen halten müssen, um solche Ahnungen wahrzunehmen. Sie sind auf die Atmosphäre eines Ortes empfindlich. Wahrscheinlich ist Intuition eine Art von Sinneswahrnehmung über das Unbewußte oder eine Art von unbewußter Sinneswahrnehmung. Es ist eine Wirkweise über die unbewußte Sinneswahrnehmung, anstatt über die bewußte Wahrnehmung.

Frage: Beide, der extravertierte Intuitive und Jakob Boehme, scheinen deutlich introvertierte Empfindungen zu haben. Sollte der introvertierte Intuitive nicht eine extravertierte Empfindung haben?

Dr. von Franz: Ja, Boehme hatte sie! Mein „Pferdemann" verwirklichte innere Tiefe und wurde still durch dieses Erlebnis; er hatte mir nicht viel darüber erzählt – er hatte nur Anspielungen gemacht, daß Tiefes vorging. Boehme auf der anderen Seite exteriorisierte seine Einsicht – baute ein System von der äußeren Realität, von Gott und vom Bösen in der Welt auf. Er machte eine ganze Philosophie daraus, aber nach außen gewendet, während er persönlich sehr introvertiert war. Er war ein scheuer kleiner Schuhmacher.

Etwas anderes ist interessant an Boehme, nämlich daß er so lange sehr schöpferisch war, als er zwischen seiner nörgelnden Frau, die sagte, er solle besser gute Schuhe herstellen, um seine sechs Kinder zu ernähren, und seinen Grübeleien über die Gottheit hin und her gerissen war. Aber nachdem sein erstes Buch publiziert wurde, hatte ein deutscher Baron so Mitleid mit ihm und glaubte so stark, daß er ein großer Seher war, daß er ihm alle seine äußeren Probleme abnahm und für den Unterhalt seiner Familie aufkam. Von da an ist Boehmes Werk voll von Empfindlichkeiten und Wiederholungen. Dies machte seine Kreativität unfruchtbar. Bekanntlich wird auf seinem Grab das Bildnis der Gottheit so dargestellt:)(. Dies ist wirklich tragisch, da es zeigt, daß er die lichte und dunkle Seite nicht verbinden konnte; dies blieb für ihn ein unlösbares Problem. Nach meiner Erfahrung ist dies mit der sehr einfachen Tatsache verbunden, daß er Geld von diesem Baron angenommen hatte und dadurch den Torturen der inferioren Funktion entfliehen konnte.

Zwischen der superioren und inferioren Funktion gekreuzigt zu sein, ist lebenswichtig. Ich kann Sie nur warnen, wenn Sie glauben, so einen Künstler oder Propheten retten zu müssen, schauen Sie um Himmels willen diesen Fall mit großer Vorsicht an, und schauen Sie, inwieweit Sie es sich leisten können, ihnen zu helfen. Wenn Sie sie von der Realität loskaufen, verlieren sie jeden Sinn dafür. Und Sie haben ihnen nicht im geringsten geholfen. Dieser Typus wird Sie bitten, ihm aus seinen Schwierigkeiten zu helfen, auf den Knien wird er Sie anflehen, ihn von den Qualen der äußeren Wirklichkeit zu erretten, die er nicht bewältigen kann. Aber wenn Sie ihn „retten", zerstören Sie den schöpferischen Kern seiner Persönlichkeit. Das bedeutet nicht, daß, wenn diese Menschen am Verhungern sind, Sie ihnen nicht etwas zum Überleben geben oder ihnen von Zeit zu Zeit, wenn die Umstände sehr schwierig sind, etwas Hilfe offerieren können, aber entbinden Sie sie nicht vom Problem der Realität, weil, eigenartig genug, dies auch den inneren Prozeß sterilisiert. Das geschah mit Boehme, und darum war er nicht fähig, die Gegensätze zu vereinigen, nicht in seinem System und nicht in seinem Leben. Was Baron von Merz wirklich tat, war, ihn durch seine unverständige Barmherzigkeit zu schädigen.

Die vier rationalen Typen
A. Der extravertierte Denktypus und sein inferiores introvertiertes Fühlen

Diesen Typus findet man unter Organisatoren, unter Leuten in hohen Verwaltungs- und Regierungspositionen, im Geschäftsleben, im Rechtswesen und unter Wissenschaftlern. Sie können nützliche Enzyklopädien zusammenstellen. Den ganzen Staub in alten Bibliotheken wühlen sie auf und räumen hemmende Faktoren in der Wissenschaft aus dem Wege, die durch Ungeschicktheit, Faulheit oder mangelnde sprachliche Klarheit entstanden sind. Der extravertierte Denktypus schafft Ordnung, indem er einen festen Standpunkt einnimmt und sagt: „Wenn wir so-und-so sagen, dann meinen wir es auch." Sie bringen klärende Ordnung in eine äußere Situation. An einer Geschäftssitzung wird so ein Mann äußern, man solle der Sache auf den Grund gehen und dann schauen, wie man weiterfahren könne. Ein Rechtsanwalt, der all den chaotischen Berichten der streitenden Parteien zuhören muß, kann dank seiner superioren Denkfunktion erkennen, welches die wirklichen Konflikte sind und welches der Pseudostreitgegenstand ist, und so kann er mit einer befriedigenden Lösung für alle Parteien die Sache beilegen. Der Nachdruck wird immer auf dem Objekt und nicht auf der Idee liegen. Solch ein Rechtsanwalt wird nicht für die Idee der Demokratie oder den heimischen Frieden kämpfen; sein ganzer Geist wird durch die äußere objektive Situation aufgesogen und verschlungen. Wenn man ihn über seine subjektive Einstellung oder Idee zu einem bestimmten Thema befragen würde, wäre er verloren, weil er sich nicht für diesen Lebensbereich interessiert und sich eines persönlichen Motivs nicht bewußt ist. Im allgemeinen, wenn man nach den bewußten Motivationen forscht, werden sie aus einem kindhaften, naiven Glauben an Frieden,

Barmherzigkeit und Gerechtigkeit bestehen. Zwänge man ihn, zu sagen, was er unter „Gerechtigkeit" verstehe, wäre er ziemlich verwirrt und würde einen wahrscheinlich aus seinem Büro werfen, da er „zu beschäftigt" sei. Das subjektive Element bleibt im Hintergrund seiner Persönlichkeit. Die Prämisse seiner hohen Ideale verbleibt im Bereich seiner inferioren Gefühlsfunktion. Er wird seinen Idealen mystisch gefühlsmäßig verhaftet sein, aber man muß ihn in die Ecke treiben, um etwas über sie herauszufinden. Gefühlsmäßige Anhänglichkeit an bestimmte Ideen und Menschen sind immer gegenwärtig, aber sie erscheinen nie in den Tagesaktivitäten. Solch ein Mann kann sein ganzes Leben damit verbringen, Probleme zu lösen, Firmen zu reorganisieren und Dinge zu klären; nur am Ende seines Lebens wird er sich traurig fragen, wofür er eigentlich gelebt habe. In solch einem Moment würde er in seine inferiore Funktion fallen.

Ich habe mich einmal mit einem Mann dieses Typus unterhalten, der furchtbar überarbeitet war und lange Ferien gebraucht hätte. Er gab mir viele gute Ratschläge, sagte, ich solle in die Ferien fahren, und, als ich ihn fragte, warum nicht er gehe, antwortete er: „Mein Gott, ich wäre dann zuviel alleine und würde viel zu melancholisch werden." In der Einsamkeit wird sich solch ein Mensch fragen, ob seine Arbeit wirklich wichtig ist. Er wird sich daran erinnern, daß er jemanden davor bewahrt hatte, ausgeraubt zu werden, aber hat dies die Welt verbessert? Solche Gefühle wären in diesem Herrn heraufgekommen, und er hätte sich gefühlt, als ob er in einen Abgrund stürzen würde. Er hätte seine ganze Bewertung der Dinge überprüfen müssen. Darum natürlich vermied er, Ferien zu machen – bis er stürzte, sich eine Hüfte brach und sechs Monate im Bett bleiben mußte. So erlegt die Natur solchen Menschen die inferiore Funktion auf.

Der extravertierte Denktypus hat, wie ich schon erwähnte, eine Art von mystischer Gefühlsbindung an
Ideen und oft auch an Menschen. Aber diese tiefen, warmen Gefühle kommen selten heraus. Ein extravertierter
Denktypus kann, wenn er mit seinen Gefühlen einmal
herauskommt, sehr bewegend sein. Wenn man aber mit
seiner Frau spricht, ist es deprimierend zu sehen, wie wenig sie davon weiß, weil er als verrückter Extravertierter
den ganzen Tag in seinem Beruf verbringt, sich im Leben herumschlägt und diese tiefen Gefühle nie ausdrückt. Wäre seine Frau an Schwindsucht gestorben, er
hätte es nicht bemerkt, bis er sich an der Beerdigung be-
funden hätte. Und sie erkannte nicht die Tiefe seiner Gefühle für sie und daß er in einem tiefen Sinn ihr loyal
und treu zugewandt war; dies war versteckt und wurde
nicht durch seinen Lebensstil ausgedrückt. Es bleibt introvertiert und bewegt sich nicht auf das Objekt zu. Es
braucht viele Auseinandersetzungen, um ein besseres
Verständnis in einer solchen Ehe herzustellen und die
Frau zur Erkenntnis zu bringen, daß ihr Mann sie wirklich liebt. Er ist so schrecklich beschäftigt mit der äußeren Welt und seine Gefühle sind so versteckt und so wenig ausgedrückt in seinem Leben, daß eine Frau oft
nicht erkennt, was für eine ungeheure versteckte Rolle
diese Gefühle in ihm spielen.

Introvertiertes Fühlen, sogar wenn es die Hauptfunktion ist, ist sehr schwer zu verstehen. Ein sehr gutes Beispiel dafür ist der österreichische Dichter Rainer Maria
Rilke. Er schrieb „Ich liebe dich, was geht's dich an?"
Das ist Liebe um der Liebe willen! Die Gefühle sind
sehr stark, aber sie fließen nicht zum Objekt. Es ist eher,
als ob man in einem Liebeszustand in sich selbst wäre.
Natürlich wird eine solche Form des Fühlens sehr oft
mißverstanden, und solche Menschen werden als sehr
kalt betrachtet. Aber sie sind es nicht; die Gefühle sind
alle in ihnen drin. Auf der anderen Seite haben sie einen

sehr starken versteckten Einfluß auf die sie umgebenden Menschen, da sie eine geheime Art haben, Wertmaßstäbe aufzustellen. Zum Beispiel muß ein solcher Fühltypus nie seine Gefühle ausdrücken, aber er verhält sich einfach so, als ob er eine Sache als wertvoll und eine andere als wertlos erachte; dies hat eine Auswirkung auf die anderen Menschen. Wenn das Fühlen inferior ist, ist es sogar noch versteckter und absoluter. Der Rechtsanwalt, den ich beschrieben hatte, hatte diese Idee der Gerechtigkeit, dies hatte jeweils eine sehr suggestive Wirkung auf andere Leute; das heißt, seine versteckten Gefühle für die Gerechtigkeit beeinflussen unbewußt die anderen Menschen in die gleiche Richtung, ohne daß er dies je bemerkte. Dies diktierte nicht nur sein eigenes Schicksal, sondern auch, obwohl unsichtbar, das von anderen.

Dieses versteckte introvertierte Fühlen des extravertierten Denktypus erzeugt starke Loyalitäten. Diese Menschen gehören zu den treuesten von allen Freunden, obwohl sie nur an Weihnachten schreiben mögen. Sie sind absolut zuverlässig in ihren Gefühlen, aber man muß sich auf sie zubewegen, um zu wissen, daß sie existieren.

Äußerlich vermittelt der extravertierte Denktypus nicht den Eindruck, daß er starke Gefühle habe. In einem Politiker kann sich die inferiore Gefühlsfunktion unbewußt in einer tief verwurzelten und standhaften Loyalität seinem Land gegenüber zeigen. Aber dies könnte ihn auch dazu verleiten, eine Atombombe abzuwerfen oder eine andere destruktive Tat zu begehen. Unbewußtes und wenig entwickeltes Fühlen ist barbarisch und absolut, und darum brechen manchmal die versteckten destruktiven Phantasien plötzlich aus dem extravertierten Denktypus heraus. Diese Menschen sind unfähig, von einer Gefühlsanforderung her zu sehen, daß andere Menschen andere Werte haben könnten, da sie ihre eigenen inneren Werte, die sie verteidigen, nicht in Frage stellen. Obwohl sie bestimmt fühlen, daß etwas richtig ist, sind sie unfähig, ihren eigenen Gefühlsstandpunkt zu zeigen. Aber ihren inneren Wert bezweifeln sie fast nie.

Diese versteckten introvertierten Gefühle des Denktypus sind manchmal auch sehr kindisch. Nach dem Tode von solchen Menschen findet man manchmal Notizbücher, in die sie kindische Gedichte niedergeschrieben haben an eine weitentfernte Frau, die sie nie in ihrem Leben getroffen haben, Gedichte, in die ein Haufen mystischer und sentimentaler Gefühle ausgeschüttet werden. Sie verlangen oft, daß diese Gedichte nach ihrem Tod zerstört werden. Das Fühlen ist versteckt: Es stellt in einer Weise den wertvollsten Besitz dar, den sie haben, aber trotz allem ist es manchmal auffallend infantil. Nicht selten verbleiben die Gefühle ganz bei der Mutter und kommen nie aus dem Kindheitsbereich heraus; man kann dann bewegende Dokumente der Anhänglichkeit an sie finden.

Eine andere Art, in der sich das minderwertige Fühlen in einem extravertierten Denktypus offenbaren kann, zeigt sich im Falle Voltaires, dem französischen Philosophen. Wie man weiß, bekämpfte er mit seiner ganzen Macht die katholische Kirche. Er soll der Autor des berühmten Schlagwortes: „Ecrasez l'infame!" gewesen sein. Er war ein Intellektueller und ein typischer Vertreter des Zeitalters der Aufklärung. Auf seinem Totenbett jedoch wurde er ängstlich, verlangte die letzte Ölung und nahm sie mit einem großen Hervorquellen seiner religiösen Gefühle an. Hier, am Ende seines Lebens zeigte er, daß er völlig gespalten war: Sein Geist hatte ein ursprünglich religiöses Erleben verlassen, aber seine Gefühle waren dort geblieben. Als es ans Sterben ging – dem man als ganze Person begegnen muß –, kamen seine Gefühle heraus und überwältigten ihn auf eine völlig undifferenzierte Art. Alle plötzlichen Bekehrungen haben diese Eigenschaft: Sie sind die Folgen eines plötzlichen Ausbruchs der inferioren Funktion.

B. Der introvertierte Denktypus und sein inferiores extravertiertes Fühlen

Die Haupttätigkeit dieses Typus besteht nicht so sehr im Versuch, Ordnung bei äußeren Objekten zu schaffen. Er ist mehr mit Ideen beschäftigt und es ist ihm weniger wichtig, mit den Tatsachen zu beginnen, als zuerst seine Ideen zu klären. Sein Wunsch, Ordnung ins Leben zu bringen, beginnt mit der Idee, daß, wenn man von Anfang an unklar ist, man nirgendswohin gelangt. Er muß die Unklarheit aufräumen, indem er sich in seinen Gedankenhintergrund vertieft. Jede Philosophie beschäftigt sich mit dem logischen Prozeß des menschlichen Geistes, mit dem Aufbau von Ideen. Dies ist der Bereich, wo der introvertierte Denktypus am meisten am Werk ist. In der Wissenschaft sind dies die Menschen, die unaufhörlich versuchen, ihre Kollegen daran zu hindern, sich in irgendwelchen Experimenten zu verlieren und die von Zeit zu Zeit versuchen, auf das Grundkonzept zurückzukehren, und sich fragen, was wir geistig wirklich tun. In der Physik gibt es im allgemeinen einen Professor für praktische Physik und einen anderen für theoretische: Der eine hält Vorlesungen über den Aufbau von Experimenten, der andere über mathematische Prinzipien und die Theorie der Wissenschaft. In allen Wissenschaften sind es immer die letzteren, die versuchen, die Grundtheorie ihres Wissenschaftsbereiches zu säubern. Der extravertierte Kunsthistoriker möchte etwas über die Tatsache herausfinden und versucht zu beweisen, daß zum Beispiel ein bestimmter Madonnatypus früher oder später gemalt wurde als ein anderer Typus, und er wird versuchen, diese mit der Geschichte und dem Hintergrund des Künstlers zu verbinden. Der Introvertierte könnte nach dem Prinzip fragen, aufgrund dessen ein Kunstwerk überhaupt beurteilt werden kann. Er würde sagen, daß man zuerst erkennen sollte, was man unter Kunst verstehe, sonst würde man verwirrt. Der introvertierte Denktypus geht immer auf die subjektive Idee zurück, nämlich zu dem, was das Subjekt in der ganzen Angelegenheit zu tun hat.

Das Fühlen des introvertierten Denktypus ist extravertiert. Er hat die gleichen starken treuen und warmen Gefühle, wie sie für den Extravertierten als typisch beschrieben wurden, aber mit dem Unterschied, daß das Fühlen des introvertierten Denktypus eindeutig zum Objekt hinfließt. Während der extravertierte Denktypus seine Frau tief liebt, aber wie Rilke sagt: „Ich liebe dich, was geht's dich an?", ist das Fühlen des introvertierten Denktypus an äußere Objekte gebunden. Er würde darum in Rilkes Stil sagen: „Ich liebe dich, und es geht dich etwas an; es soll dich etwas angehen!" Sonst hat das Fühlen des introvertierten Denktypus weitgehend die gleichen Eigenschaften wie das des extravertierten Denktypus – Schwarzweißmalerei, Liebe oder Haß, Ja oder Nein. Seine Gefühle können leicht durch andere Menschen oder durch die kollektive Atmosphäre vergiftet werden. Das inferiore Fühlen beider Typen ist klebrig. Bewertet man es positiv, bedeutet es Treue. Im negativen Sinne gleicht es dem Leim, es hat eine Art von hundemäßiger Anhänglichkeit, die, besonders wenn man der oder die Geliebte ist, nicht immer amüsant ist. Man könnte das inferiore Fühlen des introvertierten Denktypus mit dem Fluß von heißer Lava, die von einem Vulkan kommt, vergleichen – es bewegt sich nur etwa fünf Meter pro Stunde, aber verwüstet alles auf seinem Weg. Aber es hat auch all die Vorteile einer urtümlichen Funktion, weil es ungeheuer echt und warm ist. Wenn ein introvertierter Denktypus liebt, ist keine Berechnung darin. Es ist völlig um des anderen willen, aber es wird archaisch sein. Das inferiore Fühlen dieses Typus ist ungefähr, wie wenn ein Löwe mit einem Säugling spielen möchte. Er hat keine andere Absicht als zu spielen, aber er reibt sich schnurrend gegen sein Bein oder frißt es auf oder wirft es um und schleckt dann sein Gesicht. Es ist ohne Berechnung, einfach ein Ausdruck von Gefühlen, genau wie ein Hund mit seinem Schwanz wedelt. Was die Menschen an den Gefühlen von Haustieren so berührt, ist genau dieses Fehlen von Berechnung, wogegen Menschen, die differenzierte Gefühle haben, meistens in einer versteckten Weise etwas berechnen. Sie stecken immer ein Stück Ich hinein. Ich traf einmal den Chef einer Sekretärin und wunderte mich, wie sie solch ein Scheusal auch nur für einen Tag aushalten konnte! Aber sie war ein Fühltypus. Sie lächelte nur und sagte, daß er ihr Chef sei, und darum mache sie das Beste daraus; wenn sie ihn von nahem betrachtete, fand sie, daß er diese und jene positive Eigenschaft hatte. Man könnte behaupten, es sei bewundernswert, die guten Eigenschaften zu sehen und zu erkennen, aber auf der anderen Seite ist da auch eine gewisse Berechnung darin: Sie wollte ihre Stellung bei diesem Chef behalten, darum machte sie diesen positiven Gefühlsaufwand. Dies würde nie dem inferioren Fühlen eines Denktypus geschehen! Ich hätte dies nie ausgehalten – hätte lieber auf das Essen verzichtet. Solcherart ist der Unterschied zwischen inferiorem und differenziertem Fühlen. Der Fühltypus hat ein paar positive Eigenschaften in diesem schrecklichen Mann entdeckt und sich mit ihm abgefunden. Sie verneinte nicht die negativen Seiten, die ich in ihm sah, aber sie mußte nie Überstunden machen, und er zahlte denen, die für ihn arbeiteten, einen guten Lohn. Sie entdeckte ein paar positive Seiten in ihm und blieb dort.

In „Psychologische Typen" erklärt Jung einige der Mißverständnisse zwischen den Typen. Wenn ich gesagt hätte, daß dieses Büro-Mädchen berechnend sei und aus Opportunismus handle, wäre ich im Unrecht gewesen. Dies war nur das hintergründige Motiv in ihrem Fall. Solch ein Urteil wäre die negative Projektion des eigenen Gegensatz-Typus gewesen. Es ist nicht einfach so, daß sie ein Opportunist ist oder in einer berechnenden Art und Weise handelt, um solche positiven Gefühle zu haben, sie hat differenzierte Gefühle. Darum hatte sie nie sehr starke Gefühlsreaktionen; sie weiß, daß wo es Wertvolles gibt, sich auch Negatives findet. Nichts ist völlig weiß oder schwarz, sondern in Wirklichkeit leicht grau. Sie hat diese Art von philosophischer Einstellung. Ich sah die Berechnung und den Opportunismus, weil der introvertierte Denktypus im allgemeinen die negativen Seiten sieht und behauptet, daß der Fühltypus immer weiß, auf welcher Seite sein Brot bebuttert ist. Auf der anderen Seite kann man sagen, daß das inferiore Fühlen den Vorteil hat, wirklich ohne Berechnung zu sein. Das Ich hat nichts damit zu tun. Aber dies kann natürlich unangepaßte Situationen schaffen. In „Der blaue Engel" zum Beispiel verfällt ein Professor einem Frauenzimmer in einem Kabarett und läßt sich zuverlässig und loyal von ihr ruinieren. So etwas ist die Tragödie der minderwertigen Gefühlsfunktion. Man könnte ihn für seine Treue ehren, aber man könnte genausogut sagen, daß er ein Narr sei und seine inferioren Gefühle einen schlechten Geschmack hätten. Das minderwertige Fühlen des Denktypus zeigt bisweilen einen sehr guten, bisweilen einen sehr schlechten Geschmack. Ein Denktypus kann manchmal einen sehr wertvollen Menschen zum Freund wählen, oder er kann den völlig falschen wählen; die inferiore Funktion hat beide Aspekte, und sie paßt selten in ein konventionelles Muster.

C. Der extravertierte Fühltypus und sein introvertiertes inferiores Denken

Der extravertierte Fühltypus zeichnet sich dadurch aus, daß seine hauptsächliche Anpassungsleitung von einer adäquaten Bewertung der äußeren Objekte getragen wird, so daß er sich befriedigend auf sie beziehen kann. Dieser Typus schafft sich darum leicht Freunde, wird aber wenig Illusionen über die Menschen haben und fähig sein, ihre positiven und negativen Seiten entsprechend zu bewerten. Dies sind gut angepaßte, sehr vernünftige Menschen, die sich liebenswürdig durch die Gesellschaft schlängeln und leicht das bekommen, was sie sich wünschen, und die es irgendwie einrichten können, daß jedermann bereit ist, ihnen das zu geben, was sie wollen. Sie ölen ihre Umgebung so wundervoll ein, daß das Leben wie geschmiert läuft. Man findet sie häufig unter Frauen, und sie führen im allgemeinen ein ausgesprochen glückliches Familienleben mit vielen Freunden. Doch wenn sie auf irgendeine Weise neurotisch gestört sind, werden sie leicht theatralisch, mechanisch und berechnend. Wenn man mit einem extravertierten Fühltypus Mittagessen geht, ist er fähig, Dinge zu sagen wie: „Was für ein schöner Tag ist doch das, ich bin froh, dich wiederzusehen; ich habe dich ja schon so lange nicht mehr getroffen!" Und sie meinen es auch wirklich! Damit ist der Wagen geschmiert und das Essen geht weiter. Man fühlt sich glücklich und erwärmt. Sie verbreiten eine Atmosphäre des Angenommenseins, was sehr angenehm ist: „Wir schätzen einander, darum werden wir einen guten Tag zusammen verbringen." Sie bewirken, daß sich die, die in ihrer Umgebung sind, wohl fühlen. Nur wenn sie dies übertreiben oder wenn ihre extravertierte Fühlfunktion ausgelaugt ist und sie darum anfangen sollten zu denken, bemerkt man, daß dies ein bißchen zu einer Gewohnheit, einer leeren Phrase geworden ist. So bemerkte ich einmal an einem furchtbaren Tag, als es draußen ausgesprochen nebelig war, daß ein extravertierter Fühltypus mechanisch sagte: „Was für ein wundervoller Tag." Ich dachte nur: „Oh mein Lieber, deine Hauptfunktion rattert."

Da Menschen des extravertierten Gefühlstypus eine ungeheure Fähigkeit haben, objektiv eines anderen Menschen Situation zu erspüren, sind sie es gewöhnlich, die sich am echtesten für die anderen aufopfern. Wenn man alleine mit einer Grippe zu Hause ist, ist es sicherlich ein extravertierter Fühltypus, der zuerst auftauchen wird und fragen wird, wer die Einkäufe erledige und wie man helfen könne. Andere Typen sind nicht so schnell und so praktisch in der Art, sich in eine Situation einzufühlen. Anderen, mag ihre Zuneigung noch so tief sein, käme es nicht in den Sinn, daß sie dieses oder jenes tun könnten, um zu helfen, entweder, weil sie introvertiert sind, oder weil eine andere Funktion in ihrem System dominiert. Darum ist es der extravertierte Fühltypus, der immer in die Bresche springt, weil er als erster erkennt, wo etwas nicht richtig läuft. Er sieht die Wichtigkeit oder den Wert von dem, was man tun könnte, und er tut es einfach.

Im allgemeinen hat dieser Typus einen guten, wenn auch konventionellen Geschmack bei der Wahl von Partnern und von Freunden. Er würde es nicht wagen, jemanden außerhalb seines sozial akzeptierten Rahmens zu wählen. Der extravertierte Fühltypus verabscheut das Denken, weil dies seine inferiore Funktion ist, und was er am meisten verabscheut, ist introvertiertes Denken, das Nachdenken über philosophische Prinzipien oder abstrakte Probleme oder Grundfragen des Lebens. Solche tieferen Fragen werden sorgfältig vermieden, und ihre Reaktion darauf ist, daß Nachdenken über solche Probleme melancholisch mache. Bedauerlich daran ist nur, daß er an solche Dinge eben doch denkt, sich aber

dessen nicht bewußt ist, und weil das Denken vernachlässigt wird, neigt es dazu, negativ und grob zu werden.
Es besteht aus groben, ungeschliffenen Gedankenurtei-
len ohne die geringste Differenzierung und oft mit einem negativen Unterton. Ich habe von einem extravertierten Fühltypus sehr negative Gedanken über seine
Nachbarn gehört, sehr kritische, ich würde sagen, über-
kritische Denkurteile, denen er nie wirklich erlaubt, herauszukommen. Jung sagt, daß der extravertierte Fühltypus manchmal die kälteste Person auf Erden sein könne.
Es kann geschehen, daß, wenn man in diese Falle ge-
lockt wird – dem gut geschmierten Wagen seiner extravertierten Gefühle – und fühlt, „wir mögen einander und
kommen gut miteinander aus", er dann plötzlich eines
Tages einem etwas sagen kann, das sich wie ein Schlag
auf den Kopf anfühlt! Man kann nicht erraten, was für
zynische, negative Gedanken er haben könnte. Er ist
sich deren nicht bewußt, aber sie platzen heraus, wenn
er am Anfang einer Grippe steht oder wenn er bedrängt
wird – in Momenten also, in denen die minderwertige
Funktion herausquillt und die Kontrolle der Hauptfunktion versagt.

Eine Frau des extravertierten Fühltypus träumte einmal, daß sie eine Vogelbeobachtungsstation errichten
sollte. Sie sah im Traum ein Zementgebäude, einen
Turm, der hoch in die Luft gebaut war, und oben befand
sich eine Art Laboratorium, von dem aus man die Vögel
beobachtete. Wir haben eine Vogelbeobachtungsstation
in Sempach, wo man die Vögel beringt, um zu wissen,
wie lange sie leben und wohin sie fliegen usw.; dies
sollte sie tun. Also dachten wir, daß sie sich ihrer autonomen Gedanken gewahr werden sollte, die gleichsam
in ihrem Geist landen und dann wieder wegfliegen. So
wirken die Gedanken in einem Fühltypus; er hat Vogel-
Gedanken, die auf seinem Kopf landen und dann wieder wegfliegen. Bevor er sagen kann, „an was denke ich

eigentlich", ist der Gedanke schon wieder weg. Die Frau stimmte dem bei, und ich fragte sie, was man technisch dagegen tun könnte. Sie sagte, sie würde ein kleines Notizbuch nehmen und einen Bleistift und beides immer mit sich herumtragen; wenn sie einen plötzlichen Gedanken habe, würde sie ihn einfach niederschreiben. Wir würden nachher schauen, wie die Gedanken zusammenhängen. Das nächste Mal brachte sie ein Stück Papier, worauf geschrieben war: „Wenn mein Schwiegersohn sterben würde, käme meine Tochter nach Hause zurück." Dieser Gedanke verursachte ihr einen solchen Schock, daß sie nie „einen zweiten Vogel beringte". Dieser eine Vogel war für lange Zeit genug! Sie berichtete dann noch etwas viel Interessanteres; sie sagte, daß sie irgendwie wisse, daß sie solche Gedanken habe, aber daß sie sich immer vorgestellt habe, daß, wenn sie diese nicht niederschriebe, sie unwirksam wären. Durch die Niederschrift aber würden sie wie schwarze Magie wirken und ihre Umgebung anstecken. Also vermied sie es, sie anzuschauen. Natürlich ist dies völlig falsch, es ist genau anders herum: Wenn der Fühltypus sich seiner negativen Gedanken gewahr wird, wirken sie nicht wie schwarze Magie und werden jeder destruktiven Wirkung entkräftigt. Nur wenn sie alleingelassen werden und um den Kopf herumschwirren, ohne daß man sie zu fangen sucht, haben sie tatsächlich einen destruktiven Einfluß auf ihre Umgebung. Wenn man einen extravertierten Fühltypus analysiert und auf die Atmosphäre empfindlich ist, wird man oft abgekühlt oder friert, trotz deren Liebenswürdigkeit. Man kann diese negativen Gedanken, die um den Kopf herumschwärmen, spüren. Solche Gedanken treffen einen auf eine unangenehme Art. Man sieht manchmal eine Art kalten Blitz in ihren Augen, und man weiß, daß ein sehr negativer Gedanke da ist, der in der nächsten Minute wieder weg ist. Dies verursacht einem Gänsehaut. Solche Gedanken gründen sich im allgemeinen auf einem ausgesprochen zynischen Ausblick auf das Leben: auf die dunklen Seiten des Lebens wie Krankheit, Tod oder ähnliche Dinge. Eine Art zweitklassige Lebensphilosophie, zynisch und negativistisch, kriecht im Hintergrund herum. In einem extravertierten Fühltypus sind diese Gedanken introvertiert und darum oft gegen das Subjekt selbst gewendet. Tief unten erlaubt er sich zu denken, daß er ein Niemand ist, daß das Leben wertlos sei, daß jeder andere sich entwickeln und auf den Weg der Individuation gelangen könne, nur er sei hoffnungslos. Diese Gedanken verbleiben im Hintergrund seines Geistes, und nur von Zeit zu Zeit, wenn er deprimiert ist oder sich nicht wohl fühlt oder besonders, wenn er introvertiert, das heißt, wenn er für eine halbe Minute alleine ist, flüstern diese negativen Dinge aus dem Hintergrund seines Kopfes: „Du bist nichts, alles ist falsch an dir." Diese Gedanken sind grob, derb und sehr undifferenziert; es sind verallgemeinernde Urteile und sind wie ein kalter Wind, der durch einen Raum weht und einen zum Frösteln bringt. Darum haßt es der extravertierte Fühltypus natürlich, alleine zu sein, da solche negativen Gedanken herauskommen könnten, und sobald er ein oder zwei von ihnen bemerkt, dreht er schnell das Radio an und beeilt sich, andere Leute zu treffen. Er hat nie Zeit zum Denken! Aber er richtet sich sein Leben sorgfältig in dieser Art ein.

Hätte die Frau diesen einzigen kleinen Gedanken (Meine Tochter würde nach Hause kommen) weiter verfolgt, hätte sie sich selbst fragen können: „Nun gut, betrachten wir einmal diesen Gedanken. Auf was bin ich aus? Wenn ich einen solchen Gedanken habe, was ist die Prämisse davon, und welche Schlußfolgerung kann daraus gezogen werden?" Sie hätte dann den Gedanken weiterentwickeln können: Die Prämisse ist etwas wie die Einstellung einer verschlingenden Mutter, und die Folgerung ist, daß sie ihren Schwiegersohn weg haben will.

Warum? Zu welchem Zweck? Sie könnte zum Beispiel gesagt haben: „Angenommen, meine Tochter kommt nach Hause, was dann?" Dann hätte sie bemerkt, wie unangenehm es wäre, eine vertrocknete alte Jungfer von einer Tochter zu Hause zu haben. Hätte sie den Gedanken weiterverfolgt, wäre sie auf eine tiefere Ebene gestoßen und hätte gesagt: „Und was dann? Da meine Kinder jetzt das Haus verlassen haben, was ist der wirkliche Sinn meines Lebens?" Sie hätte über den zukünftigen Zweck ihres Lebens philosophieren müssen: „Hat das Leben noch einen Sinn, wenn man seine Kinder aufgezogen und sie ins Leben entlassen hat? Und wenn es so ist, welches ist der Sinn? Was ist der Sinn des Lebens überhaupt?" Sie wäre mit einer tiefen, aber allgemeinmenschlichen, philosophischen Frage konfrontiert worden, die sie nie zuvor betrachtet hat; aber dies hätte sie in ein heißes Bad gebracht. Sie hätte natürlich dieses Problem nicht lösen können, aber sie hätte vielleicht einen Traum gehabt, der diesem ganzen Prozeß weitergeholfen hätte. Mit ihrer inferioren Denkfunktion hätte sie eine Suche nach dem Sinn des Lebens begonnen. Weil sie ein extravertierter Fühltypus war, wäre dies eine vollkommen introvertierte innere Angelegenheit gewesen, wie die Entwicklung einer introvertierten philosophischen Sicht des Lebens. Es wäre nötig gewesen, alleine zu sein, für lange Zeit in ihrem Zimmer, um sich langsam des dunklen Untergrundes ihrer Gedankenwelt gewahr zu werden.

Der einfachste Ausweg, den ich schon bei vielen extravertierten Fühltypen gesehen habe, ist, daß sie, um ihren Schwierigkeiten zu entgehen, ihre Seelen einem schon etablierten System verkaufen. Ein Patient, an den ich mich erinnere, trat zum Katholizismus über und übernahm einfach die scholastische Philosophie; von da an zitierte er nur scholastische Autoren. Das bedeutet zwar in einer gewissen Weise das Aufnehmen der Denkfunktion, aber in einer schon festgelegten Form. Das gleiche kann mit der Jungschen Psychologie gemacht werden: Man arbeitet nie seinen eigenen Standpunkt heraus. Dies ist eine schülerhafte, unschöpferische Einstellung, die einfach das System ungeprüft übernimmt und sich niemals fragt: „Was denke ich darüber? Überzeugt es mich wirklich? Stimmt es mit den Tatsachen, die ich erlebt habe, überein?" Wenn solche Menschen andere treffen, die zu denken wissen, werden sie fanatisch, da sie sich hilflos fühlen. Sie kämpfen für das „System", das sie gewählt haben, mit einem gewissen apostelhaften Fanatismus. Sie sind unsicher darüber und haben das Gefühl, daß es von einem guten Denker über den Haufen geworfen werden könnte, und darum nehmen sie eine aggressive Haltung ein.

Eine andere Gefahr ist, daß, wenn ein extravertierter Fühltypus einmal anfängt zu denken, er völlig darin gefangen wird. Entweder kann er seine Beziehungen nicht genügend unterbinden, um alleine zu sein und zu denken, oder, wenn es ihm gelingt – was schon ein großer Fortschritt ist –, die äußeren Bindungen abzuschneiden, wird er von seinem Denken schrecklich gefangen und verliert die Sicht des Lebens. Er verschwindet in Büchern oder Bibliotheken, wo er mit Staub bedeckt und nicht mehr fähig ist, auf eine andere Tätigkeit umzuschalten. Er wird von seiner Aufgabe aufgesogen. Beide Entwicklungen sind in Goethes Faust gut dargestellt, wo der Wissenschaftler zuerst völlig vom Leben abgeschnitten in seinem staubigen Studierzimmer ist und sich dann befreit und ins Leben hinausgeht; das inferiore Denken eines Fühltypus wird durch Wagner dargestellt: Der schülerhafte Diener wiederholt einfach nichtssagende Sätze, die er in Büchern gelesen hat. Ein berühmtes Beispiel des inferioren Denkens in einem extravertierten Fühltypus sind Eckermanns „Gespräche mit Goethe". Dies ist eine erstaunliche Sammlung von Platitüden.

Darin sieht man die Wagnersche Seite von Goethe sehr deutlich. Goethe hat auch eine Sammlung von Grundsätzen diktiert, die man auf der Rückseite jedes Kalenderblattes antreffen kann. Sie sind sehr wahr, und man kann selten etwas dagegen einwenden, aber sie sind so banal, daß jedes Schaf sie ausgedacht haben könnte. Dies ist Wagner im Werk eines großen Dichters.

D. Der introvertierte Fühltypus und sein inferiores extravertiertes Denken

Der introvertierte Fühltypus hat ebenfalls die Eigenschaft, sich hauptsächlich über das Fühlen an das Leben anzupassen. Dieser Typus ist sehr schwierig zu verstehen. Jung sagt in „Psychologische Typen", daß das Sprichwort: „Stille Wasser gründen tief" auf diesen Typus zutrifft. Sie haben eine hoch differenzierte Skala von Werten, aber sie bekunden sie nicht nach außen, sondern lassen sie innerlich wirken. Man findet den introvertierten Fühltypus oft im Hintergrund bei wichtigen und wertvollen Ereignissen, wie wenn ihr introvertiertes Fühlen ihnen gesagt hätte: „Das ist die wirkliche Sache." Mit einer Art stiller Loyalität und ohne Erklärung erscheinen sie an Orten, wo wichtige und wertvolle innere Tatsachen, archetypische Konstellationen, gefunden werden. Sie haben im allgemeinen einen positiven geheimen Einfluß auf ihre Umgebung, indem sie Normen aufstellen. Die anderen beobachten sie, und obwohl sie zu introvertiert sind, um sich selbst stark zu äußern, setzen sie Maßstäbe. Introvertierte Fühltypen bilden zum Beispiel oft das ethische Rückgrat einer Gruppe; ohne die anderen durch Moralpredigten oder ethische Vorstellungen zu irritieren, haben sie selbst so korrekte, ethische Wertmaßstäbe, daß sie geheimerweise einen positiven Einfluß auf die andern um sie herum ausüben. Man muß sich korrekt benehmen, weil sie die richtige Art von Wertmaßstäben haben, die einen suggestiv zwingt, in ihrer Gegenwart anständig zu sein. Ihr differenziertes introvertiertes Fühlen erkennt, was innerlich die wirklich wichtigen Faktoren sind.

Das Denken dieses Typus ist extravertiert. In einem auffälligen Gegensatz zu ihrer stillen und unauffälligen äußeren Erscheinung sind Menschen dieses Typus im allgemeinen an einer Unzahl von äußeren Tatsachen interessiert. Mit ihrer bewußten Persönlichkeit kommen sie nicht weit; sie neigen dazu, in ihrem Dachsloch zu sitzen. Aber ihr extravertiertes Denken schweift durch eine außerordentliche Breite von äußeren Tatsachen. Wenn sie ihr extravertiertes Denken schöpferisch gebrauchen wollen, haben sie die typischen Schwierigkeiten der Extravertierten, nämlich, daß sie von zu viel Material, zu vielen Referenzen und zu vielen Tatsachen überwältigt werden. So geht ihr inferiores extravertiertes Denken manchmal in einem Morast von Details verloren, durch den sie sich nicht länger ihren Weg bahnen können. Die Minderwertigkeit ihres extravertierten Denkens zeigt sich oft in gewissen fixen Ideen: Sie haben tatsächlich nur einen oder zwei Gedanken, mit denen sie eine ungeheure Menge von Material durchkämmen. Jung hat das Freudsche System als ein typisches Beispiel von solch extravertiertem Denken charakterisiert.

Jung hat nie etwas über den Typus Freuds selbst gesagt, er hat nur darauf hingewiesen, daß das Freudsche System das extravertierte Denken darstellt. Was ich nun beifüge, ist meine eigene persönliche Überzeugung, nämlich, daß Freud ein introvertierter Fühltypus war, und darum trägt sein Werk die Eigenschaften des inferioren extravertierten Denkens. In all seinen Schriften gibt es nur wenig Grundideen, mit denen er sich durch eine ungeheure Menge von Material durchgeackert hat, und das ganze System ist völlig auf das äußere Objekt gerichtet. Wenn man biographische Notizen über Freud liest, sieht man, daß er als Mensch eine höchst differenzierte Art hatte, mit anderen Menschen umzugehen. Er war ein ausgezeichneter Analytiker. Er hatte auch eine Art von verstecktem Gentleman-Verhalten, das einen positiven Einfluß auf seine Patienten und auf seine Umgebung hatte. Man muß in seinem Fall wirklich eine Unterscheidung zwischen seiner Theorie und seiner Persönlichkeit machen. Ich nehme an, nach dem, was man über ihn hört, daß er zum introvertierten Fühltypus gehörte. Der Vorteil des inferioren extravertierten Denkens ist gleichzeitig das, was ich gerade als negativ charakterisiert habe: „sich mit wenigen Ideen durch eine große Menge von Material durchzuboxen".

Wenn diese Neigung nicht übertrieben wird und wenn sich der introvertierte Fühltypus der Gefahr seiner inferioren Funktion bewußt ist und sie immer wieder überprüft, hat sie den großen Vorteil, daß sie einfach, klar und verständlich ist. Aber dies ist nicht genug: Der introvertierte Fühltypus ist verpflichtet, ein bißchen tiefer zu graben, und er sollte versuchen, sein extravertiertes Denken zu spezifizieren und zu differenzieren. Sonst gerät er in die Falle der intellektuellen Monotonie. Dies bedeutet, daß er sich bewußt werden sollte, daß jede Tatsache, die er als Beweis seiner Ideen zitiert, sich in einer leicht veränderten Art darstellt, und unter diesem Gesichtswinkel sollte er seine Ideen jedesmal umformulieren. Auf diese Weise kann er den lebendigen Kontakt zwischen den Gedanken und den Tatsachen aufrechterhalten, anstatt einfach seine Gedanken den Tatsachen aufzuzwingen. Inferiores extravertiertes Denken hat dieselbe negative Neigung, tyrannisch, steif und unbeugsam zu werden und auf diese Weise nicht ganz an das Objekt angepaßt zu sein, wie dies alle anderen minderwertigen Funktionen haben.

Frage: Sind die Typen – Einstellungs- und Funktionsty-
pen – gleichmäßig verteilt? Gibt es gleich viele Introvertierte wie Extravertierte?

Dr. von Franz: Wir wissen dies nicht von der ganzen
Menschheit; wir haben keine Studien über chinesische
Dörfer und fremde Kulturen. Im allgemeinen sprechen
wir von den verschiedenen Nationen als von Typen: Wir
sagen zum Beispiel, daß die Schweizer als Ganzes introvertierte Empfindungstypen sind. Dies würde bedeuten,
daß in gewissen Gruppen ein Typus überwiegt. Obwohl
es viele Schweizer gibt, die einem anderen Typus zuge-
hören, gibt es eine statistisch dominante Vorherrschaft
des introvertierten Empfindungstypus. Man kann dies
zum Beispiel an dem hohen Rang des Schweizer Hand-
werks beobachten: Die Uhrenindustrie braucht eine introvertierte Einstellung mit einer differenzierten Empfindung, um richtig funktionieren zu können. Man kann
schon sagen, daß in verschiedenen Ländern ein bestimmter Typus dominiert und eine vorherrschende Einstellung schafft. Aber wenn man alles zusammennimmt:
Ob es von allen Typen gleich viele gibt, weiß ich nicht.
Dazu wäre eine Untersuchung nötig.

Frage: Manche von uns sind sehr daran interessiert,
experimentell zu studieren, ob die Hypothese der vier
Funktionen haltbar ist oder nicht. Wir haben eine Hypothese, mit der wir theoretisch fähig sein sollten, dies zu
tun und zu schauen, ob wir die Menschen in diese vier
Kategorien schubladisieren können. In Amerika wurden
viele Versuche durchgeführt, um herauszufinden, ob die
Menschen als extravertiert oder introvertiert betrachtet
werden können, und soweit ich dies beurteilen kann, hat
man nie einen Beweis für diese Idee erbringen können,
weil die meisten Menschen irgendwo dazwischen liegen.

Welches sind Ihre Gefühle über einen Versuch, diese Hypothese experimentell zu bearbeiten?

Dr. von Franz: Ich finde, Sie haben völlig recht, mit Ihren Experimenten zu beginnen. Niemand versucht, einfach zu behaupten, daß die Typentheorie wahr ist; wir müßten dazu viele Millionen von Menschen testen – etwas, was nicht getan werden kann. Wie Sie aus meinen Erklärungen jedoch sehen können, ist die Typenbestimmung sehr schwierig, da die Menschen sich oft sicher sind, einer bestimmten Einstellung zuzugehören, aber man muß die ganze Fallgeschichte kennen, um zu wissen, ob dies nur ein momentanes Stadium bei diesem Menschen ist. Zum Beispiel sagt jemand, daß er extravertiert ist, aber dies bedeutet nichts; man muß sorgfältig die ganze Biographie dieser Person aufnehmen, um eine relativ sichere Diagnose zu stellen. Bis jetzt haben wir keine völlig sichere, wissenschaftliche Begründung für unsere Theorie gehabt, und wir behaupten nicht, sie zu haben.

Meine Einstellung hierzu ist, daß die Idee der vier Funktionen ein archetypisches Modell ist, die Dinge anzuschauen, und daß es die Vor- und Nachteile aller wissenschaftlichen Modelle hat. Professor Pauli, der Physiker, sagte einmal etwas, was mir sehr überzeugend scheint, nämlich, daß keine neue Theorie oder keine neue fruchtbare Erfindung im Bereich der Wissenschaft je aufgestellt wurde ohne das Wirken einer archetypischen Idee. Zum Beispiel die Idee des drei- oder vier-dimensionalen Raumes gründet sich auf der archetypischen Vorstellung, die bis zu einem gewissen Grad auf eine sehr schöpferische Art gewirkt und uns geholfen hat, viele Phänomene zu erklären. Aber dann kommt, was Pauli die Selbstbegrenzung einer Idee nennt, nämlich, daß, wenn man die Idee auf Phänomene überträgt, wo sie nicht wirkt, die gleiche Idee, die sonst so fruchtbar ist, ein Hemmschuh für einen weiteren wissenschaftlichen Fortschritt wird. Die Idee des dreidimensionalen Raumes zum Beispiel ist immer noch für gewöhnliche Mechaniker gültig, und jeder Maurer und Zimmermann braucht sie, wenn er eine Zeichnung oder einen Plan herstellt. Aber wenn man versucht, diese Vorstellung auf die Mikrophysik auszudehnen, geht man fehl. Also kann gesagt werden, daß es eine archetypische Idee war, die – wie klar bewiesen werden kann – der wissenschaftliche Geist des westlichen Menschen durch das Dogma der Trinität hervorbrachte. Keppler sagte, als er sein planetarisches Modell aufstellte, daß wegen der Dreieinigkeit der Raum drei Dimensionen habe. Oder nehmen sie Descartes mit seiner Kausalitätsidee, der sagte, daß sie darauf gründe, daß Gott niemals Launen habe, sondern immer logisch vorgehe, und daß darum alles kausal miteinander verbunden sei. Alle diese Grundideen, sogar in den Naturwissenschaften, sind archetypische Modelle, aber sie funktionieren nicht, wenn man sie überbeansprucht. Sie wirken nur in einer fruchtbaren Weise, wenn man sie nicht auf Tatsachen, die nicht dazu passen, aufzwingt. Darum denke ich, daß die Theorie der vier Funktionen eine Art praktischen Wert hat, ohne gleich Dogma zu sein. Jung bringt dies in seinen Büchern als einen heuristischen Standpunkt sehr klar hervor – eine Hypothese, mit der man Dinge herausfinden kann. Wir wissen heute, daß wir in allen wissenschaftlichen Untersuchungen nicht mehr tun können, als Denkmodelle vorzubringen, Modelle aufzustellen und zu schauen, wie weit die Tatsachen passen, und wenn die Tatsachen nicht damit übereinstimmen, müssen wir das Modell verbessern. Manchmal müssen wir nicht unser ganzes Denkmodell revidieren; wir können einfach sagen, daß es nur auf ein bestimmtes Gebiet zutrifft und daß, sobald man zu einem anderen Tatsachenbereich überwechselt, es verzerrt wird. Ich persönlich bin überzeugt, daß wir noch nicht die Fruchtbarkeit dieses Modelles ausgeschöpft haben, aber dies bedeutet nicht, daß es keine Tatsachen gibt, die nicht dazu passen und uns zwingen könnten, es zu überarbeiten.

Frage: Kann ein introvertierter Fühltypus introvertiertes Denken erleben, oder ist es immer inferiores extravertiertes Denken?

Dr. von Franz: Wenn man ein introvertierter Fühltypus ist, kann man auch introvertiert denken. Man kann alle Funktionen auf jede Art haben, aber es wird in einer solchen Konstellation nicht sehr viel Lebensintensität stecken. Jung hat gesagt, das Schwierigste sei nicht, den eigenen Gegensatztypus zu verstehen – wenn man introvertiert fühlt, ist es ausgesprochen schwierig, einen extravertierten Denktypus zu verstehen –, viel schwieriger sei es, den gleichen Funktionstypus mit einer anderen Einstellung zu verstehen. Es wäre ausgesprochen schwierig für einen introvertierten Fühltypus, einen extravertierten Fühltypus zu verstehen. Dort spürt man, daß man nicht weiß, in welcher Richtung sich das Rad in diesen Menschenköpfen dreht, man kann sich nicht einfühlen. Solche Leute bleiben für einen zu einem großen Ausmaß ein Puzzle und sind sehr schwierig, spontan zu verstehen. Hier ist die Theorie der Typen von großer praktischer Wichtigkeit, da es das einzige ist, das verhindert, gewisse Menschen vollkommen mißzuverstehen. Es gibt einem einen Schlüssel zum Verständnis einer Person, deren spontane Reaktionen einem sonst unverständlich bleiben.

Frage: Was ist der Unterschied zwischen inferiorer Intuition und inferiorem Fühlen?

Dr. von Franz: Die Intuition ist eine irrationale Funktion, die Tatsachen, zukünftige Gelegenheiten und Entwicklungsmöglichkeiten erfaßt, aber sie ist keine Urteilsfunktion. Die minderwertige Intuition könnte Vor-

110

gefühle über einen Krieg oder Krankheiten von anderen Menschen oder über archetypische Veränderungen im kollektiven Unbewußten haben. Die introvertierte Intuition hat unmittelbare Ahnungen über die langsame Umgestaltung des kollektiven Unbewußten im Fluß der Zeit. Die Intuition stellt Tatsachen ohne Bewertung dar. Das Fühlen ist ganz anders. In der Jungschen Terminologie ist es eine rationale Funktion – ratio: Rechnung, Vernunft –, eine Funktion, die Ordnung herstellt und die richtet, die sagt, dies ist gut und dies ist schlecht, dies ist angenehm und dies ist unangenehm für mich. Das inferiore Fühlen eines Denktypus würde Werte beurteilen und nicht Tatsachen darstellen. Ein extravertierter Empfindungstypus zum Beispiel, der seine Intuition stark vernachlässigt hat, träumte wiederholt von armen Leuten und unangenehmen Arbeitern, die des Nachts in sein Haus einbrachen. Er wurde von diesem sich ewig wiederholenden Traum geängstigt und begann, in seinem Freundeskreis und bei Einladungen herumzugehen und zu sagen, daß alles hoffnungslos sei; er wisse, daß die Kommunisten die Macht ergreifen werden. Da er ein sehr fähiger Politiker war, hatte dies eine schlechte Wirkung. Dies war eine falsche Art von Intuition, eine Intuition nämlich, die auf persönlichen Projektionen basierte. Dies ist ein Beispiel inferiorer Intuition. Ein Mensch mit inferiorem Fühlen könnte plötzlich einen Prozeß beginnen, und er wäre davon überzeugt, daß er für das Rechte und das Gute kämpft, aber wenn ein anderer diese Überzeugung niederreißen würde, würde er die ganze Angelegenheit über den Haufen werfen, den Prozeß, den er selbst angefangen hat, miteingeschlossen.

Diese plötzlichen Wechsel in seinem Urteil würden auf minderwertiges Fühlen hinweisen. Die Menschen sind sehr leicht beeinflußbar, wenn es eine Frage ihrer inferioren Funktion ist. Da sie im Unbewußten liegt, können die Menschen leicht ihrer Stellung unsicher werden, wogegen sie im Bereich der Hauptfunktion im allgemeinen wissen, wie zu handeln ist, wenn sie angegriffen werden; sie haben alle ihre Waffen bereit, sind großzügig und flexibel und fühlen sich stark. Sobald man sich stark fühlt, ist man ziemlich willig, die Dinge zu diskutieren oder seine Einstellung zu ändern, aber wo man sich inferior fühlt, wird man fanatisch, empfindlich und leicht beeinflußbar. Der Ausdruck auf dem Gesicht eines Freundes kann auf das Fühlen eines Denktypus wirken, weil sein Fühlen im Unbewußten liegt und darum für Beeinflussung offen ist. Darum kann, wie ich schon erwähnte, der extravertierte Denktypus ein sehr loyaler Freund sein, er kann sich aber auch plötzlich gegen einen wenden. Er kann Sie fallen lassen wie eine heiße Kartoffel, und Sie wissen nicht, was genau geschah! Irgendwie geriet etwas Giftiges in sein System, jemand hat vielleicht etwas gesagt oder auch nur ein Gesicht geschnitten, als der Name erwähnt wurde! Sein Fühlen ist unbewußt. Solche Wirkungen können nur geheilt werden, wenn sie bewußt aufgegriffen werden. Wenn man, in Denkbegriffen, gegen seine Politik, Prozesse zu führen, etwas einwendet, wäre der extravertierte Denktypus bereit, dies zu diskutieren und Sie um Ihre Meinung zu bitten. Er wäre angehbar und nicht in die falsche Richtung beeinflußbar, während er im Bereich des Fühlens plötzlich losbrechen würde, ohne Grund und ohne selbst genau zu wissen warum.

Die Rolle der inferioren Funktion in der psychischen Entwicklung

Die inferiore Funktion ist das Tor, durch das alle Bilder des Unbewußten ins Bewußtsein dringen. Unser Bewußtseinsbereich ist wie ein Raum mit vier Türen, und es ist die vierte Türe, durch die der Schatten, der Animus oder die Anima und die Verkörperungen des Selbst hereinkommen. Sie treten nicht so häufig durch die anderen Türen ein, was in gewisser Weise selbstverständlich ist: Die inferiore Funktion ist so nah dem Unbewußten und bleibt so barbarisch, minderwertig und unentwickelt, daß sie ganz natürlich den schwachen Punkt im Bewußtsein bildet, durch den die Bilder des Unbewußten hereinbrechen können. Im Bewußtsein wird dies als der schwache Punkt erlebt, als die unangenehme Sache, die einen nie in Ruhe lassen kann und immer Schwierigkeiten bereitet. Jedesmal, wenn man meint, man habe ein gewisses inneres Gleichgewicht, einen festen Standpunkt gefunden, geschieht innerhalb oder außerhalb etwas, was wieder alles über den Haufen wirft. Diese Macht kommt immer durch die vierte Türe herein, die nicht geschlossen werden kann, im Gegensatz zu den anderen drei Türen des inneren Raumes. Aber an der vierten Türe funktioniert das Schloß nicht, und wenn man am wenigsten darauf vorbereitet ist, wird dort wieder das Unerwartete hereinkommen. Gott sei Dank, könnte man zufügen, sonst würde der ganze Lebensprozeß versteinern und in einer falschen Art von Bewußtheit stagnieren. Die minderwertige Funktion ist die ewig blutende Wunde der bewußten Persönlichkeit, aber durch sie kann das Unbewußte immer hereinkommen und so das Bewußtsein erweitern und eine neue Einstellung hervorbringen.

Solange man noch nicht die anderen Funktionen, die zwei Hilfsfunktionen, entwickelt hat, werden auch sie offene Türen sein. In einem Menschen, der nur eine Hauptfunktion entwickelt hat, werden die zwei Hilfsfunktionen in der gleichen Weise wie die inferiore Funktion wirken und in Verkörperungen des Schattens, des Animus oder der Anima erscheinen. Wenn es einem gelungen ist, drei Funktionen zu entwickeln, drei der inneren Türen zu verschließen, verbleibt immer noch das Problem der vierten Türe, weil das diejenige ist, die anscheinend nicht dazu gemacht ist, geschlossen zu werden. Dort muß man Niederlagen erleiden, um sich weiterzuentwickeln. In Träumen bezieht sich die inferiore Funktion auf den Schatten, den Animus oder die Anima und das Selbst und gibt ihnen eine gewisse charakteristische Eigenschaft. Zum Beispiel wird der Schatten eines Intuitiven oft durch einen Empfindungstypus verkörpert. Die inferiore Funktion ist mit dem Schatten jedes einzelnen Typus kontaminiert: In einem Denktypus wird er als relativ minderwertiger oder primitiver Fühltypus erscheinen und so weiter. Darum werden Menschen, wenn man bei der Trauminterpretation um die Beschreibung dieser Schattenfigur bittet, ihre eigene inferiore Funktion beschreiben. Wenn man sich des Schattens einigermaßen bewußt geworden ist, wird die inferiore Funktion dem Animus oder der Anima eine bestimmte Qualität geben. Zum Beispiel wird die Animafigur, wenn sie sich in einem bestimmten Menschen verkörpert, sehr oft als ein Mensch mit der Gegensatzfunktion erscheinen. Wieder dasselbe wird geschehen, wenn Verkörperungen des Selbst erscheinen.

Eine andere Art von Verkörperung, aber eine, die natürlich mit dem Schatten zu tun hat, erscheint, wenn die vierte Funktion mit den untersten Gruppen der sozialen Schichten einer Bevölkerung oder mit den sogenannten „unterentwickelten Ländern" kontaminiert ist. Es ist ein Wunder, wie wir in unserer hochnäsigen Arroganz auf die „unterentwickelten Länder" herunterschauen und unsere inferiore Funktion auf sie projizieren. Die unterentwickelten Länder sind in uns selbst. Die minderwertige Funktion erscheint oft als „wilder" Neger oder Indianer. Sie ist ebenfalls häufig dargestellt durch exotische Personen wie Chinesen, Russen oder wer immer das dem bewußten Bereich Unbekannte besitzt, so wie wenn das Bild sagen wollte: „Das ist dir so unbekannt wie die Psychologie eines Chinesen."

Die soziale Veranschaulichung der minderwertigen Funktion ist besonders passend, da diese Funktion dazu neigt – in ihrem negativen Aspekt – einen barbarischen Charakter zu haben. Sie kann einen Zustand der Besessenheit verursachen: Wenn zum Beispiel Introvertierte in die Extraversion fallen, tun sie dies in einer besessenen und barbarischen Form; barbarisch in dem Sinne, daß sie unfähig sind, bewußte Kontrolle auszuüben; sie werden weggeschwemmt, sind unfähig zu bremsen oder anzuhalten. Diese Art von übermäßiger, getriebener Extraversion findet man selten in echt Extravertierten, aber bei Introvertierten kann sie wie ein Auto ohne Bremsen sein, das ohne die geringste Kontrolle beschleunigt wird. Ein Introvertrierter kann höchst unangenehm, zudringlich und arrogant werden und so laut schreien, daß der ganze Raum zuhören kann. Eine solche inferiore Extraversion kann plötzlich herausbrechen, wenn ein Introvertierter betrunken ist.

Die Introversion des Extravertierten kann genauso barbarisch und besessen sein. Aber sie ist nach außen nicht so sichtbar. Ein von seiner barbarischen Introversion Besessener verschwindet direkt aus dem Leben. Er wird in seinem eigenen Zimmer verrückt. Extravertierte, die in ihre primitive Introversion fallen, gehen herum, kommen sich sehr wichtig vor und versichern jedermann, daß sie ein tiefes mystisches Erlebnis hatten, über das sie nicht sprechen können. In einer wichtigtuerischen Haltung weisen sie darauf hin, daß sie jetzt tief in die aktive Imagination und den Individuationsprozeß eingetreten sind. Man bekommt dabei den seltsamen Eindruck von einer primitiven Besessenheit. Wenn dies etwa in Form von Yoga oder Anthroposophie geschieht, wird diese zur Schau gestellt, und solche Menschen sprechen von der unergründlichen Tiefe, in die sie jetzt getaucht sind. In Wirklichkeit sind sie dauernd versucht, in ihre Extraversion zurückzuschalten, was ihre Überbetonung des Zeitmangels für jeden Kontakt erklärt. Sie würden noch so gerne in ihre Extraversion zurückfallen und zu jedem Fest und zu jeder Einladung in der Stadt gehen. Darum sagen sie abwehrend: „Nein, dies ist völlig verboten, jetzt bin ich in der Tiefe der Psyche." In dieser Phase sind die Menschen sehr oft überzeugt, sie *seien* der Typus, den sie zur Zeit leben müssen. Extravertierte, die in dieser Phase sind, in der sie ihre Introversion assimilieren sollten, werden immer schwören, daß sie Introvertierte sind und immer waren und daß es seit jeher ein Fehler war, sie extravertiert zu nennen. Auf diese Weise versuchen sie, sich selbst zu helfen, auf ihre andere Seite zu gelangen. Wenn sie versuchen, ihre inneren Erlebnisse auszudrücken, tun sie dies im allgemeinen mit einer Über-Erregung; sie werden furchtbar emotionell, wollen einen verblüffen, und jedermann muß ihnen zuhören. Für sie ist es so ungeheuer einzig und wichtig.

Diese barbarische Eigenschaft der inferioren Funktion bewirkt eine Spaltung der menschlichen Persönlichkeit. Man kann Gott danken, wenn sich die Gegensatzfunktion nur in Träumen von sogenannten Primitiven verkörpert, da sie ebenso oft sogar durch steinzeitliche Figuren oder sogar durch Tiere dargestellt wird. In solch einem Fall kann man sagen, daß die inferiore Funktion ein menschliches Niveau noch nicht erreicht hat. Die inferiore Funktion verweilt in diesem Stadium im Körper und kann sich selbst nur in physischen Symptomen oder

Aktivitäten zeigen. Wenn ich zum Beispiel einen introvertierten Intuitiven sehe, der sich voller Genuß seiner
inferioren Funktion im Sonnenschein ausstreckt, habe
ich das Gefühl, daß er wie eine Katze ist, die sich an der
Sonne räkelt; seine Empfindung ist noch auf einem tierischen Niveau.

In einem Denktypus geht das Fühlen oft nicht über
das Niveau eines Hundes hinaus. Noch schwieriger ist
es, sich vorzustellen, daß Fühltypen wie Tiere denken,
aber sogar das ist wahr; sie haben die Gewohnheit, so
banale Aussagen zu machen, daß man das Gefühl hat,
jede Kuh könnte dies äußern. Hunde machen manchmal
hilflose Versuche zu denken. Mein eigener Hund
machte einen solchen Versuch und zog einen völlig falschen Schluß: Er lag immer auf meiner Couch, und ich
jagte ihn jeweils davon herunter; daraus schloß er, daß
ich es nicht gern habe, wenn er auf etwas über dem Boden saß. Wenn immer ich ihn also auf etwas setzte,
wurde er verwirrt und dachte, er werde gestraft. Er
konnte nicht verstehen, daß es nur die Couch war und
nicht jedes Möbelstück, das für ihn verboten war. Er
hatte einfach die falsche Schlußfolgerung gezogen! Ein
Hund hat eine halbwegs entwickelte Denkfunktion, die
dazu neigt, die falschen Schlüsse zu ziehen. Ich wurde
schon oft von der Tatsache überrascht, daß Fühltypen
auf genau die gleiche Weise denken, da, wenn man ihnen etwas zu erklären sucht, sie einen allgemeinen
Schluß daraus ziehen, eine zu weitreichende Verallge-
meinerung, die den Umständen in keiner Weise angemessen ist. Unausgearbeitetes Denken begann in ihren
Köpfen, und sie zogen erstaunlich unangepaßte Schluß-
folgerungen daraus, die sie zu völlig falschen Resultaten
führten.

In den meisten Gesellschaften verdecken die Menschen ihre minderwertige Funktion mit ihrer Persona.
Einer der Gründe, warum man eine Persona entwickelt,

ist, daß man seine Inferioritäten nicht bloßstellen will, besonders nicht die Inferiorität der vierten Funktion. Sie ist mit der eigenen tierischen Natur vermengt, mit den eigenen unangepaßten Emotionen und Affekten.

Als Jung den „Psychologischen Club" in Zürich gründete, wollte er herausfinden, wie eine Gruppe arbeiten würde, in der die inferiore Funktion nicht überdeckt, sondern in der die Menschen über sie miteinander Kontakt haben würden. Das Ergebnis war ausgesprochen erstaunlich. Menschen, die von außerhalb in diese Gesellschaft kamen, waren von dem rauhen Benehmen und den nicht enden wollenden Streitereien schockiert, die diese Gruppe zur Schau stellte. Ich besuchte vor vielen Jahren einmal den Club. Bis dahin hatte ich nie einen Versuch gemacht, Mitglied zu werden, da ich mich zu scheu fühlte. Eines Tages fragte Jung mich: „*Wollen* Sie nicht in den Club eintreten, oder *wagen* Sie es nicht?" Ich sagte, ich wage es nicht, würde es aber gerne tun. Darauf sagte er: „In Ordnung, ich werde ihr Pate sein" – wir brauchten Paten, um in den Club einzutreten –, „aber ich will zuerst abwarten und schauen, ob sie einen Traum haben, der den richtigen Zeitpunkt bestimmt." Und was träumte ich? Ich träumte, daß ein Naturwissenschaftler, ein alter Mann, der Jung sehr ähnlich war, eine Experimentiergruppe bildete, um herauszufinden, wie verschiedene Arten von Tieren miteinander auskommen würden. Ich kam an eine Stätte, wo es Aquarien mit Fischen gab, und dort waren auch Schildkröten, Molche und ähnliche Kreaturen, Käfige mit Vögeln, Hunden und Katzen, und der alte Mann saß in der Mitte von all dem und machte sich Notizen darüber, wie die Tiere sozial miteinander umgingen. Ich entdeckte dann, daß ich ein fliegender Fisch in einem Aquarium war und herausspringen konnte. Ich erzählte Jung meinen Traum, der lachend bemerkte: „Ich denke, nun sind Sie reif genug, um dem ‚Psychologischen Club' beizutreten. Sie haben die zentrale Idee, seinen Zweck, begriffen."

Auf diese eher humoristische Art griff das Unbewußte die Idee auf: nämlich, daß es wirklich ein großes Problem ist, wenn sich Menschen ohne Persona miteinander verbinden, weil des einen inferiore Funktion eine Katze, des anderen eine Schildkröte und des dritten ein Hase ist. In solch einer Situation muß man das eigene Territorium zu erhalten suchen. Die meisten Tierarten haben die Neigung, ein bestimmtes Revier zu „besitzen", und sie verteidigen dies gegen alle Eindringlinge. Diese komplizierten Rituale der Revierverteidigung tauchen wieder auf, sobald Menschen zusammenkommen, die ihre Persona ablegen und wirklich versuchen, miteinander in Beziehung zu treten. Dann fühlt man sich, als bewegte man sich im Dschungel: Man darf nicht auf diese Schlange treten oder jenen Vogel durch eine zu schnelle Bewegung erschrecken, und alles wird sehr kompliziert. Dies hat mich sogar auf die Idee gebracht, daß die Psychologie der Grund ist, warum sich die Menschen in ihrem sozialen Verhalten verschlechtern, was bis zu einem gewissen Ausmaß stimmt. Auch am C. G. Jung-Institut sind wir unhöflicher und kommen schwerer miteinander aus als, sagen wir, eine Gesellschaft der Hunde- oder Kaninchenzüchter oder ein Fischerclub. Dort bleibt der soziale Kontakt im allgemeinen auf einem viel konventionelleren Niveau und scheint darum viel zivilisierter zu sein. Aber die Wahrheit ist einfach, daß wir am Institut und im „Psychologischen Club" nicht dazu neigen, das, was unterirdisch vorgeht, zu verdecken. In den meisten anderen Gesellschaften oder Gruppen ist die minderwertige Funktion verdeckt und intrigiert unter dem Tisch; all diese Schwierigkeiten bleiben unterirdisch und werden nie offen besprochen. Die Assimilation des Schattens oder der minderwertigen Funktion hat die Wirkung, daß die Menschen sozial schwieriger und weniger konventionell werden. Dies bringt Spannungen mit sich. Auf der anderen Seite schafft es auch eine größere Lebendigkeit – man ist nie gelangweilt, es gibt immer einen Sturm im Wasserglas, die Gruppe ist sehr lebendig, anstatt sich einfach auf einer langweiligen, höflichen Oberfläche zu bewegen. Im „Psychologischen Club" zum Beispiel wurde die tierische Neigung, ein eigenes Revier zu besitzen, so stark, daß die Mitglieder anfingen, Plätze zu reservieren. Dies war der Stuhl von Soundso, und darauf konnte man sich nicht setzen; ein Zuwiderhandeln wäre eine große Beleidigung gewesen, da Soundso immer dort zu sitzen pflegte. Ich habe bemerkt, daß auch auf bestimmten Stühlen im Institut Zettel liegen. Dort sitzt der Hund oder die Katze Soundso! Das ist ein sehr gutes Zeichen. Es ist eine Wiederherstellung einer ursprünglichen und natürlichen Situation. Es ist erstaunlich, wie tief die minderwertige Funktion uns mit dem Bereich der eigenen tierischen Natur in uns verbinden kann. Neben der humoristischen Art, die ich eben beschrieben habe, kann die inferiore Funktion tatsächlich die Verbindung mit den eigenen tiefsten Instinkten, mit den eigenen inneren Wurzeln herstellen, und sie ist das, was uns mit der ganzen Vergangenheit der Menschheit verbindet. Primitive Gesellschaften haben Tänze mit Tiermasken, was bedeutet, daß sich der Stamm mit den Geistern der Vorfahren, mit der ganzen Stammesvergangenheit verbindet. Wir haben zu einem großen Teil diese Maskentänze verloren, obwohl es noch Überreste in der Fastnacht gibt.

Wenn ein Mensch einmal das Wirken der Funktionen erfahren hat, ist der nächste Schritt in der psychischen Entwicklung die Assimilation der zwei Hilfsfunktionen. Man darf nicht vergessen, daß die Assimilation dieser zwei Hilfsfunktionen eine so große Aufgabe ist, daß die Menschen im allgemeinen viel Zeit darauf verwenden müssen.

Die Funktionen zu assimilieren heißt, daß man mit ihnen *immer* zusammenlebt. Wenn man ein bißchen kocht oder näht, bedeutet dies nicht, daß die Empfindungsfunktion assimiliert worden ist. Assimilation heißt, daß die ganze Anpassung des bewußten Lebens zur gegebenen Zeit auf dieser Funktion ruhen kann. Das Überwechseln zu einer Hilfsfunktion findet statt, wenn man fühlt, daß die gegenwärtige Form des Lebens unlebendig ist, wenn man mehr oder weniger dauernd von sich selbst und von seinen Aktivitäten gelangweilt wird. Im allgemeinen ist es so, daß man nicht eine theoretische Schlußfolgerung ziehen muß, zu welcher Funktion man überzuwechseln hat. Die beste Art zu wissen, wie umzuschalten, ist, einfach zu sagen: „In Ordnung, alles ist nun langweilig, nichts bedeutet mir noch etwas. Wo in meinem vergangenen Leben ist eine Tätigkeit, von der ich fühle, ich könnte sie noch genießen? Eine Tätigkeit, die mir noch Spaß bereitet?" Wenn ein Mensch diese Tätigkeit dann echt aufnimmt, wird er sehen, daß er zu einer anderen Funktion übergewechselt hat.

Ich möchte jetzt darauf zu sprechen kommen, wie man das, was ich in meiner ersten Vorlesung den Mittelbereich nannte, aufbauen kann. Dies wird ein kritischer Punkt, wenn ein Mensch das Stadium erreicht hat, in dem er ernsthaft mit seiner inferioren Funktion umzugehen sucht. Die minderwertige Funktion kann nicht innerhalb der Struktur der bewußten Einstellung assimiliert werden; sie ist zu tief im Unbewußten eingeschlossen und mit ihm kontaminiert. Sie kann etwas „erhöht" werden, aber durch den Hebungsprozeß wird das Bewußtsein nach unten gezogen. Im Prozeß dieser dynamischen Wechselwirkung wird der Mittelbereich erstellt.

Die inferiore Funktion zu berühren gleicht einem inneren Zusammenbruch in einem bestimmten kritischen Zeitpunkt des Lebens. Es hat jedoch den Vorteil, daß man die Tyrannei der dominanten Funktion im Ich-

Komplex überwindet. Wenn jemand wirklich durch diese Umwandlung durchgegangen ist, kann er seine Denkfunktion gebrauchen, wenn dies die günstigste Reaktion ist, oder er kann die Intuition oder Empfindung ins Spiel bringen, aber er ist nicht länger von einer dominanten Funktion *besessen*. Das Ich kann eine bestimmte Funktion aufnehmen und sie wie ein Werkzeug wieder ablegen, im Bewußtsein seiner eigenen Realität außerhalb der vier Funktionen. Dieser Trennungsakt wird durch die Begegnung mit der inferioren Funktion erreicht. Die minderwertige Funktion ist eine wichtige Brücke zu den Erlebnissen der tieferen Schichten des Unbewußten. Zu ihr zu gehen und mit ihr zu bleiben und nicht nur ein schnelles Bad darin zu nehmen, hat eine ungeheure Wirkung auf die ganze Persönlichkeitsstruktur.

Jung zitiert immer und immer wieder die alte Sentenz der legendären Alchemistin und Schriftstellerin Maria Prophetissa: „Eines wird zwei, zwei wird drei, und aus dem dritten kommt das eine als das vierte." Eines wird zwei: Das heißt, zuerst kommt die Entwicklung der Hauptfunktion, dann die Assimilation der ersten Hilfsfunktion. Danach assimiliert das Bewußtsein eine dritte; nun sind es drei. Aber der nächste Schritt besteht nicht daraus, eine weitere Einheit anzufügen – eins, zwei, drei und dann vier. Aus dem dritten kommt nicht das vierte, sondern das eine. Jung sagte mir einmal in einem privaten Gespräch, daß es keine vierte Funktion in der oberen Schicht gebe, sondern es sei folgendermaßen:

Das Feld naiven Ich-Bewußtseins mit den drei Funktionen

Der Mittelbereich, wo die Ich-Selbst-Beziehung nicht mehr länger autonom funktioniert, sondern eine lebendige Gesamtheit bildet.

Vorbewußte Totalität mit den vorgeformten vier Funktionen.

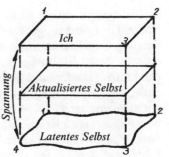

Man kann dies auch noch anders illustrieren: Nehmen wir ein Pferd, eine Katze, einen Hund und einen Löwen. Die ersten drei Tiere können domestiziert werden, wenn man sie gut behandelt, nicht aber der Löwe. Er weigert sich, als der vierte dazugezählt zu werden, und infolgedessen frißt er die anderen auf; am Ende ist also nur ein Tier übrig. Die inferiore Funktion verhält sich genauso: Wenn sie heraufkommt, frißt sie den Rest der Persönlichkeit auf, die vierte wird die eine, da sie nicht länger die vierte ist; nur eine ist übrig – nämlich ein totales psychisches Lebensphänomen und nicht länger eine Funktion! Natürlich ist dies nur ein Vergleich und gibt nur eine Veranschaulichung.

In seinem Buch „Mysterium Coniunctionis" (S. 220) zitiert Jung einen alchemistischen Text, der das Problem der vierten Funktion und die Erreichung des Mittelgrundes widerspiegelt. Die Überschrift lautet: „Tractatus Aristotelis Alchymistae Ad Alexandrum Magnum de Lapide Philosophico." Das Traktat ist wahrscheinlich arabischen Ursprungs und erscheint, ins Latein übersetzt, in einer der ersten alchemistischen Veröffentlichungen. Das folgende Rezept wird gegeben:

„Nimm die Schlange und setze sie auf den Wagen mit den vier Rädern und laß sie so oft zur Erde zurückwenden, bis sie in der Tiefe des Meeres untertaucht und nichts mehr sichtbar ist außer dem schwärzesten toten Meer. Und dort möge der Wagen mit den Rädern bleiben, bis so viele Dämpfe aus der Schlange aufsteigen, daß die ganze Fläche (planities) trocken und durch Austrocknung sandig und schwarz wird. Und das ist die Erde, die keine Erde ist, sondern ein Stein, der jedes Gewichts ermangelt" ... Wenn aber die Dämpfe in Form von Regen sich niederschlagen, „mögest du den Wagen vom Wasser ins Trockene führen und du hast die vier Räder auf den Wagen geladen und du erreichst das Resultat (effectum), wenn du weiter zum roten Meere vordringen willst, laufend ohne Lauf, bewegend ohne Bewegung (currens sine cursu, movens sine motu)". Dies ist ein sehr sonderbares Bild. Nimm die Räder vom Wagen ab und lade sie auf ihn. (Es ist interessant, daß man die gleiche Vorstellung im „I Ging" findet. Dort wird gesagt, daß man die Räder vom Wagen abnehmen soll. Soweit ich weiß, kann diese chinesische Vorstellung keine direkte Verbindung zur westlichen Alchemie haben.) Jung kommentiert dann: Die Schlange in der Alchemie ist das Symbol des Hermes, die *prima materia,* mit welcher der Prozeß beginnt. Weiter verkörpert Hermes eine Art Naturgeist voller Gegensätze. Die Schlange wird auf den Wagen gesetzt. Die Räder werden im Text als die Räder der vier Elemente (rotae elementorum) dargestellt, und das Gefäß resp. der Wagen ist das „sepulchrum sphaericum" (das sphärische Grab). In unserem Text stellt das Gleichnis des Wagens das alchemistische Gefäß dar, das die Geister des Unbewußten enthält. Jung sagt, „der Symbolismus dieser Ausführung beschreibt das Essentielle des opus: die Schlange des Hermes ... der Nous der kalten Seite der Natur, das Unbewußte, wird eingeschlossen im sphärischen Gefäß, welches aus diaphanem Glas besteht und (nach alchemistischer Auffassung) die Welt sowohl wie die Seele bedeutet. Die psychologische Auffassung erkennt darin jene

124

psychische Entsprechung der Welt, welche das Bewußtsein von Welt und Seele ist." Die Räder auf den Wagen zu legen, zeigt einen Stillstand aller vier Funktionen an: Man zieht sie sozusagen ein. Die spätere Wandlung der vier Räder entspricht dem Assimilations- und Integrationsprozeß der transzendenten Funktion. Diese Funktion vereinigt die Gegensätze, welche, wie die Alchemie zeigt, in einem quaternio angeordnet sind, vorausgesetzt, sie betreffen eine Ganzheit. Dieses alchemistische Symbol verkleinert nicht das Problem der vierten Funktion, sondern es weist auf eine Lösung hin. Das Ich assimiliert seine erste Funktion und ist dann für eine Weile befriedigt. Nach einiger Zeit assimiliert es die zweite Funktion und lebt einmal mehr befriedigt weiter. Es hat beide vom Unbewußten heraufgezogen. Dann zieht es eine dritte auf die Ebene des Bewußtseins. Nun sind drei Funktionen auf dem oberen, zivilisierten Niveau assimiliert, auf welchem wir normalerweise zu leben versuchen. Aber man kann die vierte Funktion nicht auf dieses gleiche Niveau heben. Im Gegenteil, wenn man dies zu stark versucht, wird die vierte Funktion das Ich-Bewußtsein auf ein völlig primitives Niveau hinunterziehen. Identifiziert man sich mit ihr und ihren Antrieben, dann ereignen sich diese unerwarteten Umwälzungen, bei denen die Menschen plötzlich auf ein tierisches Niveau hinunterfallen.

Dies ist sicherlich keine *Assimilation* der vierten Funktion. Man kann auf ein tiefes tierisches Niveau hinuntersinken, wenn man will und die vierte Funktion in einer konkreten Form ausleben, ohne sie auf irgendeine Weise zu assimilieren. In solch einem Fall verliert man einfach die ganze obere Struktur der früheren Persönlichkeit. Menschen, die einen großen Lebensmut haben, können dies tun. Wenn sie die vierte Funktion berühren, können sie unvermittelt und mit ganzem Herzen zu ihr überwechseln. Jung erzählte einmal von einem

Mann, der das Leben eines respektablen Geschäftsmannes führte, bis er 60 Jahre alt war. Er hatte eine Familie, ein gutes Geschäft und alles andere, aber dann wurde er während einiger Monate schlaf-, ruhelos und depressiv. Eines Nachts sprang er in seinem Bett auf und rief: „Ich hab's!" Seine Frau wachte auch auf und fragte: „Was?" „Ich hab's, ich bin ein Lump! Das bin ich!" Er verließ sofort seine Frau, seine Familie und sein Geschäft, vergeudete sein ganzes Vermögen und trank sich selbst zu Tode. Das war sicherlich eine mutige, wenn auch eher drastische Lösung des Problems: Er fiel plötzlich in die inferiore Seite seiner Persönlichkeit und vergaß alles andere.

Die vierte Funktion ist immer das größte Problem: Wenn ich sie nicht leben kann, bin ich frustriert, halb tot, und alles ist langweilig; wenn ich sie lebe, ist sie auf einem so tiefen Niveau, daß ich sie nicht gebrauchen kann, es sei denn, ich habe den Pseudo-Mut dieses Mannes. Die meisten Menschen haben diesen Mut nicht, andere hätten ihn, sehen aber, daß dies auch keine Lösung ist. Was ist also zu tun? In solch einem Moment kommt das alchemistische Rezept zur Geltung: Man muß mit der vierten Funktion umzugehen versuchen, indem man sie in ein sphärisches Gefäß legt und ihr einen Rahmen gibt in der aktiven Imagination. Man kommt nicht weiter, wenn man die vierte Funktion in einer konkreten inneren oder äußeren Form auslebt, sondern man muß ihr die Gelegenheit geben, sich in der Phantasie auszudrücken, sei es im Schreiben, Malen, Tanzen oder einer anderen Form der aktiven Imagination. Jung fand heraus, daß die aktive Imagination praktisch das einzige Mittel ist, um mit der vierten Funktion umzugehen.

Bei der Wahl der Mittel der Imagination kann man beobachten, wie die inferiore Funktion zur Wirkung kommt. Ein intuitiver Typus zum Beispiel wird im allgemeinen den starken Wunsch haben, seine aktive Imagination in Ton oder Stein festzuhalten, sie auf irgendeine Weise im Material sichtbar zu machen. Sonst wird sie ihm nicht „wirklich" erscheinen, und die inferiore Funktion kommt nicht hinein. Jung als Intuitiver entdeckte sie zuerst im Bedürfnis, mit kleinen Steinen Schlösser zu bauen, und von dieser Aktivität her entdeckte er das Problem, das von der vierten Funktion konstelliert wird. Die seltene Form des Tanzes habe ich gesehen, wenn das Fühlen die vierte Funktion ist. Manchmal haben Denktypen, wenn sie ihre Fühlfunktion assimilieren müssen, den echten Wunsch, dies durch Tänze in primitiven Rhythmen auszudrücken. Inferiores Fühlen kann sich auch in sehr farbigen Bildern Luft verschaffen, da die Farben im allgemeinen starke Gefühlszustände ausdrücken. Ein Empfindungstypus wird gespenstische Geschichten ersinnen, wie ich sie früher beschrieben habe, oder wilde phantastische Novellen, in welche die Intuition hineinfließen kann. Wenn die Frage heraufkommt, welches Mittel zur Assimilation der unbewußten psychologischen Probleme durch die Phantasie gewählt werden muß, ist die Wahl im allgemeinen mit der vierten Funktion verbunden.

Wenn man das Stadium erreicht, in dem man wirklich mit der vierten Funktion umgehen will, wird es unmöglich, auf der oberen Ebene zu bleiben, aber man mag vielleicht auch nicht wünschen, auf eine tiefere niederzufallen. So wird der Mittelbereich die einzige mögliche Lösung sein. Dieser Mittelgrund, der weder die obere noch die untere Ebene ist, wird durch die Phantasie in der spezifischen Form der aktiven Imagination erstellt. In diesem Moment überträgt man gleichsam seine Lebensgefühle auf ein inneres Zentrum, und die vier Funktionen bleiben nur als Instrumente übrig, die man nach Belieben aufnehmen und wieder ablegen kann. Das Ich und seine bewußten Aktivitäten sind nicht länger mit einer der Funktionen identisch. Dies ist es, was der alchemistische Text mit dem Bild, die vier Räder auf den Wagen zu legen, meint. Es ist ein völliger Stillstand in einer Art innerem Zentrum, und die Funktionen handeln nicht mehr automatisch. Man kann sie nach Belieben herausbringen, wie man zum Beispiel bei einem Flugzeug die Räder herausfahren kann, um zu landen, und sie wieder einziehen, wenn man fliegen muß. In diesem Stadium ist das Problem der Funktionen nicht länger relevant; die Funktionen sind Instrumente des Bewußtseins geworden, das nicht länger in ihnen wurzelt oder von ihnen getrieben wird. Es hat seine Wirkungsgrundlage in einer anderen Dimension, einer Dimension, die nur durch die Welt der Imagination geschaffen werden kann. Deshalb nennt Jung dies die transzendente Funktion. Die richtige Art der Imagination schafft das vereinigende Symbol. Dies trifft mit dem alchemistischen Symbol zusammen, das vom Problem der vier Elemente spricht – Wasser, Feuer, Erde und Luft. In unserem Text sind sie durch die Räder dargestellt, die integriert werden müssen. Dann kommt die Quintessenz, die nicht ein anderes ergänzendes Element ist, sondern sozusagen die Essenz ist von allen vieren und doch von keiner; es ist die vierte in einer. Zu den vieren kommt die fünfte Sache, die nicht die vierte ist, sondern etwas darüber hinaus und aus allen besteht. Das ist, was die Alchemisten die fünfte Essenz nennen, die Quinta Essentia oder den Stein der Philosophen. Dies bedeutet ein gefestigter Nucleus der Persönlichkeit, der nicht länger mit einer der Funktionen identisch ist. Dies ist ein Heraustreten gewissermaßen aus der Identifikation mit dem eigenen Bewußtsein und dem eigenen Unbewußten, ein Verweilen oder ein Versuch, auf der mittleren Ebene zu verweilen. Von diesem Punkt aus, so sagt der Text, „läuft man ohne Lauf, sich bewegend ohne Bewegung (currens sine cursu, movens sine motu)“. Nachdem dieses Stadium erreicht ist, beginnt eine andere Art von

128

Entwicklung. In der Alchemie wie auch in der Persönlichkeitsentwicklung ist das Lösen des Funktionsproblems der erste Schritt, aber es ist ungeheuer schwierig, nur schon so weit zu gelangen.

Fragen und Antworten

Frage: Was geschieht in einem menschlichen Leben, wenn diese Mittelsphäre erreicht wird?

Dr. von Franz: Wie sieht ein Mensch aus, wenn er sich von seinem Wissen um sein Ich oder von seinem Ich-Bewußtsein, von der Identifikation mit bestimmten Funktionen gelöst hat? Ich denke, das naheliegendste und überzeugendste Beispiel liefert die Beschreibung, wie sich buddhistische Zenmeister verhalten. Es wird gesagt, daß die Türe des inneren Hauses geschlossen ist, aber der Meister begegnet jedermann, jeder Situation und allem in der gewohnten Weise. Er führt sein tägliches Leben weiter und nimmt in normaler Art daran teil. Wenn Menschen kommen, um etwas zu lernen, wird er es mit Gefühl lehren. Wenn ein schwieriges Problem vor ihn gestellt wird, kann er darüber nachdenken. Wenn es der richtige Zeitpunkt ist, zu essen, wird er essen, und wenn es der Moment ist, zu schlafen, wird er schlafen; er braucht seine Empfindungsfunktion in der richtigen Form. Wenn es notwendig ist, durch einen Menschen oder eine Situation in einem Intuitionsblitz durchzusehen, wird er dies tun. Er wird sein Ich gebrauchen, um einer bestimmten Situation zu begegnen, ohne jedoch an sie gebunden zu sein. Er wird eine gewisse Art von kindlichem Eifer, den Dingen zu begegnen, verloren haben. Wenn man Menschen, die sich immer noch mit ihrer Denkfunktion identifizieren, ein Denkproblem vorlegt, stürzen sie sich hinein. Dies tun sie notwendigerweise, weil sie zunächst lernen müssen, angemessen und richtig zu denken. Wenn man ihnen aber nach dieser Veränderung ein Denkproblem vorlegt, bleiben sie innerlich gelöst davon, obwohl sie ihr Denken bei diesem Problem anwenden können; sie können von einer Minute zur anderen aufhören zu denken und sind nicht gezwungen weiterzufahren. Es ist schwierig, Beispiele zu bringen, weil es sehr wenig Menschen gibt, die dieses Stadium erreicht haben.

Frage: Könnten Sie den Unterschied beschreiben, von der Art von Disziplin, wie man sie bei der Jungschen Analyse ausübt, verglichen mit derjenigen der zenbuddhistischen Mönche?

Dr. von Franz: Es gibt Analogien, aber ich würde sagen, es ist nicht das gleiche. Unsere Art, das Problem der inferioren Funktion anzugehen, erfordert von allen Individuen eine Art von Disziplin, die eine Analogie zum mönchischen Leben aufweist, im Osten wie auch im Westen. Zum Beispiel muß man lange Zeit mit der Schwierigkeit leben, man muß andere Beschäftigungen aufgeben, um genügend Zeit und Energie für den Integrationsprozeß zu haben, und man muß eine Form von Askese ausüben. Aber das mönchische Leben, sei es im Osten oder Westen, ist eine kollektiv organisierte Lebensform. Man muß zu einer bestimmten Zeit aufstehen, muß bestimmte Arbeiten erledigen und dem Abt gehorchen usw. Im Gegensatz dazu ist die Disziplin, die einem Menschen im Individuationsprozeß zukommt, von innen auferlegt. Es gibt keine äußeren Regeln, darum ist die Sache viel individueller. Wenn Sie diese spontan geschehen lassen, anstatt durch organisierte Disziplin aufzuzwingen, werden Sie sehen, daß die Disziplin von Mensch zu Mensch völlig verschieden ist.

Während einiger Zeit analysierte ich zwei Männer, die Freunde waren; der eine war ein introvertierter Denktypus und der andere ein extravertierter Fühltypus. Die Disziplin des Extravertierten war sehr streng, da er, wenn er nur ein Glas Wein trank oder an einem Nachtessen ein halbe Stunde zu lange blieb, die schrecklichsten Träume hatte. Manchmal erhielten beide Einladungen. Der typisch Introvertierte sagte jeweils, er habe keine Zeit, aber unverzüglich träumte er, daß er zu dieser Einladung gehen sollte. Sein Freund, der die gleiche Einladung erhalten hatte, träumte andererseits, (er hatte sich natürlich schon für seine Kleidung entschieden und wußte auch, welches Mädchen er einladen würde) er sollte der Einladung nicht Folge leisten. Keine Party, zu Hause bleiben! Es war wirklich amüsant zu sehen, wie es für den Introvertierten eine genau so große Pein war, zu diesem Fest zu gehen, wie es für den anderen armen Kerl traurig war, zu Hause zu bleiben! Manchmal tauschten sie ihre Eindrücke aus und sagten: „Das ist wirklich gemein! Ich würde gerne gehen und darf nicht, und du haßt es zu gehen, aber deine Träume sagen: ‚Geh‘.“ Dies ist so eine Art von Disziplin, aber sie ist unsichtbar und sehr genau angepaßt. Das ist der Vorteil von unserer Art, mit dem Problem umzugehen; man bekommt eine sehr angemessene private Disziplin auferlegt – unsichtbar, aber sehr unangenehm.

Frage: Sie haben mehrere Alternativen aufgezeigt, eine von ihnen ist die Erreichung des Mittelgrundes, was so außerordentlich selten zu sein scheint, daß in der Tat nur wenige Menschen so weit gelangen. Eine andere Möglichkeit ist, daß sich ein bestimmtes Maß an Krankheit einstellt, wenn der brüllende Löwe heraufkommt. Gibt es eine weitere Alternative?

Dr. von Franz: Ja. Es gibt viele Leute, die von Zeit zu Zeit das Problem der minderwertigen Funktionen erleben – was ich „sich ins heiße Bad zu setzen und wieder herauszuspringen" genannt habe. Nachher leben sie recht und schlecht weiter mit ihren drei Funktionen, fühlen sich aber dauernd leicht unbehaglich wegen ihrer nichtintegrierten vierten Funktion. Wenn die Dinge zu schlecht laufen, tauchen sie wieder ein bißchen ein, aber sobald sie sich wieder besser fühlen, kommen sie wieder heraus. Im Prinzip verbleiben sie in ihrer trinitären Welt, in der die vierte Funktion der Teufel ist, der in eine Ecke ihres Lebens verbannt bleiben muß. Menschen, die in dieser Phase stecken bleiben, verstehen nie ganz, was Jung mit dem Problem der vierten Funktion meint, und sie verstehen nie ganz, was Individuation wirklich bedeutet. Sie verharren in einer konventionellen Welt der Identifikation mit dem Bewußtsein. Viele Menschen, die sogar eine Jungsche Analyse durchlaufen, kommen nicht weiter als bis zu diesen kurzen Besuchen im vierten Bereich, und wenn sie mit anderen darüber sprechen, versuchen sie nicht wirklich, darin zu bleiben, weil dies höllisch schwierig zu erreichen ist.

Frage: Wie verbindet sich die inferiore Funktion mit dem kollektiven Bösen?

Dr. von Franz: Solange man nicht wirklich in dieses Stadium gelangt, verbleibt das, was ich den Teufel nenne, in einer Ecke. Dies ist nur ein persönlicher Teufel, die persönliche Inferiorität eines Individuums, aber mit ihr kommt ebenso das kollektive Böse hinein. Die kleine offene Türe der inferioren Funktion jedes Menschen ist, was zur Summe des kollektiven Bösen in der Welt beiträgt. Man konnte dies sehr leicht in Deutschland beobachten, als mit der Nazi-Bewegung der Teufel langsam die Lage übernahm. Jeder Deutsche, den ich zu dieser Zeit kannte, und der auf den Nationalsozialismus hereingefallen war, tat dies mittels seiner minderwertigen Funktion. Der Fühltypus wurde von den dummen Argumenten der Parteidoktrin gefangen; der Intuitive wurde von seiner Abhängigkeit vom Geld gefangen – er konnte seine Stelle nicht aufgeben und sah nicht, wie er mit seinem Finanzproblem umgehen sollte. Er war infolgedessen verpflichtet zu bleiben, obwohl er dem System nicht zustimmte. Die inferiore Funktion bildete in jedem persönlichen Bereich die Türe, wo sich einiges des kollektiven Bösen ansammeln konnte. Oder man könnte sagen, daß jeder, der nicht an seiner inferioren Funktion gearbeitet hatte, etwas zu diesem Unglück beisteuerte – in kleinen Portionen – aber die Summe von Millionen von minderwertigen Funktionen trägt zum ungeheuren Bösen bei. Die Propaganda gegen die Juden war in dieser Hinsicht sehr schlau aufgezogen. Zum Beispiel wurden die Juden als die destruktiven Intellektuellen beschimpft, was alle Fühltypen vollkommen überzeugte – eine Projektion ihres minderwertigen Denkens. Oder sie wurden angeklagt, rücksichtslose Geldmenschen zu sein; dies überzeugte den Intuitiven völlig, da sie seine inferiore Empfindung waren, und nun wußte man, wo der Teufel steckte. Die Propaganda benutzte die gewöhnlichen Verdächtigungen, die die Menschen aufgrund ihrer inferioren Funktion gegeneinander haben. Man kann folglich sagen, daß bei jedem Individuum die vierte Funktion nicht nur eine kleine Form von Unzulänglichkeit ist, sondern daß die Summe von all diesen tatsächlich für eine große Menge von Bösem verantwortlich ist.

Frage: Hat die Individuation einen moralischen Aspekt? Ist es eine Frage der Vollkommenheit in einem streng moralischen Sinn?

Dr. von Franz: Der Individuationsprozeß ist ein ethisches Problem, und jemand ohne jede Moral würde gleich zu Beginn stecken bleiben. Aber das Wort Vollkommenheit ist nicht angebracht. Das ist ein christliches Ideal, das nicht ganz mit unserer Erfahrung des Individuationsprozesses übereinstimmt. Jung sagt, der Prozeß scheine nicht auf Vollkommenheit hinzuweisen, sondern auf Ganzheit. Dies bedeutet, daß man sich nicht auf das obere Niveau (des Diagramms) bringen kann, (was ein gleichzeitig hybrider und unerfüllbarer Anspruch wäre) sondern daß man hinuntersteigen muß, und das bedingt eine relative Senkung des Persönlichkeitsniveaus. Wenn man sich in der Mitte befindet, ist die eine Seite nicht so dunkel und die andere Seite nicht so hell, und man neigt dazu, eine Art von Ausgeglichenheit zu erlangen, die weder zu hell noch zu dunkel ist. Aber man muß eine bestimmte Menge von Perfektionsstreben opfern, um zu verhindern, daß sich eine zu schwarze Gegenposition aufbaut. Dies ist ethisch, aber nicht idealistisch. Man muß Illusionen aufgeben, wenn man etwas Vollständiges im menschlichen Bereich erzeugen will.

Frage: Würden Sie sagen, daß die politische Propaganda hauptsächlich ein Wirkfeld der minderwertigen Funktion ist?

Dr. von Franz: Ja, wenn es eine Form von Propaganda ist, die auf das Ziel, Emotionen zu erwecken, aufbaut. Jemand, der solch eine niedere Form von Propaganda praktiziert, weiß jeweils, daß er nicht vernünftig sprechen darf, daß man die Massen fängt, indem man Emotionen weckt. Emotionen können in jedermann zur gleichen Zeit geweckt werden, wenn man die inferiore Funktion heraufbringt, weil – wie ich zuvor gesagt habe – dies eine emotionelle Funktion ist. Darum muß man diese primitiven Gefühle wecken, wenn man zu Intellektuellen spricht. Wenn man mit Universitätsprofessoren spricht, darf man nicht ihre wissenschaftliche Sprache benutzen, weil auf diesem Gebiet ihr Geist klar ist und sie durch alle Schlingen einer Rede durchsehen. Wenn man eine Lüge anbringen will, muß man die Lüge mit viel Gefühl und Emotionen anreichern. Da Universitätsprofessoren im Durchschnitt eine inferiore Gefühlsfunktion haben, werden sie sofort darauf hereinfallen. Hitler beherrschte die Kunst, dies zu tun. Seine Reden zeigen, daß er zu verschiedenen Gruppen sehr unterschiedlich sprach, und er wußte sehr gut, wie die inferiore Funktion aufzuwecken ist. Ein Mann, der bei mehreren seiner Reden anwesend war, erzählte mir, daß Hitler dies jeweils dank seiner Intuition tat. Am Anfang einer Rede war Hitler ziemlich unsicher. Er erprobte jeweils wie ein Klavierspieler verschiedene Themen und erwähnte ein bißchen von dem und ein bißchen von etwas anderem. Er wurde jeweils blaß und nervös, und die SS-Männer wurden ganz aufgeregt, weil der Führer nicht so gut in Form zu sein schien. Aber er erprobte nur den Boden. Dann bemerkte er, daß ein bestimmtes Thema Emotionen weckte, auf welche er sich dann voll stürzte! Das ist Demagogie! Wenn er die inferiore Seite spürte, wußte er, wo die Komplexe lagen, und gerade diese steuerte er an. Man muß in einer primitiven, emotionellen Weise argumentieren, in der Art nämlich, in der die minderwertige Funktion argumentieren würde. Hitler hat dies aber wohl nicht bewußt gemacht. Es war eher so, daß er von seiner eigenen Inferiorität gefangen war, die ihm dieses Talent verlieh.

Ich wurde gefragt, ob Emotionen und Gefühle miteinander verbunden sind. Die Antwort lautet: nur im Falle von inferiorem Fühlen. Emotionen und Gefühle sind in einem Denktypus miteinander verbunden. Wir müssen da an die nationalen Unterschiede zwischen den Franzosen und den Deutschen denken. Die deutsche Sprache hat viele Worte für das Fühlen, diese sind jedoch mit Emotion vermengt, während das französische Wort für Fühlen (‚sentiment') keine Emotionen miteinbezieht, keine Spur davon. Im allgemeinen haben die Franzosen als Nation ein differenzierteres Fühlen, für sie ist dieses darum nichts Emotionelles. Das ist der Grund, warum die Franzosen sich über die deutsche Gefühlsduselei lustig machen und sagen: „Oh, die Deutschen mit ihren schwerfälligen Gefühlen – mit Bier und Gesang und ‚Oh Vaterland' – und all diesem gefühlsvollen Unsinn." Ein Franzose hat ‚sentiment', eine klargeschnittene Sache, nichts Verschwommenes. Dies ist ein Beispiel für einen Fühltypus, der minderwertiges Fühlen einer Nation verdammt, deren Superiorität nicht im Fühlen liegt. Die Deutschen denken viel besser, aber ihre Gefühle sind eher urtümlich, warm und voller Stall-Atmosphäre, aber auch voll von Explosionen!

Frage: Würden Sie die transzendente Funktion mit „Gestalten" gleichsetzen?

Dr. von Franz: Die transzendente Funktion ist verschieden von dem, was im allgemeinen beim „Gestalten" mobilisiert wird oder was gebraucht wird, wenn Menschen ihrer Phantasie freien Lauf lassen. Hier ist es Phantasieren mit einem Ich-Bewußtsein, das einen Standpunkt einnimmt. Diese Aktivität wird vom Individuationsbedürfnis angetrieben. Solange dieses Bedürfnis noch unbewußt ist, ist es ein Element von dauernder Unbefriedigtheit und Ruhelosigkeit, das an den Leuten nagt, bis sie ein höheres Niveau im Leben erreicht haben. Das *principium individuationis* steht hinter der transzendenten Funktion, aber in der Jungschen Psychologie läßt man dies einen nicht einfach plagen, bis man den nächsten Schritt nehmen muß; man wendet sich diesem direkt zu und versucht, ihm durch die aktive Imagination eine Form zu geben. Und dies führt in gewisser Weise zu einer Entfaltung, die das Problem der vier Funktionen überschreitet; der dauernde Kampf der vier Funktionen kommt zum Stillstand.

Frage: Ist dieses Stadium dann ein permanenter Zustand der aktiven Imagination?

Dr. von Franz: Ja, dies ist die Ebene, auf der die aktive Imagination die Kontrolle übernimmt. Mit dem inneren Nucleus des Bewußtseins bleibt man im Mittelgrund, und man identifiziert sich nicht länger mit dem, was auf der oberen oder unteren Ebene geschieht. Man bleibt innerhalb seiner aktiven Imagination, und hat das Gefühl, daß dort der Lebensprozeß weitergeht. Zum Beispiel bemerkte man oft auf der einen Ebene synchronistische Ereignisse und auf der anderen die Träume; aber man hält das Bewußtsein Ereignissen zugewendet, die auf dem Mittelgrund geschehen, auf Ereignissen, die sich innerhalb der aktiven Imagination entfalten. Dies wird die Funktion, mit welcher man sich durch das Leben bewegt. Die anderen Ebenen bestehen zwar für einen, aber man ist nicht darauf zentriert. Das Zentrum der Schwerkraft verschiebt sich vom Ich und seinen Funktionen zu einer Zwischensphäre, in der man Hinweise des Selbst erwartet. Zum Beispiel sagt ein chinesischer Text, der den Prozeß beschreibt, daß das Bewußtsein wie eine Katze ist, die ein Mauseloch bewacht – nicht zu gelangweilt und nicht zu gespannt. Wenn die Katze zu gespannt ist, bekommt sie Krämpfe und verpaßt die Maus, wenn die Katze zu gelangweilt ist, wird die Maus herauslaufen, und die Katze wird sie verfehlen. Diese Art von halbdämmriger bewußter Erwartung richtet sich dauernd auf den inneren Prozeß.

Frage: Hat Jung seine Funktionentheorie in den Religionsstudien über die Trinität und Quaternität angewandt?

Dr. von Franz: Kurz gesagt würde ich dies bejahen. Das heißt, daß sich das Problem der Drei und der Vier mit dem Problem der vier Funktionen verbindet. Es verbindet sich so, wie das archetypische Modell sich mit dem individuellen Grund der Psyche verbindet. Dies ist die strukturelle Neigung, die Funktionen zu entwickeln.

Man findet diesen Archetypus in Mythologien der vier Personen, in den vier Richtungen des Kompasses, in den vier Winden und in den vier Winkeln der vier Ecken der Welt. Es ist auch ein christliches Symbol. Zum Beispiel gibt es die vier Evangelisten, deren Symbole drei Tiere und ein menschliches Wesen sind. Es gibt auch die vier Söhne des Horus, drei von ihnen haben Tierköpfe und einer einen menschlichen Kopf. Dies sind Manifestationen einer archetypischen Grundstruktur in der menschlichen Psyche, in der Anlage eines Menschen. Wann immer ein Mensch versucht, ein Modell des ganzen Seins zu zeichnen – ein Modell der ganzen kosmischen Welt oder des ganzen menschlichen Lebens – neigt er dazu, ein vierfältiges Modell zu gebrauchen. In China findet man es überall. Die vierfältigen Mandalas entstanden immer aus dem Impuls, ein Modell des ganzen Seins zu entwerfen, wo die Menschen nicht eine bestimmte Tatsache darzustellen versuchen, sondern ein allgemeines Phänomen darstellen. Darum wäre es eine vererbte, angeborene strukturelle Veranlagung in der menschlichen Psyche, solche vierfältigen Modelle für die Ganzheit zu gebrauchen.

Die Integration der vier Funktionen im Bewußtsein eines Individuums wäre ein nur sekundäres Produkt dieses Grundmodells. Es ist nicht ratsam, Faktoren der unbewußten Struktur auf das Bewußtseinsfeld zu projizieren, oder die bewußten Funktionen zu gebrauchen, um die archetypische Struktur zu erklären. Das Problem der vier Funktionen im Bewußtsein eines Individuums ist eine der Manifestationen dieser allgemeineren archetypischen Veranlagung. Wenn man zum Beispiel versucht, das Modell der vier Berge in den vier Richtungen der Welt in China zu erklären, oder die vier Winde in den vier Ecken der Welt, indem man sagt, daß das eine das Denken und das zweite eine andere Funktion sein muß, kommt man nirgendswohin. Es stimmt einfach nicht!

Der Archetypus der Quaternio als ein Modell der totalen Situation ist allgemeiner als die vier Funktionen. Es wäre darum starrköpfig, das Dogma der Trinität und das Problem der vierten Person in der Trinität, sei es die Jungfrau Maria oder der Teufel, auf das Problem der Funktionen zu reduzieren. Eher könnte man es umgekehrt ansehen; es ist ein allgemeines archetypisches Problem, aber es nimmt beim Individuum die Form der vier Funktionen an. Zum Beispiel ist in der christlichen Religion der Teufel das Symbol des absoluten Bösen in der Gottheit, aber es wäre sehr vermessen, wenn man dem inferioren Denken oder dem inferioren Fühlen eine solch große Ehre gewähren würde und es den Teufel in Person nennen würde. Das wäre eine eher inflationäre Erklärung der eigenen Inferiorität! Ebenso können Sie nicht sagen, daß Ihre drei relativ entwickelten Funktionen mit der Dreifaltigkeit identisch sind! Das wäre plump und lächerlich. Nichtsdestotrotz können Sie sagen, daß da eine gewisse Verbindung besteht, da sich das Böse, Negative und Zerstörerische mit der minderwertigen Funktion in einem Individuum verbindet.

Ich kann ein Beispiel nennen, wie diese Verbindung wirkt: Eine intuitive Person mußte mir einen Brief mit für mich sehr angenehmen Nachrichten nachsenden, aber sie war sehr eifersüchtig und verlegte den Brief. War es ihre inferiore Funktion, die ihr den Brief mit den guten Nachrichten verlegte, oder war es ihr intrigierender, eifersüchtiger Schatten? Es war beides! Der intrigierende, eifersüchtige Schatten erwischte sie via ihrer inferioren Funktion. Man kann solch einen Menschen nie zur Verantwortung ziehen – man kann nur sagen: „Oh, das war ihre inferiore Empfindung, erwähnen wir es nicht mehr." Aber es ist typisch genug, daß sich der Schatten, die negativen Strebungen, in die inferiore Funktion hineinschleichen. Ich erinnere mich noch eines solchen Falles: Ein Mann, ein Fühltypus, war sehr eifersüchtig, weil eine Frau, an der er großes Interesse hatte, eine starke Übertragung auf Jung hatte. Infolgedessen fühlte sich dieser Mann von ihr abgewiesen. Sie schaute ihn nicht an, und dies traf ihn zutiefst. Er kam lange Zeit nicht darüber hinweg. Schließlich schrieb er ein Buch gegen die Jungsche Psychologie, das voll von falschen Zitaten war, und in dem er eine „neue, bessere Philosophie" vorstellte. Auf dem Fühlniveau – seiner Hauptfunktion – konnte dieser Mann nicht so etwas Gemeines unternehmen; er konnte Jung als Menschen nicht direkt angreifen, weil sein Fühlen zu differenziert war. Er sah ganz klar, daß Jung nichts an der Übertragung dieser Frau ändern konnte und auch nichts damit zu tun hatte. Seine Gefühle blieben also anständig. Aber sein inferiores Denken wählte die Motivation – die nur niederträchtige Eifersucht und nichts anderes war – und erzeugte den höchst erstaunlichen Ramsch. Er war nicht einmal fähig, die Zitate von Jung richtig abzuschreiben, weil er von seinen Schattenimpulsen so verblendet und weggespült wurde. Schattenimpulse, zerstörerische Regungen, Eifersucht, Hass und so weiter erwischen einen im allgemeinen über die inferiore Funktion, weil das der schwache Punkt ist; dort haben wir keine Kontrolle über uns selbst, dort sind wir dauernd der Auswirkungen unserer Aktionen unbewußt. Darum greifen jene destruktiven oder negativen Neigungen in dieser Ecke an, und dort kann man sagen, daß der Teufel etwas mit der vierten Funktion zu tun hat, weil er die Menschen über sie erwischt. Wenn man in mittelalterlicher Sprache reden würde, könnte man sagen, daß der Teufel die Menschen zerstören will und immer versucht, uns durch unsere minderwertige Funktion zu erwischen. Durch die vierte Tür unseres Innenraumes können die Engel hereinkommen, aber eben auch die Teufel.

DIE AKTIVE IMAGINATION
IN DER PSYCHOLOGIE
C. G. JUNGS

Es ist meine Aufgabe, über die „aktive Imagination" in der Psychologie C. G. Jungs zu referieren, welche bekanntlich eine bestimmte Form der dialektischen Auseinandersetzung mit dem Unbewußten darstellt. C. G. Jung hat diese um 1916 in seiner Arbeit an sich selber zu entdecken begonnen[1] und zum ersten Male 1929 in seiner Einleitung zu Richard Wilhelms „Geheimnis der goldenen Blüte" und in den „Beziehungen zwischen dem Ich und dem Unbewußten" 1933 ausführlich beschrieben.[2] Er fand, daß eine heilsame Wirkung eintritt, wenn man versucht, im Wachzustand Inhalte des Unbewußten zu objektivieren und sich mit ihnen bewußt auseinanderzusetzen. Dies kann durch Malen, Modellieren (seltener durch Tanzen) und hauptsächlich durch Niederschreiben von innerlich beobachteten Ereignisserien, worunter das Gespräch mit inneren Figuren eine besonders ausgezeichnete Rolle spielt, geschehen.

---

1 Vgl. „Die transzendente Funktion" in *G. W.*, Bd. 8, S. 79 ff.
2 Es ist erstaunlich, daß Dr. Wolfgang Kretschmer in seinem Aufsatz „Die meditativen Verfahren in der Psychotherapie" (Ztschr. f. Psychotherapie u. mediz. Psychologie, Bd. 1 No. 3, Mai 1951), in einer ausführlichen Diskussion der verschiedenen Techniken v. Schultz-Henke, Carl Happich, René Desoille und Fried. Mauz u. a. die aktive Imagination von C. G. Jung, welche bedeutend früher entwickelt und publiziert wurde und auf die oben erwähnten Psychologen unbestreitbar eingewirkt hat, mit keinem Wort erwähnt.

Vergleicht man die niedergeschriebenen Ereignisse und Gespräche mit Träumen, so sieht man, daß die Beteiligung des Bewußtseins denselben Inhalten einen wesentlich einheitlicheren, konzentrierteren und oft auch dramatischeren Charakter verleiht. Im Gegensatz zum Traum, der ein reines Erzeugnis des Unbewußten darstellt, verleiht die aktive Imagination demjenigen seelischen Faktor Ausdruck, den Jung als die transzendente Funktion bezeichnet, d. i. diejenige Funktion, welche eine Synthese der bewußten und unbewußten Persönlichkeit zuwege bringt. Daher bewirkt die aktive Imagination gleichsam eine intensiviertere und – verglichen mit der bloßen Traumanalyse – beschleunigte Reifung der Persönlichkeit.

Bevor ich aber auf die allgemeineren Aspekte des Themas näher eingehe, möchte ich zuerst einige praktische Klärungen anbringen.

Die aktive Imagination wird von Menschen, die sie nicht, oder nicht unter Aufsicht eines sie verstehenden Lehrers ausüben, leicht mit der sogenannten passiven Imagination verwechselt, d. h. sie verwechseln sie mit jenem „inneren Kino", den fast jeder etwas phantasiebegabte Mensch in entspanntem Zustande, z. B. vor dem Einschlafen, vor seinem inneren Auge ablaufen lassen kann. Aber auch das innere Selbstgespräch mit einem Komplex, Affekt, oder in einer vorgestellten Situation, wie man es unwillkürlich oft führt, ist keineswegs mit der aktiven Imagination zu verwechseln. Bei den erwähnten Formen des Imaginierens „weiß" der Beteiligte nämlich (gleichsam in einer anderen Ecke seiner Seele) die ganze Zeit, daß alles „nur" Phantasie ist; wüßte er es nicht, so wäre sein Zustand als eher bedenklich anzusehen. Die aktive Imagination, welche Jung *cum grano salis* auch als „antizipierte Psychose" bezeichnet hat,[3] unterscheidet sich von jenen Formen des Phantasierens darin, daß der Mensch als Ganzer, und bewußt, in das Geschehen eintritt. Ich möchte das an einem Beispiel illustrieren: eine Analysandin erzählte Jung eine Imagination, die sie begonnen hatte und die folgendermaßen lautete: „Ich befand mich an einem Meeresstrand – da kam ein Löwe auf mich zu – er verwandelte sich in ein Schiff und war auf dem Meer draußen …" Jung unterbrach sie: „Unsinn, wenn ein Löwe auf Sie zukommt, so haben Sie eine Reaktion, Sie warten nicht ab und schauen einfach zu, bis sich der Löwe in ein Schiff verwandelt." Man könnte auch sagen: daß die Analysandin keine Reaktion hatte: z. B. Furcht, Abwehr, Staunen etc. beweist, daß sie das Bild des Löwen nicht völlig ernst nahm, sondern in irgendeiner Ecke ihrer Seele dachte: „das ist ja nur ein Phantasie-Löwe." Viele Anfänger glauben auch, man könne, wenn etwas im Ablauf des Phantasiegeschehens schiefgeht, den Film gleichsam zurückdrehen und noch einmal anders spielen. Eine Analysandin hatte in der Phantasie das Haus ihrer Kindheit, wo sie ein krankes Kind (ihre eigene Infantilität) gefunden hatte, aus „hygienischen" Gründen evakuiert und niedergebrannt, dann aber realisiert, daß dies ein Fehler gewesen war, weil dadurch das kranke Kind zu rasch entwurzelt wurde. So stellte sie sich kurzerhand vor, das Haus sei doch wieder da, und „spielte" dann die Phantasie mit dem Kind darin weiter. Auch hier sehen Sie das Beispiel einer Imagination, die keine echte aktive Imagination ist – das Geschehen ist nicht real und ernstgenommen, denn was wirklich geschieht, ist bekanntlich irreversibel.

Ein weiterer Fehler, der oft begangen wird, besteht darin, daß der Meditierende nicht wirklich als er selber,

---

3 Mysterium Coniunctionis 1956, *G.W.*, Bd. 11, S. 309.

sondern als fiktive Persönlichkeit in das innere Geschehen eintritt, [4] womit er natürlich dasselbe des Charakters einer echten Auseinandersetzung und Synthese des Bewußten und Unbewußten beraubt. Dieser Fehler ist oft so subtil, daß man ihn nur an den Reaktionen der Träume und am Fehlen jeglicher Wirkung indirekt feststellen kann. Wenn das Imaginieren sehr leichtfällt, so ist das oft verdächtig, denn die wirkliche „aktive Imagination" ist eine ausgesprochene Leistung, die am Anfang selten länger als 10–15 Minuten gelingt und als anstrengend empfunden wird. Auch melden sich am Anfang oft Schwierigkeiten, von denen folgende die bekanntesten sind: eine Art von Bewußtseinskrampf, der bewirkt, daß einem „nichts einfällt".

Eine andere typische Schwierigkeit äußert sich in einem Trägheitswiderstand und unüberwindlichem Ekel oder darin, daß eine negative innere Stimme andauernd sagt, das sei ja alles nicht echt, das mache man ja doch nur selber. Jung sagt: „Das Geschehenlassen, das Tun im Nicht-Tun, das Sich-lassen des Meisters Eckart wurde mir zum Schlüssel, mit dem es gelingt, die Türe zum Weg zu öffnen: Man muß psychisch geschehen lassen können. Das ist für uns eine wahre Kunst, von welcher unzählige Leute nichts verstehen; indem ihr Bewußtsein ständig helfend, korrigierend und negierend dazwischen springt und auf alle Fälle das einfache Werden des psychischen Prozesses nicht in Ruhe lassen kann." [5] Während die zwei ersten Schwierigkeiten nur mit Geduld bzw. Mut zur Objektivität überwunden werden können, läßt man meiner Erfahrung nach die Zweiflerstimme am besten einfach reden und antwortet ihr: „Möglich, daß es nicht echt ist, aber ich mache vorläufig

4 Mysterium Coniunctionis 1. c., Bd. 11, S. 307.
5 Kommentar zu „Das Geheimnis der goldenen Blüte", 1929/1965, in *G. W.*, Bd. 13, S. 16 f.

einmal weiter." Meistens geschieht dann etwas, das einen von der unheimlich lebendigen Eigenwirklichkeit des Gesprächspartners überzeugt und wovon man weiß: „Das hätte ich nie bewußt erfinden können." Ob eine „aktive Imagination" echt ist oder nicht, merkt man wohl am besten an der Wirkung, denn diese ist im positiven wie im negativen Sinn enorm und unmittelbar fühlbar. Deshalb ist die „aktive Imagination" ein so gefährliches Instrument und sollte meist nicht ohne erfahrene Aufsicht ausgeübt werden. Sie kann, wie Jung betont,[6] latente Psychosen zum Ausbruch bringen. Solche Patienten gleiten dann während der Anwendung in ein psychotisches Intervall ab. Eine weitere Gefahr ist das Auftreten somatischer Symptome. Ich erinnere mich an folgendes Beispiel: Bei einem Künstler, der sich wegen einer Neigung zum Alkoholismus und allgemeiner Desorientierung in eine Analyse begeben hatte, trat in den Träumen immer wieder eine bestimmte Schattenfigur auf (nennen wir sie Albert). Diese war ein schizoider, hochintelligenter, völlig zynischer und amoralischer Mann, der in Wirklichkeit längst Selbstmord begangen hatte. Da wir diesem „Schatten" nicht beikommen konnten, riet ich dem Künstler, sich einmal mit diesem inneren Albert in einem Gespräch gründlich auseinanderzusetzen, was er mit viel Mut und Offenheit unternahm. Albert zog aber alles, was der Künstler sagte, sehr klug in den Schmutz: er lasse sich ja nur behandeln, weil er vor den Folgen des Alkohols Angst habe; er sei nichts wert, ein Feigling, der sich nun noch durch die Psychologie retten wolle etc. etc. Seine Argumente waren so klug und scharf, daß der Künstler an einem bestimmten Punkt der Diskussion sich geschlagen fühlte, traurig Albert Recht gab und das Gespräch abbrach. Kurze Zeit

6 Mysterium Coniunctionis, l. c., Bd. 11, S. 309.

darauf trat ein psychogener Herzanfall auf; der herbei-
gerufene Arzt konstatierte, daß nichts Organisches
fehle; der Zustand war aber ziemlich beängstigend. Es
ist bezeichnend, daß das Herz, der symbolische Sitz des
Gefühls, revoltierte. Ich machte den Künstler darauf
aufmerksam, daß er zwar intellektuell von Albert geschlagen war, daß es aber Argumente des Herzens gebe,
die er nicht gegen ihn ins Feld geführt habe. Er kehrte
daher zu seinem inneren Gespräch zurück. Albert
höhnte sofort: „So, da hat Dir also Deine Seelengouver-
nante einen guten Rat gegeben, das kommt ja gar nicht
von Dir", usw.; aber diesmal ließ der Künstler sich nicht
umwerfen, sondern behielt seine Füße auf dem Boden
und gewann die Oberhand über Albert. Die Nacht darauf träumte er, Albert sei gestorben, und seither trat
diese innere Figur, von der er vorher jede Woche minde-
stens zweimal geträumt hatte, in den nächsten Jahren
nur noch ein einziges Mal in einem Traum auf, und da
zudem nicht mehr ganz als der alte „Albert", sondern in
positivem Sinn verändert. Zugleich begann eine Phase
ganz neuer und für mein Gefühl bedeutender künstleri-
scher Leistung.

Damit kommen wir zu einem, vielleicht sogar dem wesentlichsten Aspekt der aktiven Imagination: sie ist ein
Mittel, das Unbewußte zu beeinflussen. Zwar bewirkt
auch das richtige Verstehen eines Traumes, wenn es
mehr als intellektuell ist, eine Veränderung der bewußten Person, was wiederum eine Rückwirkung auf das
Unbewußte hat; aber die Wirkung ist ungleich stärker
bei der aktiven Imagination. Außerdem hängt ein
Traum und das Ihn-verstehen-Können gleichsam von
der Gnade des Hl. Geistes ab, die aktive Imagination
aber gibt uns einen Schlüssel in die Hand, uns wenigstens in einem bescheidenen Rahmen frei zu konstituieren. Sie ist daher ein unschätzbares Mittel für den Analysanden, sich weniger infantil abhängig von seinem

Analytiker entwickeln zu können, und ist ferner bei all denen ein erlösendes Erlebnis, die das Schicksal – Heirat, Berufswechsel, Rückkehr in die Heimat, Tod des Analytikers – von ihrem Analytiker räumlich trennt. Darüber hinaus aber und viel wichtiger ist es, daß die aktive Imagination überhaupt die Eigenständigkeit des Analysanden ermöglicht; ja, Jung hat das Annehmen und Ausüben dieser Meditationsform einmal als den Prüfstein des Analysanden bezeichnet, dafür, ob er die Verantwortung für sich selber auf sich nehmen oder für immer als Parasit seines Analytikers leben will. Auf derselben Linie der befreienden Wirkung liegt die Tatsache, daß die aktive Imagination eine ungewöhnlich direkte Affektbearbeitung ermöglicht, welche aus dem Engpaß der Unterdrückung oder Abreaktion, wovon erstere ungesund, letztere äußerlich oft unmöglich ist, hinausführt. Ich erinnere mich an das Beispiel eines jungen Mädchens, das an einem sehr ausgesprochenen, negativen Mutterkomplex und leicht paranoiden Vorstellungen litt. Die Ironie des Schicksals wollte es, daß es sein Studentenzimmer bei einer alten, in der ganzen Umgebung berüchtigten, bösen und total paranoischen alten Frau mietete, die sie gleich nach Strich und Faden zu schikanieren begann, was natürlich unselig in die subjektive Situation der Studentin „einhakte". Es gehörte zu den Abmachungen, daß die Mieterin im Rhein, der vor dem Hause vorbeifloß, baden durfte. Aber eines Tages verbot ihr die alte Frau ohne dringenden Anlaß für immer das Vergnügen. Die Studentin besaß genug Selbstbeherrschung, nach außen die Sache zu akzeptieren, war aber von ihrer eigenen Wut derart „gestört", daß sie noch nach ganzen zwei Stunden des Vor-sich-hin-Schimpfens und Abreagierens nicht zu ihrer geistigen Arbeit zurückkehren konnte. Bekanntlich sind solche Affekte sehr unrentabel und erschöpfend, und daß man „Recht hat", hindert nicht, daß einen die eigene

Wut „auffrißt". Die Studentin machte nun folgende aktive Imagination: Sie sah den Fluß mit einem Schild darin, „Baden verboten", und hohe Wellen darum herum. Die „Zweifler"-stimme sagte: „Ach, das ist ja nur ein Bild Deiner eigenen Emotionen" – aber sie fuhr mit der Phantasie unbeirrt fort. Die Wellen teilten sich und heraus kam ein ca. 80 cm hoher froschartiger schwarzer Gnom. Sie dachte: „Ach, das ist ja mein personifizierter Affekt" – fuhr aber fort, objektiv hinzusehen, was nun geschah. Der Gnom patschte auf Froschfüßen auf das Haus zu und sie dachte voll Schreck: „Oh Gott, sicher will er die Alte ermorden, oder plötzlich explodiert er vielleicht wie ein Paket Dynamit!" Ein moralischer Konflikt begann in ihr: „Soll ich ihn ins Haus einlassen – ich darf doch nicht einen Mord zulassen? – aber wenn ich es verweigere, und er auf mich böse wird?" Sie beschloß, den Gnom, der an der Türe läutete, einzulassen und ihn zu fragen, was er wolle. Er deutete sogleich mit Gesten, er wolle zu der alten Frau hinauf. Erneuter Konflikt wegen des Mordproblems. Die Studentin beschloß hierauf zwar, an der Wohnung der alten Frau zu läuten, aber neben dem Gnom stehenzubleiben, um ihn an seiner eventuellen Untat zu hindern. Die Alte nahte, um die Tür zu öffnen. Da durchfuhr die Studentin der Gedanke, wie unendlich komisch und verblüffend es auf die alte Frau wirken mußte, wenn sie da mit dem schwarzen froschfüßigen Zwerg stehe, und sie mußte lachen. Die Alte machte tatsächlich ein sehr blödes, erstauntes Gesicht. Die Studentin aber sagte: „Dieser Herr möchte mit Ihnen sprechen, Frau X." Verlegen bat die Alte die beiden in ihre gute Stube, in der, nebenbei bemerkt, die Studentin realiter noch nie gewesen war. (Als sie viel später einmal hineinkam, entdeckte sie zu ihrem Erstaunen, daß sie sich in der aktiven Imagination die Stube genau, wie sie wirklich war, vorgestellt hatte.) Als nun die beiden nebeneinander auf einem Plüschsofa der

Alten gegenüber Platz genommen hatten, begann der
Zwerg der Frau zweideutige erotische Witze zu erzählen,
die sie so sehr erfreuten, daß sie die Studentin fort-
schickte, um mit dem netten „Herrn" allein zu sein. –
Die Studentin „tauchte" aus dieser Phantasie wieder ins
Bewußtsein „auf" in einer vergnügten, detachierten
Stimmung und konnte sich ohne weiteres wieder ihrer
geistigen Arbeit widmen. Als sie gegen Abend der alten
Zimmervermieterin auf der Treppe begegnete, mußte sie
in Gedanken an die Geschichte lächeln. Und nun eine
weitere unerwartete Wirkung: die alte Frau war objektiv
wie verwandelt. Bis zu ihrem Tode plagte sie die Studentin kein einziges Mal mehr.

Die befreiende Wirkung in dieser Imagination hängt
mit einem archetypischen Motiv zusammen: daß nämlich die in finsterem Zorn und Gram versunkene „große
Mutter" durch derbe Späße zur Menschlichkeit zurück-
gebracht werden kann, wissen wir aus dem Demeter-
Mythos. Noch heute zeigt man in den Ruinen von Eleu-
sis den runden Zisternenschacht, an dem die grollende
und trauernde Demeter saß, als sich vor ihr die Magd
Baubo mit einem derben Witz entblößte und so die Göttin zum ersten Mal wieder zum Lächeln brachte. Nach
gewissen Kultinschriften sind aber Baubo, Demeter und
ihre Tochter Kore ein und dieselbe Göttin! Daß phalli-
sche Gnomen (Kabiren) als Gefährten seit ältester Zeit
die „große Mutter" begleiten, ist vielen sicher bekannt.
Der Studentin waren diese archetypischen Hintergründe
zwar bekannt, aber nicht gegenwärtig. Man sieht auch
an diesem Beispiel, wie das skeptisch kommentierende
Bewußtsein falsch kombiniert, denn Zwerge sind (im
Gegensatz zu den Riesen) keine Personifikationen von
Affekten, sondern von schöpferischen Impulsen, so daß
die Erscheinung bereits eine gestaltende Kraft angenommen hatte, wo das Bewußtsein in seinen „vernünftig" statistischen Annahmen einen zerstörerischen Af-

fekt vermutete. Sie könnten meinen, diese Imagination sei nicht sehr aktiv! – und es ist wahr, daß sie verhältnismäßig passiv und kinoähnlich abläuft, aber sie war doch insofern echt, als die Studentin an gewissen Momenten vollbeteiligt ethisch entschied – einerseits, den Gnom trotz seiner Gefährlichkeit einzulassen, andererseits ihn aber an einem Mordversuch an der Alten zu hindern. Natürlich hätte sie noch ganz anders handeln können, z. B. dem Kabir sagen, sie lasse ihn nicht ein, wenn er nicht zuerst bekenne, was er wolle. Wenn ich die aktiven Imaginationen von Analysanden anhöre, denke ich oft an gewissen Stellen: „So hätte ich da nicht gehandelt!" Aber gerade daran ersieht man, wie sehr das Resultat eine persönlich bedingte, einmalige Ereignisserie (die Engländer würden sagen „a just-so-story") darstellt, wie die individuelle Lebenswirklichkeit selbst. Daß die paranoide alte Frau auch gewandelt wurde, ist unheimlich, aber nicht ungewöhnlich, und damit kommen wir auf ein weiteres Gefahrenmoment zu sprechen, das der aktiven Imagination innewohnt: die Gefahr, daß sie als „schwarze Magie" mißbraucht wird, indem man sie, um ichhafte Zwecke zu erreichen oder andere zu beeinflussen, anwendet. Eine junge Analysandin brachte mir einmal einen Traum, welcher aussagte, daß sie einer Hexe verfallen sei. Als ich nach ihren inneren und äußeren Tätigkeiten der letzten Tage forschte, berichtete sie, daß sie eine aktive Imagination – so wenigstens nannte sie es – gegen (!) einen ihrer Bekannten gemacht habe. Letzterer hatte sie geärgert und sie hatte in einer Phantasie geschwelgt, worin sie ihn köpfte, räderte, anspuckte etc. Sie wollte damit, wie sie sagte, „ihre Wut abreagieren". Nicht ich, aber ihr eigenes Unbewußtes fand den richtigen Namen für das, was sie getan hatte, – nicht aktive Imagination, sondern Hexenwerk. Ein solcher Mißbrauch der Imagination ist sehr gefährlich, er wirkt leider besonders auf schizoid gefährdete Menschen sehr

150

attraktiv und bringt sie nicht aus dem Sumpf heraus, sondern im Gegenteil in psychotische Gefahr. Das Imaginieren als „Liebeszauber" oder in Richtung des eigenen Größenwahns (Heldenphantasien) gehört in dieselbe Kategorie. Wunscherfüllungsphantasien haben aber natürlich weniger als nichts mit der eigentlichen aktiven Imagination zu tun. Im Falle der oben erwähnten Studentin bestand keinerlei Absicht, die alte Frau zu beeinflussen; die Studentin wollte wirklich nur die destruktive Wirkung des eigenen Affektes loswerden. Diese ethische Reinheit der Gesinnung ist eine der wesentlichsten Grundvoraussetzungen für jede aktive Imagination.

Für Analysanden ist die Anwendung der aktiven Imagination nicht immer ratsam; sie ist auch schon dadurch beschränkt, daß sehr viele ihre Widerstände dagegen einfach nicht überwinden können und dann auch wohl nicht genötigt werden sollten. Ferner ist es, wie erwähnt, bei latenten Psychosen ausgesprochen gefährlich. Auch bei schizophrenen Grenzfällen ist die Ichschwäche oft so groß, daß diese Meditationsform kaum ratsam ist, aber auch da gibt es Ausnahmen – gerade in einem solchen Fall erlebte ich einmal, wie sie erlösend wirkte und den Heilungsprozeß ungewöhnlich beschleunigte. Sonst ist die Anwendung angezeigt: wenn entweder ein Überdruck des Unbewußten besteht, d.h. zu viele Träume und Phantasien auftreten, oder umgekehrt, wenn das Traumleben blockiert ist und nicht „fließt". In allen Fällen aber, wo innere Selbständigkeit gesucht wird, bietet die aktive Imagination eine einzigartige Möglichkeit, diese zu verwirklichen. Das Element der raschen, wirkungsvollen Selbstbefreiung von obsedierenden Affekten und Vorstellungen macht die aktive Imagination zu einem besonders wichtigen Instrument für den Psychotherapeuten selber. C. G. Jung sieht es sogar als unerläßlich an, daß der Analytiker diese Meditationsform beherrsche. Bekanntlich sind starke Emotionen sehr ansteckend, und es ist schwer, und vielleicht auch oft für den Behandelnden gar nicht angezeigt, sich ihrer Ansteckung zu entziehen, denn es braucht ja „Sym-pathie", „Mit-Leiden", um helfen zu können. Desgleichen wirkt das Anhören und Ansehen-Müssen von perversen morbiden Phantasien oder Bildern unwillkürlich gleichgewichtsstörend, denn der Eindruck von etwas Häßlichem hinterläßt, wie Jung einmal sagte, etwas Häßliches in der eigenen Seele. Man kann bei solchen „Eindrücken" dann aber nicht immer auf einen heilenden Traum warten oder zusehen, bis sie infolge der eigenen Instinktgesundheit von selbst verblassen. Besonders, wenn an demselben Tag noch andere Analysanden kommen, kann man sie ja nicht in einem so gestörten Zustand empfangen und damit die Ansteckung gleichsam weitertragen. Eine kurze aktive Imagination – sie braucht in solchen Fällen selten mehr als 10 Minuten zu dauern – kann man aber immer einschieben und sich so befreien. Wenn die Zeit hierfür nicht reicht, kann manchmal der ehrliche Entschluß, die Störung nachher durch aktive Imagination zu verarbeiten, bereits helfen. Psychotherapeut ist wohl letztlich der, der sich selber heilen kann. Der Hund gilt nach Aelian als Tier des Heilgottes Asklepios, weil er Gras zu fressen wisse, das ihn schädliche Nahrung wieder ausspeien läßt, und weil er mit seinem desinfizierenden Speichel die eigenen Wunden leckt! Zircumpolare Völker unterscheiden den Geisteskranken vom Medizinmann folgendermaßen: Der Geisteskranke ist von Geistern und Dämonen besessen; Medizinmann und Schamane aber ist derjenige, der zwar auch besessen wird, aber sich selber wieder befreien kann.[7] Häßli-

---

7 Vgl. Mircea Eliade, *Schamanismus und archaische Ekstasetechnik,* Zürich 1957, S. 38 ff.

che Affekte und morbide perverse Vorstellungen wirken tatsächlich wie Dämonen, sie fahren in uns hinein und obsedieren uns; die richtige aktive Imagination aber ist eine in Symbolen verwirklichte schöpferische Befreiungstat. Sie könnte als eine gefährliche Tendenz zur „Selbsterlösung" mißverstanden werden; in Wahrheit ist diese Gefahr gebannt, da die richtige Anwendung nur „religiös", d. h. unter ehrfurchtsvoller, gewissenhafter Berücksichtigung des Numinosen geschehen kann.

Außer der in den Beispielen erwähnten schützenden Eigenschaft ist sie aber noch in viel höherem Maße das Vehikel dessen, was Jung als Individuationsprozeß bezeichnet hat, der vollständigen und bewußten Selbstverwirklichung der individuellen Ganzheit, von der wir bereits vieles und Eindrückliches von früheren Rednern gehört haben. Durch diesen Prozeß wird die „imago Dei" im Individuum erlebt und beginnt ihren Einfluß über das Ich hinaus zu verwirklichen. Letzteres aber wird zum Diener ihrer Verwirklichungstendenzen – ein Diener, ohne den allerdings sich das Selbst nicht in unserer zeiträumlichen Dimension inkarnieren kann. Die kleinen praktischen Beispiele, welche ich Ihnen als Illustration des Wesens der aktiven Imagination gab, stellen nur sehr kleine Ausschnitte innerhalb eines solchen individuellen Entwicklungsprozesses dar, in denen sogar der Archetypus des Selbst, der Ganzheit, gar nicht auftritt. Wenn aber dasselbe Meditationsverfahren zeitlich länger und auf wesentlichere Lebensprobleme angewendet wird, so tritt empirisch fast immer dieser zentrale Inhalt, d. h. das Selbst, deutlich hervor, und in diesen wesentlicheren Zusammenhängen drängt sich eine gewisse Parallelität zu den verschiedenen religiösen Meditationswegen auf. Deshalb hat auch C. G. Jung in einer Reihe von Vorlesungen an der ETH in Zürich seine Auffassung des Unbewußten mit den östlichen Yogaformen, den Exerzitien des Hl. Ignatius v. Loyola und den Meditationspraktiken der Alchemisten ausführlich verglichen. Daraus ergibt sich, daß die letzteren mehr als die ersteren mit der Jungschen aktiven Imagination verwandt sind,[8] und zwar aus folgendem Grund: in den östlichen Yogaformen, vielleicht mit Ausnahme der Zenbuddhistischen Meditation, auf die ich noch zurückkommen werde, übernimmt der „Guru" weitgehend die Führung und werden auch in den Texten gewisse Anleitungen gegeben, welche den Schüler möglichst zu dem Erlebnis dessen, was wir als das Selbst bezeichnen, geleiten. In den christlichen Exerzitien ist dieses Bild des Selbsts in Christo veranschaulicht und wird der Schüler ebenfalls angeleitet, sich ihm auf bestimmte Art innerlich zu nähern. Vor Störfaktoren wird er in beiden Fällen gewarnt und es wird ihm gesagt, wie er sie als „Versuchungen abtun oder verscheuchen solle".[9] Verglichen aber mit all diesen Vorgehen ist die Jungsche aktive Imagination viel unprogrammatischer. Es gibt kein Ziel, das erreicht werden sollte (keine „Dressur zur Individuation"), keine Vorlage, kein Bild, keinen Text etc. als Wegleitung, keine vorgeschriebene Körperhaltung, Atemkontrolle etc. (keine Couch – kein Mitphantasieren des Analytikers). Man beginnt einfach mit dem, was sich von innen aufdrängt, oder mit einer relativ unfertig wirkenden Traumsituation oder momentanen Stimmung; tritt ein „Störfaktor" auf, so ist es dem Meditierenden

---

8 Vgl. besonders Mysterium Coniunctionis, Bd. 11, S. 306 ff.
9 Mit Ausnahme, meines Wissens, eines mittelalterlichen Textes: Hugo v. St. Viktors Gespräch mit seiner Seele; Soliloquim de arrha animae, in diesem erscheint der Meditierende so ehrlich überzeugt, daß Christus das wahre Ziel der eigenen Seele ist, daß er diese, die an der Welt hängt und ihrer Bekehrung lebhaften Widerstand leistet, ohne Zwang, nur aus liebender Überzeugung, zu jenem Ziele bringt.

selber freigestellt, ihn als „Störfaktor" anzusehen oder nicht und erst recht, wie er auf ihn reagieren soll. Jeder Schritt wird dadurch eine einmalige, verantwortliche individuelle Entscheidung und deshalb eben auch eine einmalige so-seiende Synthese von bewußten und unbewußten Tendenzen. Nehmen wir z. B. an, der Imaginierende strebe in der Phantasie einem hohen Berggipfel zu, und schöne Frauen kämen und wollten ihn in die Tiefe locken. Da sagen wir ihm nicht: „Das ist eine erotische Phantasie, eine Versuchung, die Dich von Deinem hohen Ziel abhalten will", aber auch nicht: „Das ist ein Stück Leben, was Du vor dem Aufstieg integrieren solltest!" – wir sagen gar nichts; der Imaginierende muß selbst erforschen, was da an ihn herantritt, und selber entscheiden, was er damit tun soll – genau wie im äußeren individuellen Leben auch. Diese absolute Freiheit ist wohl das, was die aktive Imagination im Sinne Jungs von fast allen anderen bekannten Meditationsformen unterscheidet und am meisten der „imaginatio vera" der Alchemisten ähnlich macht. Die Alchemisten nämlich experimentierten mit dem ihnen völlig unbekannten Wesen der materiellen Wirklichkeit und ihrem psychischen Aspekt – auch sie hatten kein Programm, sondern suchten im Dunkeln einzig die echte eigene Erfahrung; sie hatten keine oder nur vage intuitive Anschauungen, worum es ging, und keine von außen übernommene ethische Richtlinie des Verhaltens außer der eigenen inneren Stimme. Sie suchten die „göttliche Wirklichkeit" im Hier und Jetzt der stofflichen Existenz, mehr wußten sie meist selber nicht. Darum gleicht ihr Vorgehen, auch ihr symbolisches Erleben demjenigen mancher moderner Menschen in besonderem Maße.

In der völlig programmlosen Freiheit gleichen die Annäherungsschritte zum Sartori-Erlebnis des Zen-Buddhismus dem Jungschen Vorgehen vielleicht auch noch am ehesten. Auch hier besteht einzig die Tatsache, daß manche Meister eine wirkliche Erfahrung des Selbst besitzen und aus ihr heraus leben – alles andere ist unvorhergesehene und unvorhersehbare Wirkung. Der einzige Unterschied zur Jungschen aktiven Imagination, den ich hier sehen kann, liegt in folgendem: im Zen-Buddhismus – so wenigstens versicherte mir in einer Diskussion einmal Prof. D. T. Suzuki – werden aufsteigende Phantasiebilder und Träume nicht als wesentlich angesehen, sondern im Gegenteil als verhältnismäßig unwesentliche Elemente, welche das „wahre Wesen" noch verdecken. Der Meister versucht den Schüler davon loszulösen wie von seinen anderen falschen Ich-Verhaftungen. In der aktiven Imagination Jungs hingegen bücken wir uns vorurteilslos nach jedem Symbolfragment, das uns unsere Seele anbietet, und setzen uns damit auseinander, da es uns eher als Vorbote oder Teil – vielleicht verkannter Teil – des Selbst erscheinen möchte. Jedenfalls aber besteht keine Vorschrift des Verhaltens. Diese größte Freiheit ist wohl das schwierigste, aber meines Erachtens auch wertvollste an der Jungschen Form des Weges nach innen.

Damit gelangen wir zu demjenigen Problem, um welches möglicherweise eine Diskussion entstehen könnte. Jung steht nämlich sogar innerhalb der Gruppe der Psychotherapeuten auf dem äußersten linken Flügel derer, die für die Freiheit des Individuums bedingungslos einstehen. In der Meditation, wie sie z. B. das „Autogene Training" von J. H. Schultz darstellt, sind noch physische Entspannungsübungen vorgeschrieben; in C. Happichs-Anleitung zur Meditation werden Themata wie die „Kindheitswiese" oder der „Berg" etc. vorgeschlagen, der Psychotherapeut „führt" den Analysanden innerhalb der Phantasie dorthin. Hinsichtlich Desoilles *Rêve éveillé,* eine Methode, die viel von Jung entliehen hat, ist ein fundamentaler Unterschied darin zu sehen, daß der Psychotherapeut seine eigene Reaktion auf die

symbolischen inneren Ereignisse liefert; er schlägt z.B.
dem Patienten vor, was er innerhalb der symbolischen
Situation tun könnte oder sollte, auch fordert Desoille
ein Erlebnis des kollektiven Unbewußten und seiner Archetypen und zugleich, daß letztere beherrscht werden.
Damit liegt auf der Führung durch den Psychotherapeuten und seinen Reaktionen ein für unser Gefühl allzu
großes Gewicht und wird die moralische und geistige
Selbständigkeit des Analysanden gerade nicht gefördert.
Wie wir an diesem und den von mir vorgebrachten Beispielen ersehen können, nimmt bei der Jungschen aktiven Imagination der Psychotherapeut nur Stellung zu
der Frage, ob die Phantasie echt oder unecht ist. Weitere
Korrekturen hingegen bringt er nur an, wenn Symptome
oder Träume als Reaktion folgen, indem er in der sonst
in der Analyse üblichen Weise die Aussagen dieser
Träume und Symptome deutet. Wie wir uns erinnern,
war es nicht ich, sondern ein Traum, der jene Analysandin der schwarzen Magie bezichtigte, und ein psychogener Herzanfall, der den Künstler warnte, das „Herz"
nicht zu vergessen. Diese Spontanreaktionen des Unbewußten auf aktive Imaginationen kommen häufig vor.
Sie erlauben das erwähnte Freilassen des Analysanden,
für den es ein wertvolles Erlebnis bedeutet, daß der
„Meister" seiner Meditation letztlich in seiner eigenen
Seele lebt, ein *medicus intimus,* wie ihn Professor
Schmaltz so schön bezeichnet hat. Die östlichen Meditationsformen und die christlichen bauen auf uralter historischer Tradition auf und haben damit den Vorteil,
Richtlinien zu bieten, welche immerhin durch viele
schon erprobt und bereinigt worden sind, aber dafür ge-
fährden sie die verantwortliche Reaktionsfähigkeit des
Individuums. Der moderne Mensch ist aber, wie Jung
immer wieder betont, von innen und außen schon mehr
als gut, von Vorschriften, Reklame, Ratschlägen, Slo-
gans, Kollektivsuggestionen, Idealismen und andern

(auch guten) Richtlinien so sehr überhäuft, daß es vielleicht der Mühe wert ist, ihm einmal eine Möglichkeit anzubieten, zwanglos und völlig selbstverantwortlich sein eigenes Wesen zu realisieren – und darin tritt dann ganz von selber vielleicht am reinsten das göttliche Wirken in der Seele in Erscheinung. Und dann vermag wohl auch der einzelne am ehesten den destruktiven kollektiven Zeiteinflüssen zu widerstehen, wenn er ganz allein und nur durch eigene innere Erfahrung in seiner Beziehung zu Gott verwurzelt ist.

BEMERKUNGEN ZUR
AKTIVEN IMAGINATION

Ich will mich auf ein paar Punkte konzentrieren, welche
das Spezifische der aktiven Imagination Jungs ausma-
chen, im Vergleich zu den vielen imaginativen Techniken, welche heute überall auftauchen. Wir begegnen
nämlich heute sehr vielen Leuten, die schon vor einer
Jungschen Analyse irgendwelche imaginativen Übun-
gen gemacht haben, und in meiner Erfahrung ist es dann
sehr schwierig, sie zur eigentlichen aktiven Imagination
weiterzubringen. Die letztere könnte man am besten in
vier Abschnitte oder Phasen unterteilen.

I. Zuerst muß man, wie bereits bekannt, das eigene
Ichbewußtsein entleeren, sich vom Gedankenfluß des
Ichs befreien. Das ist für viele bereits recht schwierig, sie
können den „verrückten Intellekt" (mad mind), wie ihn
die Zen-Buddhisten nennen, nicht stoppen. Leichter
läßt sich das beim Malen machen und noch leichter z. B.
beim Sandspiel, aber letzteres bietet dem Bewußtsein
schon existente Figuren an, so daß die häufig zuerst auf-
tretende „Dürre", d. h. Einfallslosigkeit, scheinbar über-
sprungen werden kann. Das führt dann aber leicht zu
späteren Schwierigkeiten, wenn der Analysand dann zur
echten aktiven Imagination weiterschreiten sollte. Die
meisten östlichen Meditationstechniken, wie Zen, gewisse Yogaübungen, die taoistische Meditation und andere, konfrontieren uns mit der ersten Phase. In der Zen-
Meditation muß man nicht nur alles Ich-Denken anhalten, sondern auch alle Phantasien, welche dann vom Un-

bewußten heraufquellen möchten. Man muß letztere entweder durch Konzentration auf ein „ko'an" fernhalten oder sie unbeachtet vorbeischweben lassen. Die körperlichen Sitzübungen dienen nur dem Ziel, symbolisch alle Aktivität des Ichs zum Stillstand zu bringen.

II. Hierauf muß man die aus dem Unbewußten auftauchende Phantasie in das Feld der Innenwahrnehmung einfließen lassen. Im Gegensatz zu den genannten östlichen Techniken heißen wir sie willkommen und verjagen oder ignorieren sie nicht. Wir konzentrieren uns im Gegenteil auf sie. An diesem Punkt angelangt, muß man sich vor zwei Fehlern hüten: Entweder konzentriert man sich zu scharf auf das Auftauchende und „fixiert" es wörtlich, so daß es stillsteht, oder man konzentriert sich zu wenig, und dann beginnen die inneren Bilder zu schnell zu wechseln, ein „inneres Kino" beginnt ganz rasch abzulaufen. In meiner Erfahrung verfallen hauptsächlich Intuitive dem letztgenannten Fehler: Sie schreiben endlose Phantasiegeschichten, die unzentriert sind; oder sie treten in keine persönliche Beziehung zu dem inneren Geschehen. Das ist das Stadium der passiven Imagination, der „imaginatio fantastica" im Gegensatz zur „imaginatio vera", wie die Alchemisten es nennen würden. Dies erinnert auch sehr an das „katathyme Bilderleben" von H. Leuner. Leuner war zugegebenermaßen von Jungs aktiver Imagination inspiriert, beschloß aber letztere zu vereinfachen – mit meines Erachtens nicht sehr guten Resultaten. Ich finde es sehr schwierig, Analysanden, die dieses Bilderleben praktiziert haben, zu helfen, auf echte aktive Imagination umzustellen. Auch W. L. Furrers „Objektivierung des Unbewußten" leidet an demselben Mangel, ebenso wie die ältere Technik des „rêve éveillé" von René Desoille. Diese Techniken erlauben auch die Gegenwart und Einmischung des Analytikers – ein großer Fehler, von dem ich später noch reden werde.

III. Nun kommt die dritte Phase: Sie besteht darin, daß man der innerlich wahrgenommenen Phantasie Gestalt verleiht, sie niederschreibt, malt, bildhauert, in Musik aufschreibt oder im Tanz (dessen Bewegungen hinterher notiert werden müssen) gestaltet. Im Tanz kommt der Körper mit ins Spiel, was manchmal vonnöten ist, hauptsächlich wenn gewisse Emotionen und die minderwertige Funktion so unbewußt sind, daß sie gleichsam im Körper begraben liegen.[1] Oft erscheint es auch hilfreich, ein kleines konkretes Ritual zu erfinden, wie z. B. eine Kerze anzünden, im Kreise zu gehen usw. Dadurch kommt die anorganische Materie ins Spiel. Jung sagte mir einmal, dies sei noch wirksamer als die übliche aktive Imagination, aber er könne nicht sagen, warum dem so sei.

Meiner Ansicht nach wirft dies auch ein Licht auf eine Frage, die heute viel diskutiert wird, nämlich die Rolle des Körpers in der Analyse. In der Tat ist das alchemistische Opus nach Jung nichts anderes als eine aktive Imagination, die mit Substanzen, ihrem Mischen, Erhitzen usw. vollführt wurde. Die östlichen Alchemisten, besonders die chinesischen Taoisten, taten dies meist, indem sie die Materialien des eigenen Körpers zu behandeln suchten, seltener die in der Retorte. Die westlichen Alchemisten behandelten ihre Materie meistens außerhalb des Körpers in der Retorte, indem sie versichern, daß „unsere Seele große Dinge außerhalb des Körpers imaginiere". Paracelsus und sein Schüler Gerhard Dorn allerdings operierten auch mit dem sogenannten „inneren Firmament" im Körper, auf das sie äußere magische

---

1 Vgl. Hull, R. F. C.: „Bibliographical notes on Active Imagination", in: *The Works of C. G. Jung,* 115 ff., Spring, New York, 1971; Humbert, E., „L'imagination active d'après C. G. Jung, in: *Cahiers de Psychologie Junghienne,* Paris, 1977; Jung, C. G., „Die transzendente Funktion", *G. W.,* Bd. 8.

Einwirkungen auszulösen hofften. Letztere, so meinten sie, hatten dann *per analogiam* eine synchronistische Beziehung mit der Materie des Körpers. In dieser Form ist aktive Imagination essentiell mit dem Körper bzw. dessen chemischer Zusammensetzung über ihren symbolischen Sinn verbunden. Ich selber habe oft starke positive und negative Körperreaktionen erlebt im Fall richtig oder falsch ausgeführter aktiver Imagination; ein Analysand erlitt sogar einmal einen ernsthaften psychogenen Herzanfall, als er etwas gegen sein Gefühl in einer aktiven Imagination tat. Starke Affekte und Emotionen bilden manchmal für das Ausführen der aktiven Imagination ein Hindernis. Jung selber benützte, wie er in seinen Erinnerungen berichtet, manchmal Yogaübungen, um die Emotionen zuerst zu meistern, bevor er dann aus ihnen ein Bild extrahieren konnte, auf das er sich in der aktiven Imagination beziehen konnte.

Gewisse aktive Imaginationen können als Gespräche mit innerlich angepeilten Körperteilen geführt werden, indem man auch darauf hört, was sie sagen (wie dies Odysseus in der Odyssee manchmal mit seinem Herzen oder seinen „phrenes" tat). Diese Technik ist manchmal bei einem psychogenen Körpersymptom günstig. Wann immer die Materie ins Spiel kommt, sei es innerhalb oder außerhalb des Körpers, sind synchronistische Ereignisse zu erwarten, was zeigt, daß diese Form von aktiver Imagination besonders „energiegeladen" ist. In ihrem negativen Aspekt grenzt sie an Magie und deren Gefahren, auf die ich zurückkommen werde.

In dieser dritten Phase belieben zwei Fehlerarten vorzukommen, die Jung in seinem Aufsatz „Die transzendente Funktion"[2] beschreibt: Der eine Fehler liegt darin, daß man dem Phantasie-Inhalt zuviel ästhetische

2 *G. W.,* Bd. 8, S. 79 ff.

Ausarbeitung widmet und sie so sehr zum „Kunstwerk" macht, daß man darob deren „Botschaft" oder „Sinn" vernachlässigt. Meiner Erfahrung nach geschieht das am häufigsten beim Malen und Schreiben. Zuviel Form tötet den Inhalt, so wie ja auch die Kunst gewisser historischer Epochen „die Götter in Gold und Marmor begraben hat". (Wir lieben es heute oft, eher einen primitiven Fetisch zu sehen oder die unbeholfene Kunst der frühen Christen, als die dekadente römische Kunst). Die Funktionen der Empfindung und des Gefühls verführen uns hier am ehesten. Man vergißt, daß das, was man abbildet oder beschreibt, nur die Replik einer inneren Wirklichkeit ist und daß das Ziel darin besteht, diese letztere zu berühren, nicht die erstere. – Der andere Fehler besteht im Gegenteil: Man skizziert den Phantasieinhalt nur schlampig und stellt gleich die Frage nach deren Sinn. Diesem Fehler erliegen die Intuitiven und Denktypen besonders häufig. Es zeigt einen Mangel an Liebe und Hingabe. Man kann das gleich sehen, wenn ein Patient eine schlampige Skizze oder einen nachlässig geschriebenen Text bringt, schon wissend, „was es meint". Diese dritte Phase, in der man dem Unbewußten ein Mittel leiht, sich auszudrücken, bringt oft große Erleichterung, ist aber noch nicht die wirkliche aktive Imagination.

IV. Die vierte Phase ist erst die entscheidende; sie ist diejenige, die in den meisten imaginativen Techniken fehlt: es ist die moralische Konfrontation mit dem vorher Erzeugten. An dieser Stelle warnt Jung vor einem Fehler, der häufig vorkommt und alles in Frage stellt: nämlich der Fehler, daß man mit einem fiktiven Ich statt mit dem echten Ich in das innere Geschehen eintritt.

Ich möchte dies durch ein Beispiel illustrieren: Ein Analysand träumte, daß er in einer Wüste einen Pferdehuf fand. Dieser war irgendwie sehr gefährlich und begann ihn zu verfolgen. Er war eine Art von Wotanischem

Dämon. In einer aktiven Imagination versuchte er den Traum weiter zu phantasieren. Er selber war nun zu Pferd auf seiner Flucht, aber der Dämon wurde immer größer und kam immer näher. Der Analysand machte kehrt, und es gelang ihm irgendwie, den Dämon in die Erde zu stampfen. Als er mir dies erzählte, fiel mir die seltsame Diskrepanz zwischen seinem Aussehen und dem Resultat der Geschichte auf. Er selber sah angstvoll und gequält drein. So sagte ich ihm, daß ich irgendwie nicht recht an das gute Ende glaube, aber nicht wisse warum. Eine Woche später bekannte er mir, daß, als ihn der Pferdehufdämon erreichte, er sich gespalten habe: Nur ein Teil seiner selbst besiegte den Dämon, der andere trat aus dem Geschehen heraus und beobachtete es nur von außen. So vollendete er den Sieg nur mit einem fiktiven Helden-Ich, sein wirkliches Ich trat heraus und dachte heimlich: „Es ist doch nur eine Phantasie." Wenn darum der aktuell beobachtbare Zustand des Analysanden nicht mit dem Geschehen einer aktiven Imagination übereinstimmt, kann man vermuten, daß dieser Fehler vom fiktiven Ego passiert ist. Er ist schwer aufzudecken. – Ein anderer Analysand hatte in einer aktiven Imagination eine lange romantische Liebesbeziehung zu einer Anima-Gestalt. Er erzählte letzterer nie, daß er neuverheiratet war. Als ich ihn danach fragte, sagte er, daß er so etwas in der Realität nicht tun würde (seine Ehe verheimlichen). So war also sein Ich in der aktiven Imagination nicht dasselbe wie sein Alltags-Ich! Das Ganze war offensichtlich für ihn nicht ganz wirklich, es war mehr wie das Schreiben einer Novelle als eine aktive Imagination. Dieser Punkt ist enorm wichtig, weil die ganze Wirkung der aktiven Imagination von ihm abhängt. Sehr gespaltene Naturen und Leute mit einer latenten Psychose können meistens gar nicht aktiv imaginieren, oder sie tun es eben mit einem fiktiven Ich. Deshalb warnte Jung davor, Grenzfälle aktive Imaginationen machen zu lassen. Mein zweites Beispiel war allerdings nicht ein Kranker, sondern ein Intellektueller. Der Intellekt ist ein großer Trickster, der einen dazu verführt, den moralischen Aspekt des Geschehens zu übersehen und dem Zweifel zu erliegen, daß das doch alles nur Phantasie und Wunschdenken sei. Man braucht für die aktive Imagination eine gewisse Naivität.

Jung hat einmal bemerkt, daß heute die Psychiatrie dieses Verfahren bis zum dritten Schritt entdeckt habe, aber der vierte noch nicht verstanden werde. Die meisten heutigen imaginativen Techniken hören vorher auf. Noch ein anderer Aspekt ist noch nicht verstanden: Die meisten heutigen, kreativen oder imaginativen Techniken erlauben ein gewisses Mitmachen des Analytikers oder verlangen dessen Interferenz sogar. Entweder schlägt er das Thema vor (wie bei Happichs Verfahren und in J. H. Schultzs fortgeschrittenem autogenen Training), oder er springt ein, wenn der Analysand steckenbleibt und macht Vorschläge. Jung selber ließ seine Patienten im Gegenteil stecken, drin im Loch, bis sie selber einen Ausweg fanden. Er erzählte uns, wie er einmal eine Patientin hatte, die im Leben immer wieder in gewisse „Fallen" trat. Er empfahl ihr aktive Imagination. Sie sah prompt in ihrer Phantasie, daß sie über ein Feld ging und an eine Mauer kam. Sie wußte, sie sollte auf deren andere Seite, aber wie? Jung sagte nur: „Was würden Sie in Wirklichkeit tun?" Es wollte ihr nichts einfallen. Schließlich, nach langer Zeit, dachte sie daran, an der Mauer entlang zu gehen, um zu sehen, ob sie irgendwo aufhöre. Sie hörte nicht auf. Dann suchte sie eine Tür oder Öffnung. Wieder blieb sie stecken, und Jung half nicht. Endlich dachte sie daran, Hammer und Meißel zu holen und ein Loch in die Mauer zu schlagen – das half!

Die Tatsache, daß diese Frau so lange brauchte, um einen solchen Ausweg zu finden, spiegelt ihr unbeholfenes Benehmen in der äußeren Wirklichkeit. Darum ist es so wesentlich, daß man nicht hilfreich eingreift, weil der Patient sonst nichts lernt, sondern so infantil und passiv bleibt wie zuvor. Wenn er es im Gegenteil in der aktiven Imagination leidvoll lernt, aktiv zu sein, so hat er auch für das äußere Leben etwas gelernt. Jung half nicht, auch wenn ein Patient unter Umständen mehrere Wochen lang steckenblieb, sondern insistierte, daß er weiter allein versuche, eine Lösung zu finden.

Beim Einnehmen von Drogen unter Kontrolle fehlt ebenfalls der vierte Punkt. Der Kontrollierende trägt die ganze Verantwortung statt dem, der die Phantasie erlebt. Ich entdeckte ein interessantes Buch zweier Brüder, Terence und Denis McKenna: ,The Invisible Landscape‘.[3] Diese zwei mutigen jungen Männer zogen nach Mexico und machten Selbstversuche mit einer neuen dortigen, halluzinogenen Pflanze. Nach ihrer eigenen Darstellung erlitten sie schizophrene Geisteszustände, „die zu einer Erweiterung ihres geistigen Horizontes führten“. Leider geben sie keine genauere Darstellung ihrer Erlebnisse, nur Andeutungen, daß sie zu anderen Planeten gingen und daß ihnen ein unsichtbarer Helfer beistand, der oft als riesiges Insekt erschien. Der zweite Teil des Buches gibt die Einsichten des „erweiterten Geisteshorizontes“, und da kommt die Enttäuschung: sie unterscheiden sich in keiner Weise von anderen hochintuitiven modernen Spekulationen über Geist, Materie, Synchronizität usw. Sie bringen nichts schöpferisches Neues, sondern nur Dinge, die die belesenen Autoren sich auch bewußt hätten ausdenken können. Das Wichtigste kommt am Ende, wo das Buch mit der Idee aufhört, daß alles Leben auf unserer Erde zerstört sein werde, und wir darum entweder zu einem anderen Planeten entweichen oder inner-

---

3 Seabury Press, New York, 1975.

lich ausweichen müssen in den Bereich des kosmischen Geistes. Diese Endvision möchte ich mit einem Traum vergleichen: Er stammt von einem nicht psychotisch gefährdeten Studenten, der in einer Jungschen Analyse steht. Ich danke ihm hier für seine Erlaubnis, seinen Traum mitzuteilen. – Seit meinem Vortrag hat Dr. med. E. Edinger diesen selben Traum angeführt und sehr schön gedeutet.[4] Der Traum lautet (etwas gekürzt):

„Ich gehe den sogenannten Palisades entlang, wo man New York City überblickt. Ich gehe mit einer Anima-Gestalt, die mir unbekannt ist; uns beide führt ein Mann, der unser Geleiter ist. New York liegt in Trümmern – die ganze Welt, die wir kennen, ist zerstört. Überall brennen Feuer, Tausende von Fliehenden rennen kopflos herum, der Hudson-Fluß hat große Teile der Stadt überschwemmt. Es herrscht Zwielicht, Feuerbälle am Himmel sausen zur Erde hinab. Es war das Weltende.

Die Ursache hierfür war, daß eine Rasse von Riesen aus dem Weltraum gekommen war. Mitten in den Trümmern sah ich zwei von ihnen sitzen, wie sie nachlässig eine Handvoll Menschen nach der anderen auflasen und aßen, so wie man Trauben ißt. Ihr Anblick war schauerlich ... Unser Gebieter erklärte uns, daß diese Riesen von verschiedenen Planeten kämen, wo sie friedlich zusammenlebten. Sie waren in fliegenden Untertassen gelandet (das waren die Feuerbälle). Eigentlich war die uns anvertraute Erde von diesen Riesen angelegt worden. Sie „kultivierten" unsere Zivilisation, wie man Gemüse in einem Glashaus züchtet. Nun waren sie zur

---

4 Siehe „The Myth of Meaning" in *Quadrant,* Vol. 10, 1977, 34 ff., New York.

Ernte gekommen; es war dafür ein besonderer Anlaß, den ich erst später erfuhr.

Ich wurde gerettet, weil ich einen leicht erhöhten Blutdruck hatte; falls er normal oder allzuhoch gewesen wäre, wäre ich gegessen worden. So bin ich erwählt, durch diese Feuerprobe zu gehen und, falls ich sie bestünde, auch andere Seelen retten zu dürfen. Dann sah ich vor mir einen riesigen goldenen Thron, strahlend wie die Sonne. Darauf saßen der König und die Königin der Riesen. Sie waren die Urheber der Zerstörung unseres Planeten.

Meine Probe, zusätzlich zur Qual, dies alles erleben zu müssen, bestand darin, daß ich eine Treppe zum Thron heraufsteigen mußte, bis auf die Höhe, wo ich König und Königin von Angesicht sehen würde. Das ging in Stadien vor sich. Ich begann den Aufstieg, er war lang und schwer, aber ich wußte, daß ich es tun mußte, daß die Welt und die Menschheit auf dem Spiel standen. Da wachte ich schweißgebadet auf. Danach realisierte ich beim Erwachen, daß die Zerstörung der Erde das Hochzeitsfest für König und Königin bedeutete."

Dieser Traum erinnert an die Invasion von Riesen auf Erden, wie sie im Buch Henoch beschrieben ist und von Jung als eine „überstürzte Invasion des kollektiven Unbewußten" ins Bewußtsein gedeutet wurde. Dies führte zu einer allgemeinen Inflation. Die Engel, welche (nach Henoch) die Riesen mit Menschenfrauen gezeugt hatten, brachten den Menschen zahlreiche neue Kenntnisse bei, was zur Inflation führte. Es ist klar, daß der obige Traum unsere gleichartige moderne Situation spiegelt, und das Buch der McKennas zeigt unter anderem deutlich, wohin eine verfrühte Ausbeutung der Visionen des kollektiven Unbewußten führt, nämlich in einen sehr gefährdeten Geisteszustand. Zugleich ist aber dieser Traum geeignet, den Unterschied zwischen den Drogenhalluzinationen und einer ungesuchten Annäherung des Unbewußten zu zeigen: Im Traum ist dem Träumer eine Aufgabe gestellt, zu König und Königin zu gelangen. Nach den Schlüssen der McKennas kann hingegen der einzelne nur zu entrinnen suchen. Es scheint also, daß ein konstruktiver Aspekt des Unbewußten sich nur dann konstelliert, wenn es mit einem individuellen Ich als Partner konfrontiert ist. Das ist es, was wir in der aktiven Imagination zu erreichen suchen und warum Drogeneinnahme – auch unter Kontrolle – oder Imaginationen, in denen der Analytiker die Führung innehat, nicht richtig sind, weil sich dann das Ich infantil benehmen und dem Unbewußten nicht stellen kann.

Die apokalyptischen Szenen im Buch der McKennas und in unserem Traum beziehen sich auf unsere Befürchtungen eines dritten Weltkrieges. Aber statt in den Weltraum zu entfliehen, stellt der Traum dem Träumer die Aufgabe, die Hochzeit des Königspaares von Angesicht zu Angesicht zu sehen. Sie stellt die Vereinigung der Gegensätze dar, Vater und Mutter, Geist und Materie usw. Das erinnert mich daran, daß Jung einmal sagte, als wir ihn fragten, ob ein dritter Weltkrieg unvermeidlich sei, ein solcher könnte nur vermieden werden, wenn genügend viele Individuen die Gegensätze in sich selber zusammenhalten könnten. Auch hier ruht die ganze kollektive Last auf den Schultern des einen Träumers. Das Unbewußte kann nur einen Ausweg aus der Not weisen, wenn wir individuell bewußt bleiben.

Ein wichtiges Motiv im Traum ist der Geleiter, der den Träumer instruiert – ein solcher tritt nur dann auf, wenn der Analytiker sich nicht an seine Stelle setzt. Hermes, der Seelengeleiter der Alchemisten, nannte sich „der Freund eines jeden Einsamen" *(cuiusque segregati –* eines jeden, der von der Herde getrennt ist). Das wichtigste Ergebnis der aktiven Imagination nach Jung ist es, den Analysanden von seinem Analytiker unabhängig werden zu lassen. Darum darf man nicht eingreifen (mit Ausnahme von Korrekturen des methodischen Vorgehens). Wenn mir ein Analysand seine aktive Imagination vorliest, denke ich oft im Stillen: „Das hätte ich nicht getan oder gesagt!" Dies zeigt, wie individuell in der aktiven Imagination die Reaktionen des Ich auf das Unbewußte ausfallen – und sie bestimmen die Wendungen, die das innere Geschehen nimmt.

Ein neuer (oder vielmehr uralter) Versuch von aktiver Imagination ist in Carlos Castanedas Büchern beschrieben[5]: die Methode des Zauberers und Medizinmannes Don Juan, die er „Träumen" nennt. Dahinter stecken ältere Traditionen der indianischen Medizinmänner. Gerüchte wollen, daß Castaneda vieles in diesen Büchern erfunden habe, aber echtes Medizinmann-Material verwendete. Dieses „Dreaming" gehört sicher zu letzterem; es ist exquisit indianisch und könnte von einem Weißen nie erfunden werden. Dieses „Träumen" ist mit Hilfe von Erscheinungen der äußeren Natur bewerkstelligt. Der Lehrer Don Juan nimmt Castaneda hinaus in die wilde einsame Natur; im Halbdunkel des Abends glaubt letzterer den Schatten eines sterbenden Tieres zu sehen. Zu Tode erschrocken will er fortrennen, schaut dann aber doch noch genauer hin und sieht, daß es nur ein toter Ast ist. Nachher sagt Don Juan: „Was du da geleistet hast, ist kein Triumph. Du hast Dir eine wunderbare ‚Macht' entgleiten lassen, die Leben in den toten Ast hauchte ... Dieser Ast war ein wirkliches Tier und lebte, als die ‚Macht' es berührte. Da das, was es am Leben erhielt, diese ‚Macht' war, wäre es deine Aufgabe gewesen, wie beim ‚Träumen' ihren Anblick zu ertragen."

Was Don Juan hier „Macht" (power) nennt, ist Mana, Mulungu usw., in anderen Worten der Energieaspekt

---

5 Castaneda, C., *Reise nach Yxtlan*, Stuttgart 1976

des kollektiven Unbewußten. Indem Castaneda seine Phantasie rational entwertete, vertrieb er die „Macht" und verlor eine Chance, „die Welt zu stoppen". (Das ist Don Juans Ausdruck für das Anhalten des Ich-Denkens.) Don Juan nennt dieses „Träumen" auch „kontrollierten Wahnsinn", was daran erinnert, daß Jung die aktive Imagination eine „freiwillige Psychose" nannte.

Diese Art von aktiver Imagination mit Dingen in der äußeren Natur erinnert an die Kunst der Alchemisten, welche mit Metallen, Pflanzen und Steinen aktive Imagination machten, aber mit einem Unterschied: Die Alchemisten hatten immer ein Gefäß. Dieses Gefäß war ihre *„imaginatio vera et non fantastica"* oder ihre *„theoria"*. So verloren sie sich nicht, sondern hatten ein „Erfassen" des Geschehens im wörtlichen Sinn, eine Art religiöser Philosophie. Don Juan hat auch eine solche, aber er kann sie Castaneda nicht beibringen und muß darum immer selber die Führung behalten.

Wie erwähnt, ist die rituelle Form von aktiver Imagination besonders wirkungsvoll, aber auch gefährlich. Sie konstelliert oft viele synchronistische Ereignisse, was leicht als Magie gedeutet werden kann. Psychosegefährdete Leute mißdeuten auch solche Ereignisse oft in sehr gefährlicher Art. Ich erinnere mich an den Fall eines Mannes, der im Beginn eines Schubes seine Frau tätlich angriff. Sie rief den Polizisten des Orts und einen Psychiater zu Hilfe. Als die zwei mit ihr und dem Kranken alle im Gang des Hauses standen, explodierte die einzige elektrische Lampe, die die Szene erhellte, in tausend Stücke, sie standen scherbenbedeckt im Dunkeln. Der Kranke dachte gleich, daß so, wie Sonne und Mond bei der Kreuzigung Christi ihr Licht verbargen, das Ereignis anzeige, daß er, der Heiland der Welt, ungerecht verhaftet würde. Aber das synchronistische Ereignis enthielt im Gegenteil eine gesunde Botschaft, es warnte ihn vor „geistiger Umnachtung" (denn eine elektrische

Birne, im Gegensatz zur Sonne, bedeutet das Ichbewußtsein). Man bewegt sich hier auf gefährlichem Grund. Obwohl dieses Ereignis nicht im Zusammenhang mit aktiver Imagination stattfand, geschehen ähnliche Ereignisse auch oft während der aktiven Imagination. Das Beispiel kann zeigen, welche Fehler in der „freiwilligen Psychose" geschehen können, nämlich daß man sie falsch deutet. Der Alchemist Zosimos warnt daher mit Recht vor Dämonen, die das alchemistische Werk verwirren können. Hier berühren wir den Unterschied von aktiver Imagination und Magie, speziell der schwarzen Magie. Wie man weiß, riet Jung davon ab, aktive Imagination mit lebenden Personen zu machen. Es kann sie magisch affizieren, und alle Magie, auch die „weiße", hat einen „Bumerang-Effekt" auf den, der sie ausübt. Sie ist deshalb auf lange Sicht selbstzerstörerisch. Immerhin erinnere ich mich an einen Fall, wo Jung mir riet, sie anzuwenden. Ich hatte eine ältere Analysandin, die total animusbesessen war, nicht mehr zugänglich und nahe an einem psychotischen Intervall. Jung riet mir, in einer aktiven Imagination mit ihrem Animus zu sprechen; dies würde helfen, aber mir selber schaden, immerhin solle ich es als letzten Ausweg versuchen. Tatsächlich hatte es einen heilsamen Effekt, und Jung half mir nachher gegen die Bumerang-Wirkung, aber ich habe seither nie mehr gewagt, dieses Experiment zu wiederholen. Die Grenze zwischen aktiver Imagination und Magie ist subtil. Bei der Magie spielt immer ein Wunsch oder Begehren mit hinein, entweder in guter oder zerstörerischer Absicht. Ich habe auch beobachtet, daß starke Animus- oder Animabesessenheit Leute an der aktiven Imagination verhindert; sie verunmöglicht die erforderte innere Offenheit. Man darf aktive Imagination nur üben, um zur Wahrheit über sich selbst, und nur zu dieser, zu gelangen. Aber in der Praxis schleicht sich hintenherum oft ein Begehren ein, und

172

dann verfällt man der „*imaginatio fantastica*". Eine ähnliche Gefahr habe ich beim Werfen des I-Ging-Orakels beobachtet. Wenn man nicht vorher jeglichen Wunsch nach einem bestimmten Ergebnis opfert, mißdeutet man oft das Orakel. Es gibt auch das Umgekehrte, daß man das „Richtige" in der aktiven Imagination sieht oder hört, aber daran zweifelt, ob es „echt" sei. Davon wird man oft dadurch befreit, daß die aktive Imagination plötzlich eine so überraschende Wendung nimmt, daß man fühlt, das könne man nicht selber erfunden haben!

Schließlich besteht noch eine letzte Phase – nämlich daß man das, was man in der aktiven Imagination erfahren hat, im täglichen Leben anwendet. Ich erinnere mich an einen Mann, der in der aktiven Imagination seiner Anima versprach, ihr in nächster Zeit jeden Tag zehn Minuten zu widmen. Er verbummelte es und fiel in eine neurotische Mißstimmung, die so lange dauerte, bis er realisierte, daß er sein Versprechen nicht eingehalten hatte. Aber dies gilt natürlich für alle Realisationen in einer Analyse. Das ist das „Öffnen der Retorte" in der Alchemie, etwas, was sich natürlicherweise ergibt, wenn man die vorherigen Schritte verstanden hat. Wenn jemand dies nicht tut, zeigt es einfach an, daß er oder sie den vierten Schritt der moralischen Konfrontation nicht wirklich vollzogen hat.

DIE RELIGIÖSE DIMENSION
DER ANALYSE

„Das Hauptinteresse meiner Arbeit", schreibt Jung, „liegt nicht in der Behandlung von Neurosen, sondern in der Annäherung an das Numinose (die großen religiösen Bilder). Es ist jedoch so, daß der Zugang zum Numinosum die eigentliche Therapie ist, und insoweit man zu den numinosen Erfahrungen gelangt, wird man vom Fluch der Krankheit erlöst. Die Krankheit selbst nimmt numinosen Charakter an."[1] Dieses Zitat sagt alles Essentielle über eine Jungsche Analyse aus. Wenn es nicht gelingt, eine Beziehung zum Numinosen herzustellen, ist keine Heilung, sondern höchstens Besserung der sozialen Anpassung möglich. Aber was bleibt für den Analytiker dann eigentlich zu tun? Jung äußert sich hierzu in einem Brief folgendermaßen[2]: „Da die Neurose ein Einstellungsproblem ist und die Einstellung von gewissen ‚Dominanten', d.h. letzten und höchsten Vorstellungen und Prinzipien abhängt, resp. in ihnen begründet ist[3], so kann man ihr Problem wohl als ein religiöses bezeichnen. Diese Qualifikation wird unter-

---

1 *Briefe,* Bd. I, S. 465, vgl. auch 1, S. 157, Walter, Olten 1972.
2 ebenda, Bd. II, S. 267–8.
3 Vgl. C. G. Jung, *Psychologie und Religion.* G. W., Bd. 11, S. 369: „Das Problem der Heilung ist ein religiöses Problem". (Meine Fußnote.)

stützt durch die Tatsache, daß in Träumen und Phantasien ausgesprochen religiöse Motive auftreten mit dem deutlichen Zweck, die Einstellung zu regulieren und das gestörte Gleichgewicht wiederherzustellen ... Ich habe nämlich gesehen, daß in der Regel, wenn ,archetypische' Inhalte spontan in Träumen usw. auftreten, numinose und heilende Wirkungen von ihnen ausgehen. Es sind psychische Urerfahrungen, welche den Patienten sehr oft wieder den Zugang zu verschütteten religiösen Wahrheiten eröffnen. Ich habe diese Erfahrungen auch an mir selber gemacht.

... Wie ich mit vorgefaßten Meinungen den *influxus divinus*[4] (woher er auch kommen mag) hintanhalten oder gar verhindern kann, so vermag ich auch andererseits durch ein passendes Verhalten mich ihm anzunähern und, wenn es geschieht, ihn aufzunehmen. Ich kann nichts erzwingen, sondern mich nur bemühen, alles dafür und nichts dagegen zu tun ... Was dann eintreten kann, aber nicht muß, ist die spontane Aktion vom Unbewußten her, welche von den Alchemisten, Paracelsus, Böhme und vom modernen Unbewußten als Blitz aufgefaßt, resp. symbolisiert wird." Die Arbeit des Therapeuten kann somit in dieser Sicht nur darin bestehen, Vorurteile und Sperrungen gegen eine mögliche numinose Erfahrung abzubauen. (Es ist das alte Problem der Theologie, ob Gnade oder Werke den Menschen erlösen; offensichtlich braucht es beides).

Die Möglichkeiten, dem Numinosen auszuweichen, sind sehr zahlreich, und ich möchte einige, die mir begegnet sind, anführen. Eine ist eine gewisse extravertierte Oberflächlichkeit. Eine ältere Dame, die noch immer nur Liebe, Kleider, Reisen und dergleichen im Kopf hatte, hatte z. B. folgenden Traum:

---

4 göttlichen Einfluß

Sie stand auf einer Leiter und war daran, einen großen Cruzifixus abzustauben. Zu ihrem maßlosen Schrecken öffnete der Gekreuzigte plötzlich die Augen und sagte: „Du könntest mich etwas häufiger abstauben!"

Die Träumerin war katholisch und hatte sich bisher mit einer nur oberflächlichen Erfüllung der äußeren kirchlichen Gebote zufrieden gegeben. Dieser Traum stimmte sie zum ersten Mal nachdenklich. Häufiger findet man beim modernen Menschen eine Menge weltanschaulicher, rationaler pseudowissenschaftlicher Vorurteile des neunzehnten Jahrhunderts, die eigentlich von den führenden Wissenschaftlern unserer Zeit bereits überwunden sind. Sie stammen aus der Schulzeit dieser Menschen und aus billigen journalistischen Produkten: Träume sind Schäume, Träume sind sexuelle Wünsche, Geister gibt es nicht; das Unbewußte ist ein Begriff, aber keine Wirklichkeit; keine Wirkung ohne (rational faßbare) Ursache; man muß nur vernünftig sein, dann geht alles richtig; wenn die Gesellschaft in Ordnung wäre, wäre alles in Ordnung usw. usw. Das schlimmste und verbreiteste Vorurteil neben dieser Sammlung ist das offene oder geheime statistische Denken: auf mich kommt es nicht an, ich bin ein Sandkorn unter Millionen, dessen Existenz zufällig und sinnlos ist. Diese Auffassung ist direkt ein tödliches Gift für die Seele.

Es besteht für den Analytiker wenig Hoffnung, solche Vorurteile durch Argumentationen wegzubringen. Das besorgen im allgemeinen die Träume des Patienten – manchmal rasch, manchmal allmählich – viel wirksamer. Aber es ist entscheidend, daß der Analytiker selber mit dem Numinosen verbunden ist und daran aus eigener Erfahrung glaubt, weil er sonst das Element in den Träumen, das auf numinose Erfahrung hinzielt, übersieht und statt dessen seine eigenen Ideen von dem, was der Patient „sollte", in sie hineinprojiziert. Man ist ja oft unwillkürlich überzeugt, daß sich dieser Analysand oder jene Analysandin von ihrern Eltern lösen sollte, daß dieser weniger intellektuell und jener disziplinierter sein sollte und was der Meinungen und Normalitätsvorurteile mehr sind. Darum muß man sich immer wieder sagen: „Ich weiß nicht, was Gott mit diesem Menschen will!" Ich kann dem Patienten nur helfen, besser hinzuhören, was ihm seine Seele in dieser Hinsicht zuflüstert. Als ich meine erste Analysandin hatte, die unter einer schweren Psychose litt, glitt sie infolge eines äußeren Schicksalsschlages beinahe in einen schizophrenen Schub ab. Ich rang mit ihr, um sie daran zu hindern. Da sagte Jung, der den Fall kontrollierte, sehr ernst zu mir: „Woher wissen Sie so genau, daß diese Frau keinen Schub durchmachen muß? Manche Patienten sind nach einem Schub besser dran. Sie dürfen doch nicht ihr Schicksalsgeheimnis wissen wollen; das wäre nur Macht. Sie wissen nicht, was Gott mit ihr will!" Erschrocken ließ ich los und beschränkte mich auf eine ruhige, möglichst aufrichtige Deutung der Träume. Die Analysandin besserte sich unerwartet. Als ich es Jung berichtete, lachte er und sagte: „Das war, was ich hoffte, aber Sie durften es nicht wissen, um sonst wieder etwas erzwingen zu wollen!" Das hat mich ein für allemal von zuviel kindischem therapeutischem Eifer kuriert.

Neben den genannten intellektuellen Vorurteilen kann es in meiner Erfahrung vorkommen, daß ein Analysand einen äußerst numinosen Traum hat, aber irgendwie nicht davon entsprechend ergriffen oder auch nur berührt wird. Es besteht in einem solchen Fall meistens eine gewisse Minderwertigkeit des Eros. Da ist es mir öfters passiert, daß ich selber vom Traum des Patienten tief erschüttert war, während er selber ihn ganz kühl und sachlich erzählte. Ich habe gelernt, in einem solchen Fall meine eigenen Gefühle und meine emotionale Ergriffenheit nicht zu verstecken, sondern zu äußern. Das hat in meiner Erfahrung immer positiv gewirkt. Jung selber

178

reagierte immer stark gefühlsmäßig auf Träume, er reagierte mit Lachen, mit Ausrufen des Schreckens, mit Unmut, mit Begeisterung auf die Träume, die man ihm brachte, und oft ging einem dadurch ein Licht auf, worum es eigentlich ging. Hinter dem Reaktionsausfall beim Analysanden kann neben einer Schwäche des Gefühls auch das geheime Vorurteil stecken, daß Träume ja doch nicht auf etwas Wirkliches hinweisen.

Eine der schwierigsten Situationen in meiner Erfahrung ist die, wenn das Unbewußte scheinbar nur „banale", gar nicht numinose Träume produziert. Jedoch ist es sehr oft möglich, hinter dem persönlichen Aspekt die archetypische Grundstruktur wahrzunehmen. Eine besondere Gabe Jungs war es, einem – oberflächlich besehen – banalen Traum seine archetypische tiefere Bedeutung zu geben. Offensichtlich mythische Träume sind sogar eher manchmal verdächtig, auf nur Gelesenes zu weisen und auf Anempfindung zu beruhen.[5] Besonders schöne und mythisch gestaltete Träume beweisen auch nicht immer eine besondere Bedeutung des Träumers, sondern entspringen der Absicht des Unbewußten, den Träumer „anzulocken", d. h. sie deuten an, daß für die nächste Zeit die innere Entwicklung über die Begegnung mit dem Unbewußten und den Träumen verlaufen sollte.[6]

Banale Träume hingegen zeigen, daß auch hinter der oft vernachlässigten persönlichen Alltagswirklichkeit latent ein tieferer Sinn waltet. Immer wieder verfällt man leicht der Abwehrreaktion: dies sei nur ein absurder dummer Traumfetzen, aber Jung pflegte zu betonen, daß es keine dummen Träume gebe, nur dumme Leute, die sie nicht verstehen! Das Selbst scheint sich eben auch

---

5 *Briefe*, 1. c. Bd. II S. 225.
6 *Briefe*, 1. c. Bd. I, S. 69.

um Einzelheiten des persönlichen Lebens zu kümmern. So mahnte Gott den Emanuel Swedenborg in einer Vision, nicht zu viel zu essen. Swedenborg war ein Intuitiver und daher in Dingen, die die Empfindungsfunktion berühren, Sexualität, Essen usw. primitiv maßlos. Es ist daher eher typisch, daß das Selbst sich gerade in diesem Bereich manifestiert. Eine Analysandin von mir träumte, daß ihr eine Stimme von oben sagte, sie brauche ein „Frühstückskorsett". Genauere Fragen ergaben, daß sie den ganzen Morgen im Schlafrock herumschlampte (sie war vor der Analyse Alkoholikerin) und erst am Mittag ihr Korsett anzog und den Tag begann. Wir haben oft zusammen über diesen Traum gelacht, und ich pflegte sie periodisch zu fragen: „Wie steht es mit dem Frühstückskorsett?"

Besonders schwierig ist es auch für den Analytiker, Theologen und Vertreter der Kirchen einer Offenheit für den „influxus divinus" anzunähern. Manchmal sind sie einfach nicht „berufen", und dann führt sie die Analyse weg in die Welt, aber viel häufiger haben sie ihren Beruf ursprünglich doch aus einer gewissen Schicksalskonstellation gewählt, aber ihren echten Glauben unterwegs verloren und ersetzt durch angelernte Phrasen und Formalismen. Ein Mönch, der in seiner Analyse eine erschütternde Gotteserfahrung hatte, antwortete mir, als ich ihn fragte, ob seine Kollegen mehr erschrecken würden, falls sie, wie er, die Wirklichkeit Gottes erführen, oder falls sie entdecken würden, daß Gott nicht existiere: „Sie würden über die Realität Gottes mehr erschrecken, denn daß er nicht existiert, daran glauben sie im geheimen fast alle." Doch sogar diesem Analysanden mußte ich manchmal später sagen: „Dieser verd... Gott, den Sie immer im Munde führen, existiert er eigentlich für Sie, und hat er zu ihrem gegenwärtigen Problem etwas zu sagen oder nicht?" Er rutschte immer wieder in seine alte, intellektuelle Pseudo-Religiosität zurück, wo „Gott" in einer Schublade für die Predigt wegverstaut liegt, und man die eigenen Lebensfragen nur mit dem Ich entscheidet. Zu meinem Erstaunen begegnete ich einem japanischen Buddhisten mit demselben Problem. Er hatte seit seiner Jugend bedeutende Lichterfahrungen gehabt und war ein buddhistischer Lehrer geworden. Er litt an einem Magengeschwür, dem scheinbar keine verschriebene Diät abhelfen konnte. Da sagte ich zu ihm: „Fragen Sie doch einmal den Dharma-Kaya (Buddha-Leib) in sich, was Sie essen sollten und auch sonst zu ihrer Heilung tun." Er starrte mich völlig verblüfft an, so etwas war ihm nie eingefallen. Später schrieb er mir, er habe es versucht und sei geheilt worden und fügte bei: „Ich sehe, daß die Jungsche Psychologie der Religion einen Realitätsunterbau zufügt, den wir verloren haben." Dieser Verlust der empirischen Basis ist oft die Folge von zuviel Traditionalismus in religiösen Belangen. Jung betont daher, daß wenn man das Gewordensein des Christentums zu sehr betone, man das Neue daran übersehe.[7] „Es braucht hier einen neuen Ansatzpunkt, den man ohne neue Sinngebung nicht finden kann. Die Botschaft lebt nur, wenn sie neuen Sinn bringt ..." „Daß Christus das Selbst des Menschen ist, findet sich zwar implicite schon im Evangelium, aber der Schluß ,Christus = Selbst' ist nie deutlich gezogen worden. Das ist eine neue Sinngebung, eine weitere Stufe der Inkarnation, resp. der Verwirklichung Christi." Dasselbe geschah in der Form einer neuen Sinngebung für den Dharma-Kaya bei jenem Buddhisten. Die religiöse Dimension in der Analyse ist nichts anderes als eben eine solche neue Sinnfindung, welche manchmal gewordene reli-

---

7 *Briefe,* 1. c. Bd. II, S. 299.

giöse Vorstellungen wieder belebt, manchmal allerdings auch abwandelt.[8]

Hier komme ich zu einem weiteren Problem, das in Analysen immer wieder auftaucht. Das Unbewußte ist „religiös", d.h. ist die Matrix aller religiösen Urerfahrung, aber es ist oft nicht „orthodox". Was viele Träume und Visionen aussagen, widerspricht manchmal diesem oder jenem Dogma oder einer konfessionellen Moralregel. Ich bin z.B. mehreren Priestern begegnet, deren Träume gegen die Einhaltung des Zölibats zu sein schienen. Als sie aber in der Folge aus dem Priesteramt entlassen wurden, sagte ihnen der Traum, daß sie noch immer Priester seien, gewissermaßen unsichtbar. Der Zölibat ist ja auch nur eine *regula moralis,* kein Dogma und könnte deshalb einmal noch geändert werden. Man sollte eine Mitte einhalten zwischen der Notwendigkeit des Erneuerns und der Erhaltung der Tradition. Jung schreibt an den Dominikanerpater Victor White: „Der Versuch, die Doktrin[9] wörtlich zu verstehen, löscht den Menschen aus, und schließlich sind nur noch Leichen da, sie zu vertreten. Machen sie sich die Doktrin wirklich zu eigen, dann unterzieht Ihr individuelles Verständnis sie einer schöpferischen Wandlung und so verleihen Sie ihr Leben. Die meisten Ideen sind lebendig, wenn sie umstritten sind, d.h. Sie können ja sie ablehnen, auch wenn Sie ihre Bedeutung für die vielen erkennen. Bejahen Sie sie uneingeschränkt, so könnte eine Grammophonplatte Sie ersetzen."[10] Das bedeutet, daß

---

8 Vgl. Jung, *Psychologie und Religion.* GW. Bd. 11, para 148. „Zum Verständnis der religiösen Dinge gibt es heute wohl nur noch den psychologischen Zugang, weshalb ich mich bemühe, historisch festgewordene Denkformen wieder einzuschmelzen und umzugießen in Anschauungen der unmittelbaren Erfahrung."

9 der Katholischen Kirche, meine Anmerkung.

10 *Briefe,* Bd. II, S. 392f.

wenn ein kirchlich eingestellter Mensch vom Unbewußten veranlaßt wird, etwas gegen die Doktrin seiner Konfession zu vertreten, er sich dies zum persönlichen Konflikt machen sollte – zu seiner Form von Kreuztragung.
Schließlich entscheidet dann nicht er, sondern die *vox
Dei* in ihm den Konflikt, wenn erst einmal sein Ego mit
all seinen Pro- und Contrameinungen wirklich am
Kreuz gestorben ist. Und wie Jung betont: *extra ecclesiam nulla salus* (kein Heil außerhalb der Kirche), aber
die Gnade Gottes reicht noch weiter.[11]

Schwieriger noch scheint es mir, einen Menschen zur
religiösen Dimension hin orientieren zu helfen, wenn er
durch zuviel konfessionelle Indoktrinierung so geplagt
worden ist, daß er dann das Kind mit dem Bade ausschüttet und von Religion überhaupt nichts mehr wissen
will, sondern sich rein der „Welt" zuwendet. Ohne daß
er es merkt, holt ihn dann das Numinosum von hinten
ein und macht ihn besessen mit Sexualphantasien oder
Geldgier, Machtimpulsen, Drogen oder politischen Fanatismen, d.h. mit Ersatzgöttern. Jung schreibt deshalb
in „Psychologie und Religion", daß letztlich eigentlich
alles Beherrschende und Unentrinnbare Gott genannt
werden könne, „wenn es nicht der ethischen Entscheidung der menschlichen Freiheit gelingt, gegen diese Naturtatsache eine Position von ähnlicher Unüberwindlichkeit aufzurichten ... Es ist der menschlichen Freiheit
anheimgegeben, ob ‚Gott' ein ‚Geist' oder eine Naturtatsache, wie die Sucht des Morphinisten ist, womit auch
entschieden ist, ob ‚Gott' eine segensreiche oder eine
zerstörerische Macht bedeuten soll."[12] Die Ersatzgötter
bringen Unfreiheit und Besessenheit mit sich. So müssen wir letztlich wählen, welchen Herren wir dienen wol

---

11 Vgl. auch Jungs *Psychologie und Alchemie,* GW. Bd. 12, para 96.
12 GW. Bd. 11, para 142 ff.

len – solchen Ersatzgöttern oder dem Gott, wie er sich im Inneren offenbart, wenn man sich ehrlich um Selbsterkenntnis bemüht. „Gott hat nie anders zum Menschen gesprochen als in der Seele, und die Seele versteht es, und wir erfahren es als etwas Seelisches. Wer das Psychologisieren nennt, der leugnet das Auge, das die Sonne sieht." [13]

In der heutigen Zeit kommen bisweilen auch Menschen in die Analyse, welche in jener anderen „Kirche", dem Marxismus, wie er östlich des Eisernen Vorhangs etabliert ist, von Jugend auf erzogen worden sind. Ihre Schwierigkeiten sind denen der Angehörigen einer Konfession, die die einzige Wahrheit zu vertreten beanspruchen, sehr ähnlich. Am meisten fiel mir bei diesen Fällen eine völlige Unterdrückugng des weiblichen Prinzips und damit des persönlichen Gefühls auf – eine intellektuelle ruchlose Unbezogenheit. Damit aber entfällt auch die Fähigkeit, „ergriffen" zu sein, irgendeinen Sinn oder Wert erleben zu können. Auch sind diesen Menschen alle religiösen Wörter wie Gott, Seele, persönliches Gewissen usw. so verteufelt worden, daß man sie ihnen gegenüber besser gar nicht benützt, sondern nur den Traumbildern folgend jenen „neuen Sinn" zu vermitteln sucht, der sich in ihrer Seele offenbaren will. In gewisser Hinsicht haben aber auch sie einen Vorteil: sie können unbelastet von jeglicher Vergangenheit die religiöse Dimension der Psyche spontan neu erleben, ohne daß zuviel Tradition ihre Entdeckungen gleich wieder an Vergangenes zurückbindet. Meine Hoffnung ist es, daß einmal gerade in jenen Ländern eine besonders lebendige hochwachsende Saat aufgehen wird, wie dies nach einer Überschwemmung geschieht.

Wie die meisten Heilmittel auch Gifte sind, so hat

---

13 Zit. Briefe, I, S. 132.

184

auch die Begegnung mit dem Numinosen eine höchst gefährliche Seite. Religionen sind ja auch nicht nur etwas Konstruktives; man denke nur an die Ketzer- und Hexenverbrennungen, an die zerstörende Invasion Europas durch die Türken, die bis zu den Toren Wiens vordrangen, an die zweifelhafte Tätigkeit der Missionen, welche einheimische Glaubens- und Kulturformen vieler Völker aufgelöst haben und sie so wurzellos gemacht haben, usw. „Religionen", so schreibt Jung, „sind nicht unbedingt schön und gut. Es sind gewaltige Manifestationen des Geistes und es steht nicht in unserer Macht, dem Geist zu gebieten. Große Katastrophen, wie Erdbeben und Feuersbrünste, überzeugen den modernen Verstand nicht mehr, und wir bedürfen ihrer nicht. Es gibt viel schauerlichere Dinge, nämlich den Wahnsinn der Menschen, die großen geistigen Epidemien, an denen wir heute leiden."[14]

Im Einzelfall läßt sich die gefährliche Seite des Numinosums daran feststellen, daß, wenn ein Archetypus an die Bewußtseinsschwelle vordringt, er eine Tendenz entwickelt, das bewußte Ich zu faszinieren, und zu drängen, seinen symbolischen Inhalt konkret auszuagieren. Gelingt es dem Individuum nicht, Kopf und Herz zu behalten, so wird es besessen und inflationiert. Liegt eine Schizophrenie vor, so agiert er eventuell die furchtbarsten Dinge aus: So ereignete sich z.B., daß ein Schizophrener, der im Anstaltsgarten beschäftigt war, das zehnjährige Töchterchen des Direktors plötzlich packte und ihm den Kopf abschnitt. Er sagte aus, die Stimme des Heiligen Geistes habe ihm befohlen, dies zu tun. Hätte er diese Stimme symbolisch verstanden, so hätte sie ihm wohl die Opferung seiner zu großen Kindlichkeit bedeutet. Das konkrete Ausagieren andrängender

---

14 Briefe, Bd. I, S. 206/7.

archetypischer Inhalte ist die große Gefahr, welche numinose Erfahrung begleitet. In einem solchen Fall hat der dämonische Aspekt des Numinosen gesiegt. Sinnfindung und Heilung sind verloren. Besessenheit bedeutet immer auch Fanatismus. Man hat und vertritt die einzige Wahrheit und beansprucht damit, alle anderen vergewaltigen zu dürfen. Nur eine psychologische Sinnerfassung kann vor dieser Gefahr bewahren. Theologen, welche einen konfessionalistisch-„militanten" Standpunkt vertreten, sehen darin eine ungebührliche Relativierung ihrer Glaubenswahrheit. Dies entspricht jedoch nicht den Tatsachen: Wenn man eine religiöse Urerfahrung erlebt hat, gilt sie für den, der sie erfahren hat, allerdings absolut. Wenn er aber zugleich diese Erfahrung als persönliche Sinnfindung versteht, wird er Gott oder dem Numinosum zugestehen, daß es sich auch in tausend anderen Formen offenbaren könnte, weil es letztlich ein Unerforschbares ist, das sich uns nur durch den Filter der menschlichen Seele, in Bilder umgesetzt, offenbart und in mythischen Formen zu uns spricht. Was es aber „an sich" ist, können wir zum mindesten in diesem Leben nicht wissen. Darum wird ein solcher Mensch seine Erfahrung nie als allgemeingültige Wahrheit predigen wollen.

Das ist wohl, was das Gleichnis Jesu mit dem verborgenen Schatz (Math. 13,46) meint, den ein Mensch fand und wieder verbarg und alles verkaufte, um den Acker zu erwerben. Wer eine wirkliche religiöse Erfahrung gemacht hat, hütet sie verborgen in seinem Herzen und predigt sie nicht von der Kanzel herab. Mit anderen Menschen, die etwas ähnliches erfahren haben, wird er sich vielleicht austauschen, wissend, daß, was er erfahren hat, etwas ist, was ihm Gott offenbart hat, aber anderen auch in ganz anderer Form oder anderen Inhalts sagen könnte. Es entsteht so ganz natürlicherweise eine tiefe Ehrfurcht vor der „religio" des anderen (wenn sie echt ist) und ein Bedürfnis, diese nicht anzugreifen. Nur wer selber zweifelt, fühlt sich gedrängt, möglichst viele Mitläufer zu gewinnen, um so den eigenen Zweifel zu übertönen. Jung betont deshalb, daß religiöse Erfahrung ihre eigene Evidenz mit sich bringt, und zugleich sollte auch das Ich trotz solcher Erfahrung nie ganz den Zweifel daran, ob es sie richtig verstanden hat, aufgeben. „Ich für meine Person", sagte Jung, „ziehe die köstliche Gabe des Zweifels vor, weil dieser die Jungfräulichkeit der unermeßlichen Erscheinung unberührt läßt. Eine solche Haltung bleibt für immer neue und noch umfassendere innere Erfahrung offen." [15]

Wenn die numinose heilende Erfahrung während einer Analyse geschieht, ist es Aufgabe des Analytikers, die möglichen negativen Folgen, Besessenheit und Inflation, zu verhindern helfen. Sie geschehen meistens, wenn das Ich oder die moralische Begabung (Gefühl) des Analysanden schwach sind. Die Träume geben aber hierfür die nötige Grundlage, um solche Effekte verhindern zu können. Manchmal fehlt es auch am Verstehen, was aber leichter behoben werden kann.

Wegen der Vielfalt der Möglichkeiten, in denen sich die ergreifende numinose, d. h. religiöse Erfahrung in der Praxis ereignen kann, ist es schwierig, darüber allgemeines zu sagen. Jung hat sich deshalb in seinen Werken darauf konzentriert, gewisse generelle Tendenzen herauszustellen, die er einerseits bei sich selber und andererseits bei vielen seiner Patienten beobachtet hat. Es sind dies gleichsam „Strömungen" im kollektiven Unbewußten, welche hauptsächlich im Raum der einerseits offiziell noch christlichen westlichen Welt und ihrer areligiösen rationalistischen Wissenschaftstheorien andererseits beobachtbar sind. Die kompensatorische „Strö-

---

15 *Psychologie und Alchemie,* 1. c. para 8.

mung" im kollektiven Unbewußten in unserem Kulturraum manifestiert sich besonders oft in mythischen Inhalten, welche der Symbolik der Alchemie gleichen. Besonders um vier Probleme scheint der alchemistische Mythos zu kreisen: 1. um die Aufwertung des Individuums gegenüber der Vermassung, II. um die Werterhöhung des weiblichen Prinzips oder des Eros (in der Frau und im Mann), III. um das Problem des Bösen und IV. um die Versöhnung der Gegensätze in der psychischen Grundstruktur des Menschen.

Die Aufwertung des Individuums zeigt sich in Erfahrungen des von Gott direkt Aufgerufenseins, in Träumen, daß man am Hebel des Weltgeschehens sitzt, usw. Ein Beispiel ist der folgende Traum eines jüngeren Amerikaners:

„Ich spaziere mit meiner Frau bei den ‚Palisades‘, wo man New York City überblicken kann. Ein unbekannter Mann führt uns an. New York ist ein Trümmerhaufen – wir wissen, daß die Welt zerstört wurde. Überall brennen Feuer, Tausende von Leuten fliehen panikartig in alle Richtungen, der Hudsonfluß hat große Teile der Stadt überschwemmt. Es herrscht Zwielicht, feurige Kugeln am Himmel bewegen sich auf die Erde zu. Es ist das Ende der Welt ... Die Ursache war eine Rasse von Riesen, die aus dem außerterrestrischen Raum gekommen war. Mitten in den Trümmern sah ich zwei davon sitzen, die nachlässig Menschen handvoll auflasen und aßen, mit einer Nonchalance, wie wenn man bei Tisch Trauben ißt. Die Riesen hatten verschiedene Größen und Gestalt. Mein Führer erklärte, sie kämen von verschiedenen Planeten, wo sie harmonisch und friedlich zusammen lebten, und daß sie auf fliegenden Untertassen gelandet seien. Die feurigen Kugeln bedeuteten weitere solche Landungen. In der Tat war unsere Erde im Urbeginn von diesen Riesen eingerichtet worden. Die Erde war sozusagen ihr Treibhaus, und nun kämen sie, um

188

ihre Früchte zu ernten – dies hatte einen bestimmten Grund, den ich später erfahren würde. Ich wurde gerettet, weil ich einen hohen Blutdruck hatte. Darum, heißt es, sei ich dazu auserwählt, durch die Prüfung zu gehen und, wenn ich sie bestünde, wie mein Führer ein ‚Retter von Seelen' zu werden. Wir liefen weiter, und plötzlich sah ich vor mir einen riesenhaften goldenen Thron, auf welchem der König und die Königin der Riesen saßen. Sie waren die ‚Intelligenz' hinter der Zerstörung unseres Planeten. Meine Prüfung bestand darin, daß ich eine Treppe bis zu ihnen hinaufsteigen mußte. Es war ein sehr schwerer Aufstieg; ich hatte Angst, aber ich wußte, ich mußte es tun; die Welt und die Menschheit standen auf dem Spiel. Ich erwachte schweißgebadet von diesem Traum."

Das Motiv des Einbruchs von Riesen, die alles zerstören, erinnert an das Buch Henoch (ca. 100 v. Chr.), wo erzählt wird, daß sich Engel in Menschenfrauen verliebten und mit ihnen ein Geschlecht von Riesen erzeugten, die alles zu zerstören drohten. Die Engel lehrten zugleich die Menschen viele neue Künste. Wie Jung dies bereits gedeutet hat [16], handelt es sich um eine überstürzte Invasion des menschlichen Bewußtseins durch Inhalte des kollektiven Unbewußten. Die Riesen verkörpern die dadurch entstehende Inflation, die die Bedeutung des Menschen ins „Riesenhafte" steigert, infolge eines zu schnell anwachsenden technischen Wissens. Diese negative Entwicklung hat aber einen geheimen positiven Hintergrund, sie ruft den einzelnen auf, den schweren Aufstieg zu höherer Bewußtheit, zur Individuation zu gehen.

Ein solcher Traum könnte leicht als größenwahnsinnig mißverstanden werden, was aber im konkreten Fall

---

16 *Antwort auf Hiob,* GW. Bd. 11, para 669 f.

nicht auf den Träumer paßt. Im Gegenteil besteht die finale Funktion des Traumes vielmehr darin, dem Träumer realisieren zu helfen, daß es nur auf ihn allein ankommt; daß alle äußeren z. B. politischen oder sonstwie kollektiven Unternehmungen die Weltsituation, an der er wie wir alle litt, nicht retten können. Auch die Aufwertung des Eros, des weiblichen Prinzips und die Vereinigung der Gegensätze ist deutlich dargestellt.

Die Vereinigung der Gegensätze von Natur und Geist, Hell und Dunkel, ist häufig in modernen Träumen durch eine seltsame Veränderung des Christusbildes in inneren Visionen und Träumen dargestellt. Christus erscheint hier z. B. gehörnt, wie der antike Pan, oder aus Metall bestehend, wie Mercurius, die Heilandfigur der Alchemie. Nur unter Zufügung solcher Züge kann Christus als ein vollständiges Symbol des Selbst für den modernen Menschen gelten. Solche Traummotive zeigen auch, daß es dem kollektiven Unbewußten nicht angelegen zu sein scheint, unsere christliche Kulturtradition zu vernichten, sondern schöpferisch nach vorne weiter auszubauen.

Die alchemistische Literatur ist ein Chaos, in welchem viel Unsinn und zugleich wesentlichste, unendlich individuell variierte Symbole zu finden sind. Jung hat es sich zur Lebensaufgabe gemacht, in mühsamer Kleinarbeit aus diesem Chaos die wesentlichen Grundmotive herauszuklauben und wie ein „Puzzle" zusammenzusetzen. Die beste Zusammenfassung, um was es dabei geht, findet sich in seiner Einleitung zu „Psychologie und Alchemie".[17] Es zeigt sich dabei, daß sich die alchemistische Symbolproduktion kompensatorisch zu der einseitig patriarchal orientierten christlichen Lehre verhält. „Die welthistorische Wandlung des Be-

---

17 GW. Bd. 12, para's 26–30.

wußtseins nach der ‚männlichen' Seite ist kompensiert zunächst durch das Chthonisch-Weibliche des Unbewußten. Schon in gewissen vorchristlichen Religionen tritt eine Differenzierung des Männlichen ein in der Gestalt der Spezifikation Vater-Sohn, welche Wandlung dann im Christentum zu höchster Bedeutung gelangt. Wäre das Unbewußte bloß komplementär, so hätte es diese Bewußtseinswandlung begleitet durch die Herausstellung von Mutter und Tochter ... Es hat aber, wie die Alchemie zeigt, den Typus Kybele-Attis in der Gestalt der ‚prima materia' und ‚filius macrocosmi' vorgezogen ... So zeigt sich, daß das Unbewußte nicht einfach gegensätzlich zum Bewußtsein sich verhält, sondern ein mehr oder weniger modifizierender Gegen- oder Mitspieler ist ... So neigt sich das Obere, Geistige, Männliche dem Unteren, Irdischen, Weiblichen zu, und dementsprechend erzeugt die der Vaterwelt vorangehende Mutter, dem Männlichen entgegenkommend, einen Sohn, nicht den Gegensatz zu Christus, sondern dessen chthonische Entsprechung, nicht einen Gottmenschen, sondern ein mit dem Wesen der Urmutter konformes Fabelwesen ... Diese Antwort der Mutterwelt zeigt, daß die Kluft, die sie von der Vaterwelt trennt, nicht unüberbrückbar ist, weil das Unbewußte einen Keim *der Einheit beider* in sich enthält.[18] Das Wesen des Bewußtseins ist Unterscheidung, es muß um der Bewußtheit willen die Gegensätze voneinander trennen; und zwar contra naturam. In der Natur suchen sich die Gegensätze ... und so ist es im Unbewußten, insbesondere im Archetypus der Einheit, im Selbst. In diesem sind, wie in der Gottheit, die Gegensätze aufgehoben ..."

„Die Alchemie gab immer wieder Anlaß zur Projek-

---

18 Meine Unterstreichung.

tion jener Archetypen, welche sich in den christlichen Prozeß nicht reibungslos einfügen lassen."[19]

Was in der alchemistischen Symbolik als Grundtendenz sichtbar wird, ist eine Werterhöhung des weiblichen Prinzips und diese Tendenz findet sich auch in sehr vielen numinosen Erfahrungen moderner Individuen unserer westlichen Kultur. Jung war bekanntlich begeistert über Papst Pius XII. *Declaratio Assumptionis Mariae* und nannte sie das wichtigste geistesgeschichtliche Ereignis unserer Zeit. Die meisten Leute können dies nicht sehen, obwohl der Konflikt um das Priester-Zölibat, Feministinnenbewegungen und Diskussionen über das Wesen der Frau und des Weiblichen seither zum Tagesgespräch geworden sind. Man übersieht, daß es der Archetypus der Göttin ist, der aktiviert wurde, und verschiebt die Diskussion auf juristische, soziologische, politische usw. Fragen, ohne das wirkende Numinosum zu sehen. In den Träumen hingegen wird das Numinosum als Grundwelle hinter solchem Oberflächengekräusel oft sehr deutlich sichtbar. So träumte eine protestantische Frau, die die Zeitungsnotiz von der *Declaratio solemnis* des Papstes zwar gelesen, aber gar nicht beachtet hatte, sie gehe in Zürich über eine Brücke zu einem öffentlichen Platz, wo sie eine riesige Menschenmenge versammelt sieht. Man erklärt ihr, hier würde die Himmelfahrt Mariä stattfinden. Sie sieht ein hölzernes Podium, auf ihm steht eine wunderschöne nackte Negerin. Sie erhebt die Hände und schwebt langsam zum Himmel. Das scheinbar Unorthodoxe an diesem Traum ist die Nacktheit. Das Unbewußte unterstreicht damit, was durch die *Declaratio* nur angedeutet ist, die Bedeutung des Körpers. Das Bild widerspricht dem neuen Dogma nicht, aber entfaltet seine Konsequenzen weiter.

---

19 *G. W.,* Bd. 12, para 48.

Eine Katholikin, welche die *Declaratio* auch nicht sonderlich wichtig genommen hatte, träumte: Nun sei es erlaubt, daß in der Kirche auch Priesterinnen wirkten. Auch hier „denkt" das Unbewußte die schöpferischen Konsequenzen der *Declaratio* weiter aus. Maria geht nach der *Declaratio* ins himmlische Brautgemach ein, was auf eine weitere Entwicklung, einer heiligen Hochzeit im Jenseits, hinweist.

Mit einem beinahe oder vielleicht ganz unlösbaren Problem sind wir heute mit der Frage nach dem Umgang mit dem Bösen konfrontiert. In den meisten nichtchristlichen Religionen (mit Ausnahme des Buddhismus) sind die Götter oder die oberste Gottheit sowohl gut als auch destruktiv. Im griechisch-römischen Raum einerseits und dem Spätjudentum (Weisheitsbücher des Alten Testaments) andererseits verstärkte sich einseitig die Tendenz, Gott als *summum bonum* zu sehen und das Böse aus seinem Bereich auszuklammern – gipfelnd in der scholastischen Lehre, daß das Böse kein eigenes Sein habe, sondern nur eine *privatio boni,* eine Verminderung oder ein Fehlen des Guten darstelle. Eine solche psychologische Einseitigkeit ruft nach einem kompensatorischen Gegenstoß. Christus selber sah dies voraus, indem er auf das Kommen des Antichrist wies. Wie Jung hauptsächlich in seinen Werken „Aion" und „Antwort auf Hiob" darstellt, hat seit etwa dem Jahr Tausend, dem Zeitalter des Zweiten Fisches des Fischzeitalters, diese Gegenbewegung allmählich eingesetzt und die christliche Lehre Schritt um Schritt unterhöhlt. Heute sagt er in seiner letzten Schrift hierüber in den „Späten Gedanken" seiner Erinnerungen: „Die einst von den Gnostikern aufgeworfene Frage: ‚Woher kommt das Böse?' hat in der christlichen Welt keine Antwort gefunden und des Origenes leiser Gedanke von einer möglichen Erlösung des Teufels galt als Ketzerei. Heute aber haben wir Rede zu stehen und Antwort zu geben, und wir stehen da mit leeren Händen, verwundert und ratlos, und können uns nicht einmal klarmachen, daß uns kein Mythos zu Hilfe kommt, dessen wir doch so dringend bedürften. Man hat zwar infolge der politischen Lage sowohl wie der furchtbaren, ja dämonischen Erfolge der Wissenschaft heimliche Schauer und dumpfe Ahnungen, aber man weiß keinen Rat, und nur die wenigsten ziehen den Schluß, daß es diesmal um die längst vergessene Seele des Menschen geht ..." [20]

Jung sah diese heutige Kulmination des Bösen als typisch für die historischen Katastrophen, welche die großen Zeitwenden zu begleiten pflegen, in unserem Fall das Ende des Fischzeitalters und Beginn des Wassermanns. Tatsächlich drohen uns sogar eine mögliche totale Auslöschung allen Lebens auf unserer Erde, sei es allmählich durch die Umweltzerstörung oder durch einen globalen Krieg. Die Zunahme der Kriminalität, Vorkommnisse von Holocausts usw. sind eine erste Warnung. Jeder spricht heute von diesen Problemen, und niemand weiß, was zu tun wäre. Appelle an die Vernunft scheinen ungehört zu verhallen. Wie obiges Zitat zeigt, wußte Jung auch keine einfache Antwort, aber er war überzeugt, daß jeder einzelne, der damit anfängt, sich mit dem Bösen in sich selbst auseinanderzusetzen, einen wirkungsvolleren Beitrag zur Rettung der Welt leistet, als äußere idealistische Machenschaften es tun können. Es geht dabei auch noch um mehr als die Einsicht in den persönlichen Schatten, sondern auch um ein Ringen mit der dunklen Seite Gottes (oder des Selbst), dem der Mensch nicht die Stirne bieten kann und doch tun muß, wie Hiob es tat. „Der Mythus muß endlich mit dem Monotheismus ernst machen und seinen (offiziell geleugneten) Dualismus aufgeben, welcher bis anhin neben dem

---

20 l. c. S. 335.

allmächtigen Guten einen ewig dunklen Widersacher bestehen ließ ... Nur dann kann dem einen Gott auch die ihm zukommende Ganzheit und die Synthese der Gegensätze gewährt werden. Wer es erfahren hat, daß ‚von Natur aus‘ durch das Symbol Gegensätze sich so einigen können, daß sie nicht mehr auseinanderstreben und sich bekämpfen, sondern sich gegenseitig ergänzen und das Leben sinnvoll gestalten, dem wird die Ambivalenz im Bild eines Natur- und Schöpfergottes keine Schwierigkeiten verursachen. Er wird im Gegenteil dem Mythus von der Menschwerdung Gottes, ... als schöpferische Auseinandersetzung des Menschen mit den Gegensätzen und ihre Synthese im Selbst, der Ganzheit seiner Persönlichkeit verstehen ... In der Erfahrung des Selbst wird nicht mehr wie früher, der Gegensatz ‚Gott und Mensch‘ überbrückt, sondern der Gegensatz im Gottesbild. Das ist der Sinn des ‚Gottesdienstes‘, d. h. des Dienstes, den der Mensch Gott leisten kann, daß Licht aus der Finsternis entstehe, daß der Schöpfer seiner Schöpfung und der Mensch seiner selbst bewußt werde."[21] Das absolute Böse ist somit auch ein göttliches Mysterium, auch eine Form der Erfahrung des Numinosum, bei deren Anblick es einem allerdings zuerst die Sprache verschlägt. Als seine Schüler einmal Jung fragten, ob der dritte (wahrscheinlich schrecklichste) Weltkrieg vermieden werden könnte, antwortete er, es komme darauf an, wie viele Individuen die Gegensätze in sich selber vereinen könnten.

In der Analyse begegnet man häufig globalen Katastrophenträumen (wie auch der auf Seite 188 f. angeführte), so daß es nicht ganz von der Hand zu weisen ist, daß eventuell das Unbewußte, d. i. die Natur selber, eine Vernichtung der Menschheit anstrebt. Jung rechnete mit

---

21 Zit. aus *Erinnerungen*, l. c. S. 340/41.

dieser Möglichkeit, aber sein Optimismus ließ ihn hoffen, daß wir eventuell gerade knapp um die gefährliche Kurve schleichen und ohne Totalzerstörung der Erde entrinnen könnten.

In einem Brief geht er soweit zu sagen: „Abweichung vom Numen scheint überall und immer als das schlimmste und ursprünglich Böse zu gelten."[22] Er betont aber im selben Brief auch, es gebe nichts, das nicht zuzeiten Böse genannt werden könne, daß also Gut und Böse nur relativ menschliche Werturteile sind. Entscheidend ist darum immer, ob man sich seines Konfliktes bewußt ist und ihn bewußt erträgt, doch darf man sich damit nicht der Illusion hingeben, daß dann das Böse eliminiert sei. Jung betont, es sei „nicht bekannt, daß es mehr Gutes als Böses gäbe, oder daß das Gute etwa stärker sei, als das Böse. Man kann nur hoffen, daß das Gute überwiege. Wenn man das Gute mit dem Konstruktiven identifiziert, so besteht eine Wahrscheinlichkeit, daß das Leben weiterdauert in einer mehr oder weniger ertragbaren Form; wenn aber das Destruktive vorherrschen sollte, so wäre gewiß die Welt an sich selbst schon lange zugrunde gegangen ... Es ist darum die optimistische Voraussetzung der Psychotherapie, daß die Bewußtwerdung das Vorhandensein des Guten mehr betont als das verdunkelnde Böse. Die Bewußtwerdung ist tatsächlich eine Versöhnung von Gegensätzen und bildet damit ein höheres Drittes."[23]

Insofern das Böse meistens eine Abweichung vom Numen ist, heißt das auch, daß ein solches Abweichen immer wieder unvermeidlich ist und der Konflikt von Abkehr und reuiger Wiederkehr lange, wenn nicht sogar lebenslänglich andauert. Das Bild der Kreuzigung ist

22 *Briefe,* Bd. III., S. 103.
23 Ebenda, Bd. II, S. 491.

darum eine ewige Wahrheit, und die Analyse verspricht deshalb dem Patienten auch nicht Glück, sondern kann ihn nur vom neurotischen Stillstand seines Lebens befreien, nicht aber von dessen echten Leiden. Ich weiß zu diesem größten Problem selber nicht mehr als Jung zu sagen, außer daß auch ich in meiner Arbeit gesehen habe, daß zum mindesten beim einzelnen das Problem des Bösen bisweilen (nicht immer!) mit Hilfe Gottes (so daß Gott gegen Gott steht!) gelöst werden kann. Wenn es gelingt, ist dies ein Wunder und eine der ergreifendsten Erfahrungen des Numinosum. Im religiösen Bild der Gottheit, d. i. des Selbst, koexistieren die Gegensätze, aber sie sind nicht bewußt vereinigt. Das kann nur im bewußten Menschen stattfinden, wo sich beide Seiten des Selbst, die gute und die böse, zu inkarnieren streben. In der inkarnierten Form sind sie verkleinert und vermenschlicht und können sich darum mit Beihilfe des menschlichen Bewußtseins verbinden. Selbsterkenntnis oder Bewußtwerdung ist darum das Entscheidende.

Das vierte Thema, das immer wieder in den religiösen Träumen moderner Menschen auftaucht, ist die *Coniunctio*. Wie aus dem Vorhergehenden klar wird, ist es mit den drei zuvor genannten Motiven unlösbar verbunden. Es erscheint im Berufungstraum jenes Amerikaners, in der *Declaratio* des Papstes (Maria geht in das Brautgemach ein zur Hochzeit des Lammes) und als Antwort auf das Problem des Bösen. Das Oberflächengekräusel über diese Grundwelle in der Tiefe des Unbewußten manifestiert sich in der omnipräsenten Diskussion um die Sexualität und die Beziehung von Mann und Frau. In den Erzeugnissen des Unbewußten geht es aber um das, was noch tiefer dahinter liegt, um eine *unio mystica* mit dem Selbst, welche als Einswerdung der kosmischen Gegensätze erlebt wird. Mit der Beziehung zwischen Mann und Frau hat dies insofern zu tun, als alle ernste tiefergehende Liebesbeziehung letztlich der wechselseitigen Individuation dient, der Ganzwerdung der Partner. Das ist auch wohl der Sinn einer als Sakrament aufgefaßten Ehe. Aber es ist etwas, das sich nicht nur in der Ehe, sondern in jeder als Verpflichtung angenommenen Liebesbeziehung konstelliert. Das Erlebnis selber läßt sich in trockenen Worten nicht vermitteln. Jung hat seine Visionen davon, die er in Todesnähe erlebt hat, in seinen Erinnerungen beschrieben.[24] Aber man findet es auch angedeutet bei Meister Eckhart und bei vielen Mystikern, oft in den Worten des Hohen Liedes. Es ist ein Erlebnis, das den Menschen in kosmische Weite hineinbefreit. In der alchemistischen Symbolik ist es das zentrale Motiv, die *Coniunctio Solis et Lunae* und aller anderen Gegensätze.[25] Jung hat diesem Symbol sein großes Alterswerk gewidmet[26] und mündlich angedeutet, daß es noch vieles mehr bedeute, das er aber nicht sagen könne. Nur wenige Menschen erleben heute diese Stufe der Individuation, aber es ist das treibende Motiv hinter aller auch mehr vordergründiger Bewußtwerdung[27] und hinter allen tiefergehenden Analysen, wo es sich zuerst als Problem von Übertragung und Gegenübertragung manifestiert.

Weil viele heutige Menschen diese Erlebnisse noch nicht verstehen, ist Jung als Mystiker, Prophet und Religionsstifter verschrien worden, mit dem Beigeschmack von „unwissenschaftlicher" Konfusion. Ohne diesen Beigeschmack würde ich den zwei ersteren Bezeichnungen sogar teilweise zustimmen, denn die großen Mystiker der christlichen Traditionen (aber auch viele taoisti-

---

24 *Erinnerungen,* 1. c. S. 297 ff.
25 Ein schönes Beispiel findet sich in der Aurora Consurgens, III. Bd. von Jung, *Mysterium Coniunctionis.*
26 *Mysterium Coniunctionis,* 2 Bd.e, *G. W.,* Bd. 14/I, 14/II.
27 Vgl. Psychologie der Übertragung, *G. W.,* Bd. 16.

sche und Zen-Meister im Osten und Heilige des Islam!) reden wie er, von persönlicher Urerfahrung des Numinosen. Und Propheten (ohne negative Konnotation) sind Menschen gewesen, denen in einer Urerfahrung Einblick in die archetypische Hintergrundsituation ihrer Zeit eröffnet wurde, die sie dazu veranlaßte, zukünftige geistige Entwicklungen vorauszusehen und gegen die Mißstände ihrer Zeit zu warnen. Das dritte: Religionsstifter ist Jung nie gewesen und hat er nie sein wollen. Als sich seine Schüler unter dem Druck der Außenwelt (hauptsächlich der Berufsgesetzgebung ihrer Länder) zu einer Berufs-Vereinigung organisierten, willigte Jung nur ungern ein. Für ihn galt es absolut, daß der „Geist weht, wo er will" und nicht auf Flaschen abgezogen werden kann. Wenn man nach geschichtlichen Parallelen suchen will, ließe sich die Jungsche Psychologie am ehesten dem ursprünglichen Taoismus in China vergleichen, als einer Weisheit, die das ganze menschliche Leben umfaßt. Auch die Taoisten haben sich später zu organisierten Gemeinschaften zusammengeschlossen, aber damit weitgehend den „Sinn" (Tao), wie ihn Laotze oder Dschuang-tze andeuten, verloren. In der Affinität der Taoisten zur Alchemie gleichen sich die beiden Welten ebenfalls.

Wegen ihrer naturwissenschaftlichen Interessen und Leistungen wurden die Taoisten vom Maoismus nicht abgelehnt, und auch darin liegt eine gewisse Parallele. Es ist nämlich gar nicht so, daß die Jungsche Psychologie nicht „wissenschaftlich" ist, wie man oft zu hören bekommt. Viele Bereiche, wie die Archetypen und ihre Wirkung, die Traumtheorie und die Komplexlehre, halten der Erforschung durch die „harten" Methoden der Naturwissenschaften durchaus stand. Nur das heilende Sinnerleben, die Begegnung mit dem Numinosum, ist wegen seiner jeweiligen, sich immer wieder abwandelnden schöpferischen Einmaligkeit mit statistischen Methoden nicht erfaßbar. Man kann es nur nachprüfen, indem man sich ihm selber direkt aussetzt. Außerdem „kann es", wie Jung betont, aber „muß es" nicht geschehen. Sonst wäre ja das Wirken des Göttlichen unfrei, an Naturgesetze gebunden. Das scheint aber wegen seiner essentiell schöpferischen Natur nicht der Fall zu sein. Jung geht soweit zu sagen, daß die schöpferische Phantasie „das uns einzig zugängliche seelische Urphänomen ist, der eigentliche Wesensgrund, die einzige unmittelbare Wirklichkeit."[28] Sie ist das Göttliche selber. Und diese, schöpferische Symbole erzeugende Kraft des Unbewußten steht letztlich hinter aller Entstehung von Religionen. „Bei der Bildung großer Religionen handelt es sich zunächst um kollektive Desorientiertheit, welche ein überwältigendes Ordnungsprinzip im Unbewußten allgemein konstelliert (kollektive Erlösungssehnsucht). Der Prophet erkennt aus der Not der Zeit durch innere Schau das hilfreiche Gebilde im kollektiven Unbewußten und spricht es aus im Symbol ... Ändert sich die Lage, so bedarf es neuer ,Wahrheit', daher Wahrheit immer zu einer bestimmten Lage relativ ist ... Solange das Symbol die wahre und darum erlösende Antwort auf eine ihm entsprechende Lage ist, ist es wahr und gültig, ja ,absolut'. Ändert sich die Lage und wird das Symbol einfach perpetuiert, so ist es nichts als ein Idol, das verarmend und verdummend wirkt, da es bloß unbewußt macht und keine Erklärung und Erleuchtung gibt ... Symbol ist Lehre, Idol ist Blendung ..."

„Das Symbol braucht den Menschen zu seinem Werden. Es überwächst ihn aber, daher ,Gott' genannt, weil es einen seelischen Tatbestand oder Faktor ausdrückt, der stärker ist als das Ich." Das Selbst übernimmt dann die Führung, und das vermittelt dem Ich

---

28 *Briefe*, 1. c. Bd. 1, S. 86–88.

eine Erlösung vom Gefühl seines Unvermögens. Es ist aus diesen, hier nur angedeuteten Tatbeständen klar, daß das Numinosum, das symbolische Erlebnis, für Jung alles ist; die einzig wichtige Dimension des analytischen Prozesses.

RELIGIÖSE ODER MAGISCHE
EINSTELLUNG
ZUM UNBEWUSSTEN

Es ist in diesem beschränkten Rahmen nicht möglich, den Verlauf einer auch nur kurzen Analyse so zu beschreiben, daß alle Subtilitäten der Träume, der Wandlungsvorgänge und der gegenseitigen Beziehung dargestellt werden könnten. Ich beschränke mich daher im folgenden darauf, ein einziges Problem herauszugreifen, das in der Analyse der Träumerin eine wesentliche Rolle spielte, und um welches daher auch ihre wichtigsten Träume kreisen. Dieses Problem könnte man als den Gegensatz von „religiöser" oder „magischer" Einstellung zum Unbewußten bezeichnen. „Religion scheint mir", sagt C. G. Jung, „eine besondere Einstellung des menschlichen Geistes zu sein, welche man in Übereinstimmung mit dem ursprünglichen Gebrauch des Begriffes ‚religio' formulieren könnte als sorgfältige Berücksichtigung und Beobachtung gewisser dynamischer Faktoren, die aufgefaßt werden als ‚Mächte': Geister, Dämonen, Götter, Gesetze, Ideen, Ideale oder wie immer der Mensch solche Faktoren genannt hat, die er in seiner Welt als mächtig, gefährlich oder hilfreich genug erfahren hat, um ihnen sorgfältige Berücksichtigung angedeihen zu lassen, oder als groß, schön und sinnvoll genug, um sie andächtig anzubeten und zu lieben." [1]

---

1 Psychologie und Religion, in *G. W.*, Bd. 11, S. 4.

Diese sorgfältige Konsideration setzt eine bestimmte bescheidene, ehrliche und einfache Bewußtseinshaltung gegenüber dem Numinosum voraus, welche aber manchen Menschen große Mühe bereitet. Falls nämlich letztere fehlt, besteht statt dessen oft eine „getriebene" und teilweise unbewußte Einstellung des Ich gegenüber dem Numinosum, aus welcher eine Haltung gegenüber dem Unbewußten entspringt, die man als „Magie" bezeichnen könnte. Worum es sich genauer handelt, möchte ich versuchen, durch die nachfolgenden Träume zu erläutern.

Immer wieder begegnet man in allen Volksschichten Menschen, bei denen das Unbewußte in ungewöhnlichem Ausmaß schicksalhaft stark konstelliert ist und in einer Fülle affektgeladener, archetypischer Bilder heraufquillt. Die Gefahr einer Überwältigung durch das Unbewußte liegt in solchen Fällen immer nahe, läßt sich aber oft durch eine schöpferische Gestaltung der herandrängenden Inhalte bannen. Die Träume solcher Menschen insistieren dabei häufig selber deutlich auf dieser Gestaltungsmöglichkeit, und man fühlt sich oft an jene zahlreichen alten Überlieferungen erinnert, welche erzählen, wie ein Gott, Dämon oder Geist einzelne auffordert, ganz bestimmte Aufgaben in seinem Dienst zu erfüllen – eine Forderung, welche oft von der Drohung begleitet ist, den Menschen durch körperliche oder geistige Krankheit oder gar durch den Tod zu bestrafen, falls er nicht gehorche.

Doch warum kann oft ein Mensch eine solche Leistung nicht vollziehen? Warum bedingt jede psychologische Entwicklung, jeder Bewußtseinsfortschritt immer wieder eine ethische Entscheidung, welche auf „Messers Schneide" gefällt wird? Es ist leicht zu verurteilen – es sind hier wohl Imponderabilien im Spiel, die wir noch nicht alle übersehen –, doch geben die Träume in Einzelfällen oft indirekte Hinweise, worum es gehen könnte.

204

Die nachfolgenden Träume stammen von einer 43jäh-
rigen, unverheirateten Frau, einer Volksschullehrerin
aus der Steiermark. Sie hatte in ihrem Heimatort eine
Analyse begonnen, welche aber an dem Mangel mytho-
logischer Kenntnisse der dortigen Analytikerin schei-
terte, da die Träume fast ausschließlich archetypisches
Material enthielten. Andauernde, nicht körperlich bedingte Migränen und ein eigenartiges Symptom hatten
sie zu diesem ersten Analyseversuch veranlaßt. Wenn
nämlich ihre Schulkinder sie über ein gewisses Maß är-
gerten, entfuhr ihr, einer zarten, schüchternen, immer
„korrekten" Frau, ein so furchtbarer tierischer Schrei,
daß zwar die Kinder gleich still wurden, sie selber aber
ebenfalls tief erschrak, weil da autonom etwas so unheimlich Dunkles und Wildes aus ihr herauskam. Als sie
mich in ihren Ferien aufsuchte, befand sie sich in einem
Zustand schwerer Erschöpfung, und zugleich war sie ge-
jagt von Visionen und Träumen, die sie völlig zu über-
wältigen drohten. Man hätte also eigentlich eher zuerst
für körperliche Erholung sorgen sollen, aber das drän-
gende Unbewußte war ja nicht mehr aufzuhalten. Ich
hoffte nur, die Träume würden selber einen Weg aus dieser fast von Anfang an unmöglichen Situation zeigen.

Der Initialtraum lautete folgendermaßen[2]:

Engelsgeburt:
„Ich bin eingekerkert in einer großen Festung, zum Teil
aus natürlichem Fels. Wir sind ganz hinten in der Festung, vorne scheint ein kirchlicher Raum zu sein, denn
unsere Haft hat mit Religion zu tun. Bei mir befinden
sich noch mein Großvater und meine Schwester Agathe.
Der Felsenraum, in dem wir uns befinden, ist oben in
der Festung. Es ist Nacht. Vor mir bildet sich eine Öff-

---

2 Die Träumerin gab ihren Träumen von sich aus Titel, als sie sie für
mich abschrieb.

nung im Fels. Ganz im Hintergrund derselben fließt eine starke, wasserreiche Quelle und bildet einen breiten Wasserfall. Ich freue mich über diesen Anblick, der erlösend auf mich wirkt.

Ich suche einen Platz, um zu schlafen. Der Fels ist zu hart und zu unegal. Es ist eine Felsentreppe da, die tief hinunterführt. Ich gehe einige Stufen hinunter, um mich hier zu lagern. Es ist ganz dunkel, der Stein ist kalt und feucht und mich friert.

Ich stehe auf und gehe etwas weiter vor, dort ist eine zweite Treppe aus Holz, die in einen Innenraum führt zu meiner Schwester und zu meinem Großvater. Wir müssen hinuntergehen, Agathe und ich, um unsere natürlichen Bedürfnisse zu verrichten. Ich bitte den Großvater, uns zu begleiten, um uns zu schützen. Ich trage einen tief rotbraunen Morgenrock, der auf dem Rücken filzig geworden ist. Da ich friere, frage ich den Großvater, ob er den anderen Morgenrock nicht für sich brauche; ich würde ihn dann auch noch über mich legen. Ich frage dies mit Zärtlichkeit und wärmster Fürsorge für ihn. Er erwidert, ich solle den Rock doch nehmen, er brauche ihn nicht.

Wir gehen durch einen großen, leeren Raum. Dann kommen wir in das Schlafzimmer meiner Mutter. Hinter einem Vorhang steht ein Toiletteneimer. Der Großvater begleitet Agathe dorthin, damit ihr nichts geschehen kann, dann kommen sie zurück, und ich gehe hin.

In dem Eimer hängt eine gebrauchte Binde meines Großvaters. Er hat sie nicht entfernt, damit man sehe, daß er auch Binden braucht. Dann ist es, als ob die Binde zu mir gehörte. Das Peinlichste für mich ist, daß ich sie wegräumen muß, ich bin aber bereit, es zu tun im gleichen Geist der Liebe, in dem ich ihm vorhin den Morgenrock angeboten habe.

Seitdem ich selber hinter dem Vorhang bin, ist eine große, schöne Frau gegenwärtig.

Ich komme hervor. Die Frau ist an dem Ort, wo der Eimer stand, jetzt das Bett, in dem ich als Kind lag (im gleichen Zimmer meiner Mutter). Ich sehe von der Frau nur ein wundervolles Engelsgesicht, von einem duftigen, ganz zarten Schleier umgeben. Es wirkt wie eine Erscheinung. Sie sagt, sie verstünde oder wisse nicht, wie das zugehe (diese Verwirklichung oder Wandlung). An ihrer Seite erscheint ganz klein eine Heiligengestalt und hinter dieser ein Engel, der sie führt und leitet. Beide Gestalten farbig und zusammengesetzt aus vielen Teilen, wie die Figuren in einem Kirchenfenster. Ich betrachte die Erscheinung, und mir geht es auf! Ich sage, ich wisse es. (Hintergedanke: durch die Führung des Engels!).

In diesem Augenblick wird mein Großvater von einer Übelkeit befallen. Es ist, als ob er aus dem Bett meiner Mutter gestiegen wäre – er sitzt davor, an den Nachttisch zurückgelehnt. Er sagt weinend, er müsse sterben, und fügt hinzu: Ich habe nicht gedacht, daß dies unser letzter Gang miteinander ist. Ich nähere mich mit großer Zärtlichkeit und schicke Agathe, einen Arzt rufen. Am liebsten möchte ich niederknien und ihn umfassen. Ich streichle sein Gesicht und küsse ihn auf den rot geschminkten Mund."

Die Träumerin stammte aus bäuerlichen Kreisen und war schon mit sechs Jahren Vollwaise; ihr Vater war im Krieg in tragischer Form ums Leben gekommen, und ihre Mutter starb ihm bald nach. Die Kleine wurde bei Verwandten untergebracht, wo sie aber keinen engeren Kontakt fand; ihre einzigen Gefühle galten einer Hündin, an die sich das verlassene Kind oft anschmiegte, um Wärme zu erhalten. Auch ihre Schwestern wurden andernorts untergebracht. Die Schwester Agathe, welche in diesem ersten Traum vorkommt, war längst an einem Karzinom gestorben. Auch der Großvater, der im Traum erscheint, war in Wirklichkeit schon lange tot, so daß die

Träumereien hier eigentlich zu einer Nekyia, von zwei Totengeistern geleitet, in die Tiefe des Unbewußten hinabsteigt. In diesen „Geistern" kann man unschwer den Schatten und den Animus im Sinne der Jungschen Psychologie erkennen, d. h. die Schwester stellt die dunkle, unbekannte Seite des Ichs und der Großvater eine unbewußte geistige Einstellung gegenüber dem Unbewußten dar.

Die Festung oder der Felsenkeller von religiöser Bedeutung ist ein bekanntes archetypisches Symbol, in welchem sich die Unentrinnbarkeit des Sich-selber-Werdens, die Qual absoluter Introversion, welche offenbar nun notwendig geworden ist, veranschaulicht. Das Motiv erinnert an die Inkubationsstätten des Asklepios und anderer Heilgötter oder an die Κατοχή des Altertums, jene „Haft", welche auch als eine Besessenheit betrachtet wurde, bzw. als ein Dienst gegenüber einem chthonischen Gott. Diese Haft gingen einzelne ein, um durch ihre Träume in die Mysterienkulte des Gottes eingeführt zu werden.[3]

Der Quell gehört zu diesem Bild; wie C. A. Meier in seinem Buch *Der Traum als Medizin*[4] zeigt, befanden sich in oder bei allen Heilstätten auch fast immer Quellen oder künstliche Wasserströme. Er sagt: „Das Wasser spielt in den Asklepieien überhaupt eine gewaltige Rolle. Es handelt sich bei diesen Quellen und Piscinen nie um Mineral- oder Thermalwässer. Sie gehören vielmehr einfach zu Asklepios als chthonischem Gott, genau wie seine Schlange, und die Quelle wird einfach durch ihre Beziehung zum Gott zu einem ἁγίασμα (Heilquelle). Alle *Dii chthonii* haben bei ihrem Heilig-

---

3 Vgl. darüber meine Ausführungen in: *Passio Perpetuae,* Daimon, Zürich, 1982, S. 71 ff.
4 Daimon, Zürich, 1985 (vormals „Antike Inkubation und moderne Psychotherapie").

tum eine πηγή, eine Quelle … sogar die christlichen Nachfolger der antiken Heilgötter, die Heilwunder wirkenden Heiligen, besitzen fast alle in ihren Kirchen eine Quelle."[5] Das Baden in diesen Quellen bedeutete eine Lustration und hatte sogar auch den „Taufaspekt" einer inneren Wiedergeburt und einer *Coniunctio,* nämlich einer inneren Eins- und Ganzwerdung.[6]

Psychologisch verheißt das Bild dieser Quelle, daß in der Tiefe des Unbewußten der Strom des Lebens wiedergefunden werden könnte. Ob man „lebt" oder „wie tot" dahinsiecht, ist ja ein subjektives psychisches Gefühl und hängt davon ab, ob man sich im Gefälle der unbewußten psychischen Energie bewegt oder von ihr abgeschnitten ist.

Die Träumerin friert, sie ist ungenügend bekleidet in ihrem ausgetragenen Morgenrock. Ihre Einstellung gegenüber dem Unbewußten ist nachlässig (négligé), nicht „warm" genug und darum nicht mehr genügend. Sie entlehnt darum den Rock des Großvaters, d.h. versucht, seine Einstellung zum Unbewußten zu übernehmen. Dieser Großvater ist der längst verstorbene Vater ihrer Mutter, von dem sie nur wußte, daß er „schwarze Magie" trieb und daß sich nächtlicherweise Menschen in seinem Hause trafen, um Teufelsbeschwörungen auszuführen: „Man habe dann öfters den Teufel mit einer Kette rasseln gehört." Die Träumerin selber hatte ebenfalls ein fatales Interesse an solchen Dingen; sie hatte Eliphas Levis Werke gelesen und offenbar tief in sich aufgenommen, wollte aber – und das war das Gefährliche daran – nicht viel davon sprechen. Der Großvater personifiziert offensichtlich diese „unreine" Einstellung zu den Mächten der Tiefe, welche bereinigt werden

_____

5 Ebenda, S. 78.
6 Ebenda, S. 84.

209

sollte. Er erscheint als Hermaphrodit, als ein Symbol der Ganzheit, dem aber etwas Monströses anhaftet[7], denn es sind zwei Elemente darin zur Ganzheit vereint, bevor sie noch richtig auseinanderpolarisiert worden waren – ein Noch-beieinander-Sein der Gegensätze statt einer echten neuen *Coniunctio oppositorum*.

In nuce enthält diese Großvaterfigur das Hauptproblem der Träumerin: Bewußtsein und Unbewußtes, das Ich und das „Andere" standen bei ihr in einem unrichtigen Kontakt, den man eben als Magie statt als *religio* bezeichnen könnte. Erstere geht mit einer partiellen Besessenheit zusammen, was der Traum insofern darstellt, als der Magier-Großvater ein Stück Weiblichkeit assimiliert hat, welche eigentlich zum Ego gehörte. Indem der Animus als unbewußter Magiergeist ein Stück Weiblichkeit auf seine Seite gezogen hat, hat er ein Übergewicht bekommen, durch das er nicht nur das Ich der Träumerin dominiert, sondern eine Frau fühlt in solchen Fällen nicht mehr, ob sie selber oder ihr Animus etwas meint oder empfindet – die Meinungen des Animus fühlen sich innerlich genau so an, als ob es die eigenen wären. Auch werden das weibliche Gefühl und ein männliches geheimes Berechnen und Planen unsauber vermischt.

Dadurch, daß ein Stück des Ego ans Unbewußte assimiliert wurde, besteht außerdem eine Art unklare Identität mit letzterem, was sich bei der Träumerin als eine weitgehende Hellsichtigkeit und ausgesprochene mediumistische Veranlagung äußerte. Dadurch entsteht dann aber leicht eine geheim-arrogante, geheimnisvoll aufge-

---

7 Vgl. C. G. Jung, Die Psychologie der Übertragung, in *G. W.,* Bd. 16, S. 336 ff. Die große Rolle, die der Hermaphrodit in der alchemistischen Symbolik spielt, hängt mit der „unreinen" Vermischung von Materie und unbewußter Psyche zusammen, über welche sich die Alchemisten nicht bewußt waren.

machte Pseudoüberlegenheit und ein falsches „Wissen" um das Unbewußte. Dieses Wissen beruht auf der Besessenheit, d.h. beruht auf dem unpersönlichen „Wissen" der unbewußten Komplexe, d.h. deren vager Luminosität. Wie Jung nachgewiesen hat, besitzen nämlich auch die Komplexe des Unbewußten eine gewisse diffuse Bewußtseinsqualität[8], und im Falle einer Besessenheit durch unbewußte Komplexe steht natürlich dieselbe dem Ich teilweise zur Verfügung. Es erzeugt dies zwar eine gewisse Hellsichtigkeit, die aber durch den Verlust einer saubereren Abgrenzugng des Bewußtseinsfeldes oder durch mangelnde Gefühlsklarheit erkauft ist. In unserem Fall handelt es sich um letztere Möglichkeit – die Träumerin war in ihren Gefühlen seltsam unsicher und unbeständig, d.h. ihr Herz geriet immer wieder unter die Dominante kalter, mißtrauischer Berechnungen, d.h. des Magier-Großvaters. Dementsprechend geriet sie auch im äußeren Leben immer wieder an kalte, berechnende Männer heran, welche ihre Liebesfähigkeit mißbrauchten und ihr das, was sie nach ihrer unglücklichen Kindheit am meisten brauchte – echte Wärme und Gefühl –, nicht gaben.

Die Verunreinigungen der Toilette im Schlafzimmer der Mutter weisen auf solche unerfreulichen sexuellen Erlebnisse hin. Dort wird aber auch das Selbst geboren – *in stercore invenitur!* Das Schlafzimmer der Mutter, wo die Träumerin zur Welt kam und zuerst lebte, symbolisiert an sich den inneren Ursprungsort und den Raum des weiblichen Instinktes. Wenn sich die Träumerin entschließt, dort Sauberkeit zu schaffen, erscheint die „schöne große Frau", ein Bild des Selbst in der Ausdrucksweise C. G. Jungs, d.h. eine Personifikation der höheren, umfassenderen Persönlichkeit und inneren

---

8 *G. W.*, Bd. 8, S. 217ff.

Ganzheit. Diese „schöne Frau" ist dort entstanden, wo einst die Träumerin selber zur Welt kam – wo das Geheimnis der Entstehung eines menschlichen Individuums waltet.

Aber diese große innere Figur weiß nicht um ihre eigene Entstehung, sie bedarf des Ichs, um sich selbst zu erfahren, ebensosehr, wie das Ich sie braucht, um seiner selbst bewußt zu werden. Das Ich ist gleichsam das Auge des Selbst, und nur es kann sehen und erfahren, wie das Selbst entstanden ist. Es sieht dies im nächsten Bild des Traumes in den zwei zusammengesetzten Figuren: dem Engel, der eine Heilige führt.

Die Figur der Heiligen wiederholt das Motiv der „schönen großen Frau" und stellt wohl wieder die individuierte religiöse Persönlichkeit dar, welche die Träumerin werden könnte, wenn sie sich „der Führung des Engels" überließe. Der Engel – ein Bote der Gottheit – wird durch einen späteren Traum erklärt werden, wo von einer überlegenen Figur feierlich erklärt wird: „Das Unbewußte kleidet sich dann in einen Engel." Der Engel ist somit das Geheimnis des Unbewußten selber, das göttliche Geheimnis des seelischen Urgrundes. Von ihm sollte die Träumerin sich führen lassen. Daß diese Gestalten wie ein zusammengesetztes Glasfenster erscheinen, weist auf das Motiv der „conglomerate soul" – des Selbst als einer multiplen Einheit – hin, der Einswerdung der vielen Elemente außen und innen.[9] In diesem Moment wird klar, daß der Traum nun von der Träumerin eine demütige religiöse Einstellung verlangt, und darum wird es gerade in diesem Augenblick dem Magier-Geist in ihr todübel, denn die zwei Einstellungen vertragen sich nicht. Der Magier besitzt und benützt das

---

9 Vgl. hierzu C. G. Jung: „Der Geist Mercurius", in: *G. W.*, Bd. 13, S. 240 f.

Unbewußte und gibt sich aus, als ob er es durch sein Wissen in der Tasche habe, wo er doch bestenfalls, wie wir alle, ein paar intuitiv erfaßte Symbolzusammenhänge zu ahnen vermag.

Inzwischen war aber die ganze Lage der Träumerin noch immer sehr beunruhigend. Ihre Erschöpfung machte es ihr schwer, Hoffnung zu fassen, und sogar das Aufschreiben der andrängenden Traumflut wurde ihr oft zuviel. Nach einigen mehr persönlichen Träumen kam dann aber ein Traum, der mir einen Wink zu geben schien, wie wir vorgehen könnten.

Man hört in Psychologenkreisen oft die Bemerkung, daß im Falle einer Überschwemmungsgefahr durch das Unbewußte der Analytiker verdrängende oder das Unbewußte nicht berücksichtigende Maßnahmen ergreifen solle. Meiner Erfahrung nach ist dies nicht immer nötig, denn das Unbewußte zeigt oft – allerdings nur, wenn man die Träume subtil „richtig" versteht – selber einen Weg, wie man seiner Herr werden könnte, und der solcherart vom Unbewußten selber vorgeschlagene Weg wirkt meistens auf den Analysanden überzeugender, als wenn der Analytiker einfach etwas von sich aus unternimmt. In unserem Falle trat folgender Traum auf:

Der Wasserquell:
„Ich stehe in der Wüste. Es wird nach Wasser gegraben – ein Mann schaufelt in der Erde – er scheint sehr wissend und überlegen, eine Art „Professor" – von unten her scheint auch einer sich heraufzuarbeiten. Plötzlich stoßen die beiden zusammen und kommen mit dem Gesicht aufeinander zu liegen, was sehr spaßig aussieht. Der untere hat eine Art eisernes Gesicht oder Maske, und oben und unten erscheinen vertauscht. Plötzlich ist die Lage ganz anders – man muß die Überfülle des Wassers fieberhaft wegschöpfen, damit

keine Überschwemmung stattfindet, und die Wasser zugleich der Stadt Rom zuführen. Viele Schwarze arbeiten eifrig unter der Leitung des Professors. Meine Freundin Alberta kommt mit einem schönen grünen Gefäß, und wir helfen auch schöpfen. Der Professor treibt uns an und haut mir im Spaß mit einem Stock eins auf den Hintern. Dann aber schickt mich der Professor weg – ich soll etwas auf einem Bett abliegen und ruhen –, die andern werden inzwischen für mich weiterarbeiten."

Dieser Traum gab mir zunächst einen hilfreichen, praktischen Wink: Ich riet der Träumerin, genau wie es im Traum hieß, sich einfach ganz ins Bett zu legen und nur für ihre Analysestunde kurz aufzustehen, und fuhr sonst fort, einfach weiter die Träume *lege artis* zu deuten. Diese Lösung erwies sich als günstig, wir wurden mit der Traumflut fertig, ohne daß die Träumerin zusammenbrach oder abglitt, ja ihre langen Stunden im Bett ruhten sie aus und versetzten sie in eine friedliche, meditative Stimmung. Sie neigte nämlich dazu – wie ich erst später entdeckte –, sich immer mit einem tyrannischen Pflichtanimus selber zu vergewaltigen und zu überanstrengen, so daß sich diese Bettruhe unerwartet segensvoll auch in Hinsicht auf die Animusverkrampfung auswirkte.

Im übrigen aber scheint mir der Traum eine eindrucksvolle, beinahe klassische Darstellung des geheimnisvollen Vorganges zu sein, der bei der Bewußtmachung des Unbewußten geschieht.

Wir „erklärten" ja das Unbewußte mit Hilfe von Symbolen und Begriffen, die alle ihrerseits wieder letztlich diesem selben Urgrund entstammen – *ignotum per ignotius,* wie die Alchemisten sagen, und wie C. G. Jung immer wieder betont. Die aus dem Unbewußten aufsteigenden symbolischen Bilder weisen nämlich ihrem Wesen nach auf essentiell Unbewußtes [10], und darum bleibt auch „jede Deutung notwendigerweise ein Als-ob" [11], es handelt sich nur „um die Umschreibung und approximative Charakterisierung eines unbewußten Bedeutungskernes" [12], und deshalb ist auch jede Deutung letztlich eine „Neueinkleidung des Mythus" selber. Diese muß aber vollzogen werden, damit der Anschluß des kultürlichen Bewußtseins an die Instinktgrundlage des Unbewußten erhalten bleibt. [13] Der „Professor" stellt offenbar eine solche geistige Haltung dar, welche die Inhalte des Unbewußten zu assimilieren versucht – der Eisenmaskenmann aber den mythenerzeugenden Geist der Tiefe selber. Die zeitweise Vertauschung der Rollen zeigt einerseits die natürliche Verwandtschaft der beiden, ist anderseits aber auch im Sinn der Magiegefahr zu deuten: wenn der Geist des Unbewußten den deutenden Geist assimiliert, dann entsteht jenes arrogant-mystische Pseudodeuten und intuitiv andeutende „Verkünden" eines „neuen" Mythos, welchem neuerdings wieder manche Mythenforscher und halbmystische „Bewegungen" huldigen, bei denen der bewußte menschliche Ausgangspunkt und Standpunkt verlorengegangen ist. Der Unterschied des Professors und des Geistes liegt nämlich darin, daß der eine menschlich, der andere aber teilweise unmenschlich ist.

Sogar in der wissenschaftlichen Mythenforschung kommt heute wieder eine Tendenz zur Geltung, die Symbole in und aus sich selber nachgestaltend sprechen zu lassen, ohne einen Bezugspunkt auf tiefenpsychologische Gegebenheiten anzunehmen. Ich denke an

---

10 Vgl. C. G. Jung und K. Kerényi, *Einführung in das Wesen der Mythologie,* Rhein-Verlag, Zürich 1951, S. 113.
11 Ebenda.
12 Ebenda, S. 114.
13 Ebenda, S. 115.

solche Forschungen, wie sie in „Symbolon" oder der Zeitschrift „Antaios", von M. Eliade, J. Schwabe u.a. geleistet werden. Diese Forschungen laufen aber Gefahr, sich in der uferlosen Amplifikation zu verlieren, wo schließlich alles alles und zugleich nichts ist – es fehlt der konkrete Rahmen und archimedische Punkt außerhalb des Symbolgewebes selber. Dieser Rahmen kann nur das menschliche Individuum sein, denn aus seiner Psyche stammen die Symbole. Symbolforschung, ohne die Psychologie des Unbewußten zu berücksichtigen, scheint mir deshalb ein sinnloses Unterfangen – sie resultiert notwendigerweise in einer Symbolbesessenheit des Forschers und wirkt kalt und formlos, weil der individuelle Mensch als „Grundgestalt" im Material fehlt.

Aber auch neue rosenkreuzerische, anthroposophische und „magische" Bewegungen scheinen heute wieder eine Belebung der Beziehung zum Symbol herstellen zu wollen, ohne die von ihnen abgelehnte Tiefenpsychologie miteinzubeziehen, weil man dadurch mit diesen Inhalten intuitiv-geistig spielen kann, ohne persönliche Konsequenzen daraus ziehen zu müssen.

Die Träumerin sympathisierte mit solchen Symbolauffassungen, weil sie dadurch vom Elend ihres realen Lebensweges in eine mythische Zauberwelt flüchten konnte, wo keine ethischen und sonstigen Entscheidungen zu fällen waren. Meine Versuche, alle Traumdeutungen auf ihr eigenes Leben aktuell zurückzubringen, liebte sie nur halb, und das zeitweise Überhandnehmen des Eisengesichtes zeigt, daß sie sich manchmal in einem Schwelgen in Affekten und Bildern gehen ließ. Gottlob bleibt aber im Traum die Vermischung nur temporär und kann der „Professor" wieder die Oberhand gewinnen.

Doch nun droht eine Überschwemmung durch das Unbewußte, dessen Inhalte, wie es heißt, „der Stadt

216

Rom" – d. h. einem religiösen inneren Zentrum[14] zugeführt werden sollten. Nicht das Ich sollte sich an dem Reichtum, der aus der Tiefe quillt, berauschen, sondern ein inneres Zentrum, das Selbst, sollte davon belebt werden.

Zu den Negern assoziierte die Träumerin: „Arbeiten wie ein Neger", was die Schwarzen im Traum auch tun. Sie gehorchen dem Professor und verkörpern wieder jene einfache demütige Hingabe an die innere Welt, welche auch immer gewissenhafte und ernste Arbeit mit sich bringt, wenn man die Inhalte des Unbewußten nicht nur intuitiv „beriechen", sondern in ihrem Wesen assimilieren will.

Das wichtigste Symbol aber ist in diesem Zusammenhang das schöne, grüne Gefäß, das die Freundin Alberta zum Wasserschöpfen benützt. Die Träumerin ist eine introvertierte Intuitive[15], und ihre Empfindung, d. h. ihre Realitätsfunktion war – wie dies in solchen Fällen oft vorkommt – primitiv intensiv, aber nur partiell, insulär und autonom funktionierend. So hatte sie zwar eine gute, fast allzu gute Beziehung zu Geld- und Kleiderfragen, vernachlässigte aber ihren Körper in bezug auf Essen und Schlafen und richtete sich auch nie wohnlich ein. So beschwerlich und fragwürdig die inferiore Funktion meistens nach außen arbeitet, so ist sie gerade in der Beziehung zum Unbewußten besonders wertvoll, weil sie noch jene primitive Spontaneität besitzt, welche die Inhalte des Unbewußten zu erfassen hilft. Auch die Trägerin des Gefäßes, Alberta, weist in diese Richtung, war sie doch, laut Aussage der Träumerin, eine einfache, „realistische" Frau. Das Gefäß erin-

---

14 Laut Assoziation der Träumerin bedeutet Rom dies für sie. Sie war selber nie in Rom gewesen.
15 Ich setze hier die Jungsche Typologie als bekannt voraus und verweise auf sein Werk: Psychologische Typen, Ges. Werke Bd. 6.

nert u. a. an die Gralssymbolik [16] und stellt das Selbst in seiner Funktion eines höchsten weiblichen Symbols dar, und zwar dasjenige geheimnisvolle Element in der Seele, welches die Gottheit zu erfassen vermag. So sollte die Träumerin offenbar ihr Ich zur meditativen Ruhe bringen und dann etwas Natürlichem und Einfachem in sich erlauben, ihr die Inhalte des Unbewußten spontan zu übermitteln.

Der Mann mit der Eisenmaske oder dem Eisengesicht verdient wohl noch nähere Betrachtung, er ist nämlich ein archetypisches Motiv, das sich sowohl in der Alchemie als auch im Grimmschen Märchen „Eisenhans" wiederfindet. Als Eisenmann erscheint er in der Alchemie als eine Personifikation des Mars oder Ares, den z. B. der Paracelsist Adam von Bodenstein als *„natura prima rerum"*, auffaßt, während ihn Rulandus mit dem paracelsischen Archeus vergleicht, welcher, wie C. G. Jung gezeigt hat, eine Personifikation des Unbewußten darstellt. [17] Ares ist nach Rulandus der individuelle Gestalter, d. h. wie Jung sagt, das *principium individuationis sensu strictiori.* Paracelsus beschreibt ihn in seiner Schrift *De vita longa* folgendermaßen: „Er geht aus dem Gestirn, den *Corpora supracoelestia;* denn solcherart ist die Eigentümlichkeit und Natur der überhimmlischen Körper, daß sie gradenwegs aus dem Nichts ein körperliches Phantasiebild *(imaginationem corpoream)* hervorbringen, so daß man es für einen festen Körper hält. Von dieser Art ist Ares, daß, wenn man an den Wolf denkt, dieser auch erscheint. Die Welt ist ähnlich den aus den vier Elementen hervorgehenden Geschöpfen. Aus den Elementen entsteht, was seinem Ursprung in keinerlei

---

16 Vgl. Emma Jung / M.-L. v. Franz: Die Graalslegende in psychologischer Sicht, *Studien aus dem Jung-Institut,* Bd. 12, Rascher, Zürich 1960.
17 Vgl. *G. W.,* Bd. 13, S. 160 („Paracelsus als geistige Erscheinung").

Weise gleich ist, aber nichtsdestoweniger trägt es Ares
Alles in sich." Ares erscheint demnach (sagt C. G. Jung,
dieses Zitat deutend) als ein intuitiver Anschauungsbe-
griff einer vorbewußten schöpferischen Gestaltungs-
kraft. Johannes Braceschius von Brixen, ein ungefährer
Zeitgenosse des Paracelsus, vergleicht den Ares mit dem
„Demogorgon", einem angeblichen Urvater aller Hei-
dengötter. „Er ist der Gott der Erde, ein schrecklicher
Gott und auch das Eisen." Astrologisch bedeutet Mars
die Triebnatur und Affektivität des Menschen.[18] Ihre
Zähmung und Wandlung in den Stein der Weisen ist das
Ziel des alchemistischen Werkes.

Auch bei der Träumerin waren starke Emotionen und
Affekte unter einer schüchtern-sanften Oberfläche konstelliert und nicht zuletzt, wie wir noch klarer anhand
der folgenden Träume sehen werden, ein schöpferisches
Problem. Die starke Imaginationskraft ihres „Ares" hat
aber auch wieder mit Magie zu tun, wie das Paracelsus-
Zitat ja deutlich aussagt.

Im Grimmschen Märchen „Der Eisenhans" findet
sich eine ähnliche Figur: dort ist er ein in einem Teich
versteckter „Wilder Mann" oder Dämon, der aber
eigentlich ein alter, auf Erlösung wartender, verzauber-
ter König ist. Er besitzt im Wald eine Quelle, in welcher
sich alles, was man eintaucht, zu Gold färbt. Als „alter
König" stellt er ein früher herrschendes geistiges Prinzip
dar, welches durch irgendwelche Umstände entthront
und zum bösen Naturgeist entwürdigt wurde. Dies weist
nicht nur auf die Alchemie, sondern auch auf vorchristli-
ches germanisches religiöses Geistesgut und speziell auf
Wotan hin. Als Hüter der Goldquelle ist Eisenhans aber
auch ein zauberischer Naturgeist im Sinne der alchemistischen Naturphilosophie, ein *Deus absconditus* der

---

18 Ebenda, S. 159.

Materie.[19] In seinem unerlösten Zustand als eiserner Dämon aber bedeutet er auch ungebändigte barbarische Aggressivität und Affektivität, weshalb es nicht verwundert, daß die Träumerin in der Kriegszeit nationalsozialistische Neigungen entwickelte, die sie allerdings nicht nach außen realisierte – es blieb gottlob wenigstens nur bei einer milden Sympathie.

Dieser Dämon hing wohl auch mit dem Schreisymptom, das ja ein autonomer Wildheitsausbruch war, zusammen. Nachdem wir diese Zusammenhänge erörtert und ins Bewußtsein gehoben hatten, kam dann auch ein Traum, in welchem ein Eber im Hinterhof des Schulhauses ein unheimlich lautes Donnergrollen ertönen ließ. Ein Jäger trat auf und erschoß den Eber, und die Träumerin sah dann, daß das tote Tier am Bauch einen seltsamen goldenen Schimmer aufwies. Man ist an Wotans Eber Gullinborsti erinnert. Da das Schreisymptom nach der Heimkehr der Träumerin nicht mehr wiedergekehrt ist, muß man annehmen, daß dieser Traum die Besiegung des autonomen Affektausbruchs darstellt, nachdem der geistig-religiöse Aspekt des Eisenmaskenmannes und anderer verwandter Inhalte dem Bewußtsein nähergebracht worden war. Solche Traummotive zeigen aber auch, wie Magie, Heidentum und moderne politische Irrlehren geheim mit nicht integrierten religiösen Inhalten unmittelbar zusammenhängen und auch, wie der alte Wotan als Jäger, Eisenmann, Eber usw. noch immer im seelischen Hintergrund germanischstämmiger Menschen spukt.

Das grüne Gefäß, das wegen seiner Farbe auf die Empfindungsfunktion hinweist[20], zeigte an, daß es für

---

19 Vgl. H. von Beit, *Symbolik des Märchens,* 3 Bde., Bern 1952–57, Bd. 2, S. 380 ff.

20 Die grüne Farbe als die Farbe der Erdoberfläche wird meistens der Empfindungsfunktion zugewiesen.

die Träumerin nötig war, die andrängende Flut des Unbewußten durch praktisch reale Maßnahmen zu integrieren – ein Punkt, der ihr sehr zuwider war, da sie sie lieber zu berauschten intuitiven Geistesflügen mißbrauchen wollte. Sie hatte eine ausgesprochene Verachtung für alle bescheidenen, einfachen Lebensprobleme und wollte es immer wie der Igel tun, der in jenem bekannten plattdeutschen Märchen mit dem Hasen um die Wette lief: Der Igel setzte seine Frau ans Ziel, und wenn der Hase atemlos ankam, rief sie frech: „Ik bün all dor!" So tut es der Intuitive auch gerne – er spaltet sich und ist mit einem Teil seiner selbst, der Intuition, immer schon am Ziel, vergessend, daß seine andere Hälfte noch am Start oder nur ein paar Meter davon entfernt im Staube hockt!

Dieses Problem wurde durch einen nachfolgenden Traum illustriert, den ich wegen seiner komplizierten Länge in Teil I und III etwas verkürzt wiedergebe:

I. Zuerst sieht die Träumerin viele Tiere, die gequält werden, indem man sie an schwere Kriegsgeräte anbindet und sie schleppen macht – dann versucht sie mit einer ihrer Schwestern, welche den realistischen Schatten darstellt, ein Schinkenbrot vor einer Katze zu retten; sie nimmt beide, das Brot und die Katze, mit in die Küche, wo eine unbekannte Frau, die Schwester, sie selber und die Katze an einem Tisch Platz nehmen. Später überlegt sie, ob man ihre Träume nicht publizieren sollte.

Dieser Traumteil zeigt zuerst, wie sehr die Träumerin ihre natürlichen Instinkte vergewaltigt, und dann die Lösung des Problems: eine Zusammensetzung zu einer Vierergruppe als Symbol der Ganzheit ihrer Persönlichkeit. Dann folgen drei weitere Teile in derselben Nacht:

II. „Ich fahre auf einem Schiff – sehr freundliche Schiffsmannschaft. Wir fahren eine Kurve um einen Felsen. Es kommen Leute nach auf einem Floß, die zu spät gekommen sind. Wir halten am Land, um sie hereinzunehmen – wir müssen dazu etwas warten. Dann fahren wir auf dem trockenen Land ganz normal, das Schiff ist dafür eingerichtet ... Dann geht es wieder hinunter ins Wasser.

Wir gleiten auf dem Wasser, es ist Nacht. Da sehen wir rechts von uns auf einem Felsen etwas Seltsames und Geheimnisvolles: Die Felswand hat einen Vorsprung auf halber Höhe, darauf stehen Vögel, eingeteilt in zwei Gruppen von je drei oder vier. Sie haben menschliche Größe, menschlich aufrechte Haltung und tragen menschliche Masken und Perücken. Weiße Perücken und weiße Gesichter in einer Gruppe, schwarze auf der anderen Seite. Am Körper sieht man die Vogelmerkmale: Flügel usw. Auf der einen Seite haben sie auch weiß in den Flügeln, sonst schwarz ... Wir schauen verwundert hin, es herrscht geheimnisvolle Stimmung. Die Vögel machen Mienenspiele, schwatzen und singen sich gegenseitig an wie mit Menschenstimmen und machen dazu entsprechende eifrige Bewegungen und Mienen. Geisterhaft sieht es aus, wie ein Mysterienspiel. Ich sage zu meiner Nachbarin: „Jetzt wundert es mich nicht mehr, daß die Menschen das Theaterspiel erfunden haben, sie haben es von den Tieren gelernt (von der Natur)!"

„Meine Nachbarin (viel dunkler als ich) macht plötzlich: Gsch! Die Vögel horchen auf, verwandeln sich augenblicklich in natürliche Vögel und fliegen über uns hinweg, geisterhaft, mit weiten Flügelschlägen. Bei diesem Spiel wollen sie nicht belauscht werden. Dieses ‚Gsch' war widerlich."

III. Nach einer Analysestunde, in welcher die Träumerin einen Fehler, den sie beging, als *Lapsus linguae* zu bagatellisieren sucht, muß sie ein bestimmtes Schiff erreichen, und nun folgt jener typische Qualtraum, wie sie hetzt und hetzt und immer wieder aufgehalten wird. Zuerst wird sie von einer Büglerin aufgehalten, welche jedoch ihre Wäsche durch Zauber wunderbar erneuert, dann durch einen Kleiderhaufen, um den sie herumgehen muß, dann begrüßt die sie begleitende Analytikerin leutselig eine einfache Frau, die darüber sehr erfreut ist, während die Träumerin selber sich über den Zeitverlust ärgert. Dann begrüßt die Träumerin ein Dienstmädchen, welches die Analytikerin „unsympathisch" findet, und schließlich verirrt sie sich auf Rat dieses Mädchens in einem Labyrinth von Bahngeleisen.

Dabei weiß sie die ganze Zeit, daß sie eigentlich abends zu einer Feier gehen sollte – daher die Hetze. Im Bahnhof gerät sie auf eine „schiefe Ebene", gleitet davon ab in Schnee und Eis hinein und irrt wieder zwischen Geleisen und Treppen weiter:

„Ganz hinten komme ich an eine Tür im Felsen. Ich öffne, und mein Blick fällt in eine Felsenhöhle, in der hinten ein eigentümliches, bedeutendes Wasser fließt aus einer starken Quelle, die noch außer meinem Blickfeld liegt – es handelt sich um eine Art Naturwunder. Die Höhle wird von einer Frau gehütet. Sie denkt, ich komme, um die Höhle anzusehen, ich sage aber, ich habe keine Zeit, ich müsse aufs Schiff. Sie begleitet mich, um mir den Weg zu zeigen. Wir müssen noch eine gute Strecke steigen, dann stehen wir an der Schifflände. Ein Fährmann steht da und gibt Auskunft. – Der Strom ist gefroren, aber das Eis ist gebrochen. Ich frage, ob das Schiff nach O. [21] weg sei, er bejaht es und erklärt, man

---

21 Ort, wo die Träumerin während ihrer Analyse logierte.

habe das Eis gebrochen, um die Abfahrt zu ermöglichen. Ich frage, ob noch eines fährt, er entgegnet, das nächste fahre erst um acht Uhr[22], es sei ein Polizeischiff[23], er glaube aber, man könnte mich mitnehmen. Aber ich könne nur bis T. fahren und müßte nach O. hinauf gehen, da käme ich ja zu spät, und nachts ist geschlossen. Es würde Mitternacht werden, und man sagt, um zwölf Uhr nachts sei es streng verboten, auf der Straße zu sein.[24] Es bleibt mir also nichts anderes übrig, als nach O. telephonisch mitzuteilen, daß ich nicht komme, und mir hier eine Unterkunft zu suchen. Es ist Heiliger Abend, und ich muß also die Nacht in ‚Darmstadt‘ verbringen!‘‘

IV. „Mein Bruder hat eine Bastelarbeit angefertigt, die etwas Sinnvolles darstellt – eine symbolische Arbeit. Eine Frau hält sie in der Hand und gibt Erklärungen dazu. Es sind kleine Etagen, und in jeder eine entsprechende Darstellung." Sie sagt bei den Erklärungen einen Satz in Italienisch, dann weiter in feierlichem Ton: ‚Das Unbewußte kleidet sich dann in einen Engel ...‘ Auf der Stufe darunter ist ein großes Messer mit eingewickeltem Griff in der Mitte befestigt. Die Frau spricht weiter: ‚Das Unbewußte, diesen Schutz, ‚zickt‘ und ‚zer-messert‘ man nicht!‘ "

Schon das Ende des ersten Traumteiles, welches die Idee aufbringt, die Träume zu publizieren, scheint mir einen Versuch des Unbewußten darzustellen, der Träumerin den Gedanken an eine schriftstellerische Verwertung ihrer reichen inneren Bilderquelle nahezulegen. Dieses Thema ist dann im zweiten Teil mit den theaterspielenden Vögeln weiter ausgestaltet. Das Bild spricht

---

22 Acht ist eine auf die Ganzheit weisende Zahl.
23 = moralische Kontrolle!
24 Mitternacht ist wohl hier gefährlich, als die „Geisterstunde".

für sich und zeigt besonders schön, wie ja auch unsere künstlerischen Einfälle letztlich von der unbewußten Natur herstammen – nicht von unserem Ich, wie wir uns oft einbilden. Vögel symbolisieren im allgemeinen unbewußte Gedanken und geistige Inhalte. Das Schiff ist ein richtiger dionysischer Thespiskarren, und in diesem Lebensbereich der Kunst wäre die Anwendung der Intuition, die über alle Realitätshindernisse hinweggleiten kann, am richtigen Platze. Die Leute auf dem Floß, auf die man warten muß, sind hingegen die „zurückgebliebenen" Persönlichkeitsanteile der Träumerin, der Igel, der noch beim Start sitzt! Diese inferiore, realistische Seite stört aber die Vögel mit ihrem vulgären „Gsch". Sie verkörpert Überlegungen von solcher Art: „Schreiben rentiert ja nicht", „es ermüdet mich", „es liest es doch niemand", „es ist Zeitverlust!" usw., mit denen die Träumerin ihre schöpferischen Impulse jeweils immer wieder abwürgte. Dabei waren ihr schon verschiedene kleine „Weihnachtsspiele", die sie für ihre Schüler schrieb, recht gut gelungen – aber die schöpferische Betätigung wäre eben *religiose* durchzuführen gewesen, ohne auf Erfolg oder Geldrendite zu schauen: wie „die Vögel unter dem Himmel" es tun, und darin störte sie ein kleinliches Schattenelement immer wieder.

Dieser „realistische" Schatten bildet deshalb das Thema des dritten Traumteiles und erscheint dort zum Teil positiv als „Büglerin" und „einfache Frau", aber auch destruktiv als jenes Dienstmädchen, das die Träumerin ins Gewirr der Schienen und auf die „schiefe Ebene" schickt und ihr Vertrauen in die Analytikerin unterminiert. Doch auch so findet sie den Weg zum Quell in der Tiefe, welcher von einer Personifikation des Selbst gehütet wird. Sie will aber nicht dort bleiben und sucht einen Ort für die „Feier" – und landet nach vielen Umwegen doch wieder in der eigenen Tiefe, denn zum Wort „Darmstadt" assoziierte die Träumerin „Ge-

därme" und „Stadt": Stadt der Gedärme. Weihnachten [25], das heilige Fest der „Gottesgeburt", findet also in
der dunklen Leibeshöhle, dem Sitz der Emotionen, im
eigenen Inneren statt. [26] Und dann taucht auch der
schöpferische Bastler auf, und wieder eine erhabene
Frauenfigur, ein Bild des Selbst, welches die Träumerin
ermahnt, das Unbewußte nicht intellektuell zu zerlegen,
sondern naiv und bescheiden (wie es der Bastler tut), re-
ligiosē zu gestalten.

Das schöpferische Problem, vor dem sie sich immer
mit der Entschuldigung von Zeitmangel und Müdigkeit
drückte, kam dann noch krasser zur Sprache, als später
ein Traum folgte, in welchem die Träumerin einen im
WC eingeschlafenen Schriftsteller Karl M. fand. Das
WC ist ein Ort „schöpferischer" Produktion, und die
ganze Exkrementsymbolik weist in Träumen häufig auf
schöpferische Probleme hin. Sie spielt besonders bei
Schizophrenen eine große Rolle, weil ja, wie Jung oft betont, eine Schizophrenie nur so weit geheilt werden
kann, als man den Menschen zu einer schöpferischen
Gestaltung der ihn bedrängenden Inhalte zu bringen
vermag. Für diese Art von Schöpferischsein kann uns
aber nicht Ehrgeiz und kein Schielen nach materiellem
Erfolg antreiben, sondern man kann es nur „um Gottes
willen" tun.

René Gardi beschreibt in seinem schönen Buch *Sepik,*
wie dort die Eingeborenen jener Gegend einen Hausbau
vollenden: Zuerst kommen die „profanen" Erbauer ans
Werk, und die zukünftigen Besitzer dürfen das Haus
nicht betreten. Dann sind die Künstler an der Reihe,
welche eine Art Priesterklasse bilden, und sie gestalten
den Totempfeiler mit den Bildern der Geister und Göt-

---

25 Zur „Feier" assoziierte die Träumerin „Weihnachten".
26 Im Tantra-Yoga entspräche dies dem Feuerzentrum: Manipura

ter in der Hausmitte, und hierauf weihen dann endlich andere Priester das Haus durch rituelle Handlungen ein. Dann erst in der vierten Phase betritt es der Besitzer. Hier wird es deutlich, daß Kunst als psychisches Urphänomen eine religiöse Aufgabe erfüllt und ein Stück jener „sorgfältigen Berücksichtigung jenseitiger Mächte" darstellt, welche in Parallele mit den Gesängen, Gebeten und Riten der Priester steht. Den Geistern Gestalt zu geben, ist eine „heilige" Aufgabe, und man muß sie um ihrer selbst (der Geister) willen gestalten, nicht nach dem Geschmack oder der Laune des Künstlers. [27]

Das ist auch die Art von Schöpferischsein, die das Unbewußte in vielen solchen Fällen vom Bewußtsein verlangt – daß man es um seinetwillen tue –, auch wenn die Welt das fertige Werk nie zu sehen bekäme. Aber das zu tun, setzt eine generöse Einstellung voraus, nicht den sozialen Ehrgeiz eines unsicheren Dienstmädchens, sondern die selbstlose Liebe des Bastlers. Auch geht es nicht, ohne daß man das, was man die „schöpferische Enttäuschung" nennen könnte, annimmt: auch der begabteste Mensch wird immer wieder erleben müssen, daß das fertige Erzeugnis gegenüber dem innerlich Geschauten trotz aller Liebe und Hingabe bei der Gestaltung ein traurig unvollkommenes Abbild wird. Viele Menschen können aber diese Enttäuschung nicht annehmen, sie wollen den Glanz des innerlich Gesehenen nicht opfern – sich nicht davon absetzen, und so kommen sie nicht zu jener Bescheidenheit, welche sich naiv an die Gestaltung machen kann. Meiner Erfahrung nach beruht dies auf einer geheimen Inflation, welche in ähnlicher Art das Schöpferische behindert, wie die „magische" Haltung die *religio* hemmt – ja es handelt sich

---

27 Eine ähnliche Auffassung haben auch die Naskapi-Indianer der Labrador-Halbinsel.

letztlich sogar um dasselbe Problem. Das Ich ist aufgeblasen und zerblasen und kann darum nicht dem Unbewußten als positiver Gegenpol dienen. Man will im Grunde nicht so dumm, naiv und hilflos dastehen, wie man es ja eigentlich den Phänomenen des Unbewußten gegenüber wirklich ist, und man will nicht dort anfangen, wo alles anfängt bei der *religio:* der sorgfältigen Berücksichtigung des Numinosen um seiner selbst willen.

In krasser Form brachte dies nun der folgende Traum zur Sprache:

Hexenküche:
1. „Der Zürichsee, sehr schön und farbig – große Stadt rund um das nördliche Ufer gruppiert – in derselben erhebt sich ein sonderbares, märchenhaftes Schloß – das Bild versinkt sogleich wieder.

2. Zwei junge Leute, die sich verloben und heiraten wollen, wandern … Der junge Mann hat mich gebeten, für ihn den Werbebrief an den Vater der Geliebten zu schreiben. Ich habe den Auftrag angenommen und den Brief aufgesetzt, aber da ich unsicher darüber bin, weil er mir ungeschickt vorkommt und mir die Aufgabe auch peinlich ist, lese ich den Brief zwei jungen Mädchen vor, um ihr Urteil zu hören. Sie sind etwas verächtlich, lächeln über mich und finden, daß ich eigentlich damit nichts zu tun hätte. Der Brief ist annehmbar, aber ich sage auch, daß der junge Mann ihn selber hätte schreiben können. Ich füge hinzu, daß wir uns schon oft über Liebesbriefe lustig gemacht haben, daß es Leute gibt, die solche Briefe in die Hände zu bekommen suchen, um sich damit zu amüsieren.

3. In einem Raume bei Arons. Es soll eine Handlung schwarzer Magie vollzogen werden. Außer mir sind zugegen Frau Aron, Frau Meier (eine leicht neurotische Frau, mit dem Hause Aron seit langem befreundet) und eines der jungen Mädchen (vom Teil 2). Frau Aron wird

die Handlung vollziehen. Ich sitze mit dem jungen Mädchen auf dem Sofa, wir werden als Zuschauer der Handlung beiwohnen.

Es ist eine Art großer Backofen da, der inwendig stark erhellt ist, wahrscheinlich durch ein unsichtbares Feuer. Frau Aron rüstet allerlei neben dem Ofen und macht sich daran zu tun, Frau Meier ist ihr dabei behilflich, sie sagt: ‚Sie wird erfahren (damit bin ich gemeint), daß die Maria auch nur ein Hexenspuk ist!‘ Es handelt sich nämlich darum, die Maria herunterzubeschwören in die vorbereitete magische Substanz. Frau Meier geht nach diesen Worten hinaus.

Ich habe drei Bücher von Masereel von verschiedener Größe auf dem Schoß, die soll ich während der Brauerei der Substanz durchsehen. Frau Aron sagt zu mir, ich solle das größte öffnen, das mit der Aufschrift: Masereel …? (ein scharfes Wort mit err – zerr? oder herrsch?). Ich öffne das Buch. Es sind farbige, sehr eigenartige Bilder darin. Sie projizieren sich vergrößert an die Wand (oder ist dort ein vergrößernder Spiegel?). Sie stellen geisterartige schwarze und graue Gestalten dar, die kämpfen mitten im Kriegsfeuer; es ist eine Hölle, welche die Feinde ihnen bereitet haben. Die Farben sind: Feuer, Blaugrün und Schwarz. Ich denke, daß Masereel die Unmenschlichkeit der Feinde, der andern, hier darstellt, nur die eine Seite, daß aber diese Leute, zu denen er steht, das Gleiche getan haben den ersteren gegenüber. – Noch andere verworrene Bilder sind dargestellt.

Frau Aron ist inzwischen an den Feuerherd in der andern Ecke der Küche getreten, um die Beschwörung zu vollziehen. Die Flamme brennt und erhellt die ganze Ecke. Die magische Substanz ist in einem runden Gefäß, das in ein Wasserbad getaucht ist, ebenfalls in einem größeren runden Gefäß. Sie besteht in der Hauptsache aus Ei (mit etwas gemischt) und sieht aus wie das Präparat für einen Sturzpudding. Das Wasserbad hängt über

229

dem Feuer – darüber öffnet sich ein weiter Kamin. Alles ist hell erleuchtet durch den Feuerschein. Frau Aron steht davor, rührt in der Substanz und singt laut die Beschwörungssprüche.

Ich habe mich hinter sie gestellt. Es ist mir unheimlich und bange zumute. Ich versuche, mich zu beruhigen, indem ich mir sage, daß es ja Frau Aron ist, die beschwört, daß ich nur zuschaue; ich bezweifle aber, ob ich nicht dennoch Schaden nehmen könnte. Es ist auch nur die Maria, die beschworen wird, nicht Gott selber. Da geht mir aber auf, daß Maria die Gottesmutter ist, also Gott oder den Gottsohn mit einschließt. Ich denke an die schwarze Messe. Maria ist wohl nicht das Heiligste, sie gehört aber zur Gottheit. – Es wird mir angst. Ich möchte weg.

Herr Robert erscheint (Schulleiter an meiner ersten Stelle, glaubt nicht an Magie). Die Substanz geht schon in Koagulation über, es ist bald soweit. Es heißt, es kann nur gelingen, wenn der Zauberring drin ist (Goldring). Ich denke, um mich zu trösten, der ist nicht drin, aber Robert antwortet: ,Der Ring ist drin!'

Es ist höchste Zeit – ich gehe mit Robert hinaus. Wir sprechen zusammen über schwarze Magie. Er hat an all diesen Dingen gezweifelt. Ich sage ihm, daß die Magie sehr gefährlich sei. Er antwortet: ,Daß Ihnen noch nichts passiert ist!' worauf ich entgegne: ,Es ist mir schon passiert!' Ich denke dabei an zwei starke Wahrnehmungen der unsichtbaren Welt, die ich im Traum erlebt habe. Robert erklärt, ich sei durch mein Wesen sehr ausgesetzt, ich bestätige dies: Ja, ich bin sehr exponiert, diese Dinge werden von den einen nicht wahrgenommen, die andern aber erhalten beim geringsten Fehler, bei der geringsten Unachtsamkeit schon einen ,Schock' (starke Emotion wie durch elektrischen Strom). Ich erzähle ihm dann, daß jeder Mißbrauch des Unbewußten schon schwarze Magie sei.

Wir nähern uns einem großen, geschlossenen Gittertor, durch das wir hindurchgehen werden zu einer Zusammenkunft oder einer Veranstaltung mit vielen anderen.

4. Auf der Landstraße im Auto mit meiner Freundin Frau Lindner. (Sie ist verheiratet, hat Sinn fürs praktische Leben, tief religiöse Veranlagung, interessiert sich für alle philosophischen und religiösen Probleme, kirchlich mit pietistischer Neigung.) Es ist eine Abzweigung da mit einer scharfen Kurve (drei Richtungen). Es kommen Autos von zwei Richtungen. Das Ausweichen gelingt ihnen. Wir sind gerade an der Abzweigung. Ein großer Wagen fährt an. Frau Lindner weicht aus, indem sie zurückfährt auf den kleinen Platz neben der Kurve und dann mit dem Auto einen Kreis beschreibt."

Zum Zürichsee assoziierte die Träumerin ihre jetzige Analyse, die sie ja zu diesem See geführt hatte, und dieser erste Teil mit der Erscheinung des Schlosses ist wie eine verheißungsvoll visionäre Ahnung des Selbst. Das Schloß ist u. a. ein bekanntes Mariensymbol und leitet insofern auch auf den dritten Traumteil über.

Der zweite Traumteil stellt dar, wie ein Liebespaar zusammenkommen will – also die innere *Coniunctio* oder Vereinigung der Gegensätze –, und daß sich die Träumerin für diese Vereinigung aktiv einsetzen sollte, aber Schattenfiguren vom Typus des „kichernden Backfisches" halten sie davon ab. Sie kann offenbar auch dem Gotte Eros nicht *religiose* dienen – auch hier kommt ein ichhaft frivoles Element hinein, etwas Infantiles, was verhindert, daß sie das Erlebnis der Liebe und damit sich selber als Frau ganz ernst nehmen könnte.

Diese Verfehlung führt zum unheimlichen Bild des dritten Traumteiles von der Hexenküche. Frau Aron war eine Bekannte der Träumerin, welche fanatisch dem Kommunismus huldigte, Frau Meier eine, wie sie sagte,

Kommunismus huldigte, Frau Meier eine, wie sie sagte, neurotische Frau, die mit Arons befreundet war. Hier sagt uns der Traum, daß der Kommunismus geistig in die Hexenküche hingehört. Die Erzeugung der Maria in Form eines „Hexenspukes" zeigt die ganze Verbiegung der „religio" im Schattenbereich: Der Mensch maßt sich an, die göttlichen Figuren als Objekte zu beherrschen, wo sie doch als Archetypen lang vor seinem Ich da waren und ihm ursprünglich jede Vorstellung über ihr Wesen eingegeben hatten.

Die Träumerin soll während der Hexenbeschwörung Masereels Werk ansehen. Die im Traum gesehenen Szenen erinnern am ehesten an seinen bekannten „Totentanz". Es ist dies, laut Traum, die Hölle, welche Feinde gewissen Leuten bereitet haben, wobei die Überlegung mit eingeflochten wird, diese Leute hätten selber den anderen Ähnliches bereitet. Diese Hölle zeigt was geschieht, wenn ein weltanschaulicher Konflikt nicht aus der Projektion von außen zurückgenommen wird – es führt zur Hölle der negativen Affekte, zu Unrecht und Rache, in endlosem Wechsel, im einzelnen wie im Leben der Völker. Der scharfe Zuck- oder Zerrton erinnert an das störende „Gsch" im vorigen Traum und auch an die spätere Bemerkung der Frau, daß man das Unbewußte nicht „zickt oder zermessert". Es handelt sich wohl um die Gefahr einer plötzlichen autonomen Affektexplosion. Den Moment des Ausbruchs einer Schizophrenie beschreiben die Patienten manchmal, als ob ein Pistolenschuß in ihrem Kopf geknallt habe oder etwas zerrissen wäre. Auch das Wort „übergeschnappt" spielt auf ein solches inneres Affektereignis an. Es ist jenes Zuviel des Affektes, das zu einer heillosen unabwendbaren bösen Wendung führt – sei es zu einer aggressiven oder sonstwie verrückten Handlung oder zu einem fatalen Entschluß. Im Kollektivleben entspricht dem die Kriegserklärung oder der Kriegsüberfall.

In der Hexenküche werden somit die negativen Projektionen nicht verarbeitet, sondern genährt, und die religiösen Inhalte der Psyche als eine nur vom Menschen beherrschte Illusion dargestellt.

Interessant ist das magische Verfahren beschrieben, denn das Gefäß ist ein ausgesprochenes „Marienbad", das *Balneum Mariae* der Jüdin, der großen Alchemistin. [28] Auch das Ei und der goldene Ring, die zwei wichtigsten Ingredienzien, sind bekannte alchemistische Symbole und stellen das Selbst als *prima materia,* „die alles in sich enthält, dessen sie bedarf", und (im Ring) als vollendetes goldenes Mandala dar. [29] Aber die Kommunistin Aron, welche diese Substanzen kocht, will damit nur zeigen, daß die Maria ein Hexenspuk, d. h. eine von Menschen erzeugte „Illusion" sei, wie ja die Kommunisten es auch tatsächlich von den religiösen Inhalten aussagen, und wie auch die Träumerin zeitweise zu glauben geneigt war. Dann nämlich braucht sich das Ich dem inneren Prozeß nicht dienend zu unterwerfen, sondern kann mit einer illusorischen Machtgeste so tun, als ob es jede Situation beherrsche und tun könne, was es wolle. Weil in dieser Art von Magie etwas Unehrliches und Unsauberes liegt, provoziert sie dann auch als Gegenpol eine rationalistische Skepsis, welche sich im Herrn Robert verkörpert – das kommunistische Aufklärertum ist z. B. eine solche Haltung. Solange die Wirklichkeit der Seele eben nicht angenommen wird, kann man nur entweder auf der grobmateriellen Realität psychischer Phänomene insistieren, wie es die Magie tut (wobei ein latenter Intellektualismus mit hineinspielt), oder auf ihrer rein subjektiv-geistigen Wirklichkeit, wie es aufklärerische Richtungen tun, wobei sich ein weltanschaulicher Materialismus mit einschleicht.

---

28 Vgl. C. G. Jung, Psychologie und Alchemie, *G. W.,* Bd. 12, S. 191.
29 Vgl. ebenda, S. 232 f.

So stehen sich nun in der Seele der Träumerin Hexenwerk und platte Skepsis ausweglos gegenüber – aber dann taucht als Lysis des Traumes die Freundin Frau Lindner auf, welche offenbar die für die Träumerin richtige Einstellung verkörpert. Die zwei Autos, deren Zusammenstoß vermieden wird, dürften mit den kollidierenden Haltungen zu tun haben: der magischen und der skeptisch-rationalen Einstellung. Glauben oder Wissen – zwei Arten der technischen Fortbewegung (= Auto) –, welche auch im kollektiven Geistesleben unserer Zeit immer wieder scharf aufeinander losfahren, obgleich es sich, vom Jungschen Standpunkt aus gesehen, um einen Pseudokonflikt handelt. Die Freundin Frau Lindner vermeidet den Ort einer möglichen Kollision und fährt zurück, d.h. sie distanziert sich von der Frage, und dann beschreibt sie stattdessen mit ihrem Auto einen Kreis.

Das Ziehen des schützenden Kreises ist wohl die älteste religiöse Geste der Menschheit, mit der sich der Mensch von jeher gegen seelisch auflösende Einflüsse wie Affekte, falsche Ideale und andere „böse Geister" geschützt hat. Es ist kein „schwarz-magischer" Kreis, weil die Person, die ihn im Traum zieht, keine Hexe, sondern eine religiöse Frau ist. Das Hexenwerk hingegen ist deutlich inflationiert – ebenso eigentlich die Skepsis des Robert, denn wie kann er mit Sicherheit behaupten, daß solche Dinge nicht existieren! Darum fährt Frau Lindner zurück – eine Geste der Bescheidung: Wir sind nämlich noch gar nicht so weit „fortgeschritten", daß wir über die letzte Realität solcher Dinge urteilen könnten – wir müssen „zurück" zum einzigen, das wir wirklich direkt erfahren können, zur Seele, um ihre Inhalte *religiös* zu zirkumambulieren. Nur so kann der sinnlose Konflikt von Aberglauben kontra Rationalismus vermieden werden.

Die protestantisch-kirchliche Freundin Frau Lindner

234

(die Träumerin gehört zu jener bekannten, aus Deutschland eingewanderten protestantischen steirischen Bauerngruppe) scheint eventuell auf eine geforderte Rückkehr zur protestantischen Kirche zu weisen, doch zeigt der nächste Traum diesbezüglich wieder eine verschiedene Nuance:

Glashausbad:
1. „Ich bin in einer katholischen Kirche und gehe mit zwei oder drei anderen Personen an dem Ort vorbei, wo die heilige Handlung sich abspielt, ich kommuniziere gewissermaßen, es handelt sich aber um eine besondere priesterliche Handlung, in die ich eingeschlossen bin. Ich habe ein starkes inneres Erlebnis, wie ein Zielerlebnis, ein Erneuerungserlebnis, und freue mich sehr darüber – das ist es, was ich suchte! Ich muß mir darüber ganz im klaren sein. Eine Art Kirchendiener oder Priester zweiten Ranges schreibt mir den Vers oder die Worte auf, die das Geheimnis des Erlebnisses ausdrükken. Vor ihm liegt aufgeschlagen das Büchlein, in dem die Worte stehen, und ich lese sie (weiß sie beim Erwachen aber nicht mehr).

2. Ich gehe noch auf das WC. Karl M. (der steirische ‚Schriftsteller‘, mein früherer Lehrer und jetziger Freund) sitzt dort auf dem Brett und wartet. Ich hebe den Deckel, der Kot steigt bis an den Rand, es stinkt widerlich. Ich sage zu Karl M., er solle doch nicht hier warten in diesem Gestank. Er schaut mich seltsam aus verschlafenen und verstohlenen Augen an und schläft dann sitzend weiter. Ich wundere mich, daß er an diesem verpesteten Ort sogar schlafen kann.

3. Die Schule. Der Betrieb fängt wieder an, ich komme und erkläre der Schulleiterin, daß ich noch einen Urlaub habe aus gesundheitlichen Gründen. Ich bin über diesen Urlaub sehr erfreut, weil er für mich die Gesundheit bedeuten wird und darüber hinaus eine Ent-

wicklung, die mich für höhere Leistungsfähigkeit befreien wird. Schulz (der materialistische Schulleiter) steht da an die Mauer gelehnt und macht ein sehr mißmutiges Gesicht. Ich frage ihn, wie es ihm gehe, er antwortet: ‚Schlecht!' – Gesundheitlich schlecht und verstimmt wegen meines Urlaubes. Ich gehe in die Behandlung, die mir helfen soll. Ich soll gebadet werden von Eberhard Müller (einem einfachen Arbeiter, der oft in unserem Haus Aushilfsarbeiten verrichtet). Das Bad befindet sich in einem Glashaus. Ich trete ein. Die Wanne ist schön modern eingebaut, und das Wasser strömt ein, sie ist schon beinahe gefüllt … Eberhard Müller wird auch nackt sein beim Bade, das ist ganz natürlich und wird für mich eine Gelegenheit sein, ihn kennenzulernen.

Nach hinten ist das Bad geräumig erweitert, dort sind noch andere Wannen zwischen Grün und Felsen, es sieht eher aus wie eine Parkeinrichtung. Das Wasser fließt überall ein. Ich gehe im Bad (oder Park) umher mit meiner Freundin Lisbeth (verheiratete Lehrerin, auch gute Hausfrau, künstlerische Veranlagung, im ganzen ausgeglichen) … Weiter seitlich stehen wir vor den fließenden Quellen, die das Bad mit Wasser speisen. Wir sehen drei, die schäumend ihr Wasser ergießen zwischen Felsen und Grün. Ich sage zu Lisbeth, das sei das Schönste in dieser Anlage.

Wir gehen dann etwas weiter hinauf zum Bade. Lisbeth hat Projektile im Körper, es sind kleine und große Silbernadeln, die in ihrem Körper in gefährlicher Weise herumwandeln (helle Metallnadeln, die wie Silber glänzen). Ein Teil davon wandert zur Zeit der Brust zu – in die Brüste –, was sehr gefährlich ist. Lisbeth kann deshalb noch nicht gebadet werden.

Es sind noch andere Leute gekommen, darunter auch Frieda (sehr religiös eingestellte Kollegin, auch viel Wirklichkeitssinn). Alle wollen hier gebadet werden.

Die Wannen werden besetzt sein. Ich steige hinunter, wo eine Frau eine WC- und Toiletteneinrichtung hat, aber zuhinterst ist eine Badekabine, und ich rufe sie an, ob ich dort gebadet werden könnte. Es ist noch heißes Wasser da für mich, und die Frau läßt es sofort einlaufen in das tief eingebaute Becken.

4. Ich bin in einer Pension oder in einem Hotel und erwache in meinem sehr geräumigen Zimmer. – Uhr und Zeitfrage. – Neben mir ist ein zweites Bett gerüstet. Die Doppeltür tut sich auf, und eine junge Frau tritt ein mit einem Kind auf dem Arm. Sie ist angekleidet und will zur Kirche gehen. Sie setzt das Kind unten auf meinen Bettrand und macht es noch fertig, denn es soll mit zur Kirche. Sie entschuldigt sich, daß sie durch mein Zimmer geht, was ja nicht üblich ist, aber sie muß da hindurch."

Im ersten Teil ist eine katholische Kirche der Ort des großen Erlebnisses, doch später erscheinen Lisbeth und Frieda als positive Figuren, welche beide nicht katholisch sind. Es scheint mir daher, daß es dem Unbewußten wohl nicht so sehr an einer bestimmten Konfession als an einer echten religiösen Haltung liegt, in welchem Rahmen immer sie auch gelebt wird.

Im ersten Teil geht es um das dienende Aufschreiben des inneren Erlebnisses in einer Form, welche es als religiöse Aufgabe hinstellt. Der Aufschreibende ist ein zweitrangiger Priester oder ein Diener, was auf eine bescheidene, dienende Haltung hinweist. Das Ich muß vor dem Selbst in den zweiten Rang zurücktreten. Dann folgt die bereits gedeutete Szene des eingeschlafenen Schriftstellers Karl M., welche den Gegensatz zum Priester-Diener darstellt, der das Erlebnis aufschreibt. Er ist ein ehrgeiziger Journalist und kommt darum nicht zum schöpferischen Gestalten des religiösen Erlebnisses.

Dann folgt das alchymische Heil- und Taufbad. Der

Mann, der es auszuführen hat, trägt einen Vornamen, in welchem das Wort „Eber" vorkommt, und ist ein einfacher Arbeiter: Die große, wilde Emotionalität, die der Eber im früheren Traum verkörperte, soll jetzt zum Arbeiter werden, d. h. zur Arbeitsenergie, welche dem inneren Opus dienen soll! Dem Materialisten Schulz in der Träumerin geht es hingegen schlecht, wenn sie sich zum inneren Opus wendet!

Aber auch die äußerst positive Figur der Freundin Lisbeth steckt noch voller Silbernadeln und kann darum nicht ins Bad steigen. Dies ist ein altes Magiemotiv, die bösen Geisternadeln oder „icicles", welche z. B. schwarzmagische sibirische Schamanen ihrem Konkurrenten schicken, um ihn zu schädigen. Psychologisch handelt es sich wohl um negative Projektionen, welche zuerst bewußt gemacht werden sollten. Wo immer man noch unbewußt ist und eigene Schattenelemente projiziert, ist man zugleich besonders empfindlich gegen alle „Pointen", welche einem die lieben Mitmenschen versetzen, was bis zu Verfolgungsideen gehen kann. Der Hexenschatten der Frauen exzelliert oft in diesem „Pointen"-Senden und Empfangen! Endlich kann wenigstens die Träumerin selber ins erneuernde Bad steigen und so aus dem Wasser des Unbewußten wiedergeboren werden. Das wiedergeborene Kind aber ist, wie der nächste Traumteil zeigt, nicht ihr Ich, sondern das Selbst (dargestellt im unbekannten Kind, das ihr die fremde Frau aufs Bett setzt) – und es soll zur Kirche, d. h. in den „Gottesdienst" gehen. Die Frau, die es zur Kirche trägt, ist eine Unbekannte – d. h. der Träumerin ist die eigene richtige religiöse Einstellung noch nicht bekannt, aber letztere ist doch schon wenigstens im Unbewußten belebt und vorhanden.

Der weitere Verlauf der Dinge war nicht so erfreulich, wie dieses letzte Motiv es vielleicht erwarten ließe. Eine Bekannte der Träumerin reiste ihr nach, halb um an deren neuem Erleben teilzunehmen, und halb, um es aus Eifersucht zu zerstören. Es gelang ihr, Mißtrauen gegen die Analyse zu säen, und so kehrte die Analysandin in späteren Ferien nicht mehr zur Fortsetzung ihrer Analyse zurück, wobei das Argument, es sei ihr zu teuer, eine Rolle spielte. Die Träumerin war zwar in besserer Verfassung und von ihren Symptomen Migräne und dem Schrei geheilt, aber die in den Träumen vorgezeichnete religiös-schöpferische Entwicklung ging nicht weiter. Der negativ-realistische Schatten schob sich in projizierter Form dazwischen. Dafür näherte sich die Analysandin einer Sektenbewegung, welche symbolisch-intuitive Lehren vertritt. Der Magier-Großvater, von dem die Träume sich zu Ende des Initialtraumes nicht trennen wollten, nahm somit teilweise wieder von ihr Besitz. Das Ende des Initialtraumes „prophezeit" ja oft den Verlauf einer Behandlung – doch bleibt es hier immerhin unentschieden, ob der „Magier" später nicht doch sterben könnte.

Ein Menschenleben währt länger als die Analyse zweier kurzer Sommerferien, und man kann nicht wissen, ob und wann die richtige *religio* sich in der Seele der Träumerin gegen den Magier, den Skeptiker, den eingeschlafenen Schriftsteller, die Hexe und die frivolen Mädchen durchsetzen wird; mir aber scheinen die Träume in eindrücklicher Klarheit den Individuationsprozeß als religiöses Urphänomen zu beleuchten und auch zu zeigen, welche seelischen Einstellungen es sind, die ihn am meisten behindern. Diese vielen hindernden Einflüsse, welche teilweise durch Schattenfiguren und teilweise durch Animuspersonifikationen dargestellt sind, wirken in diesen Träumen auffallend deutlich gestaltet, verglichen mit den sublimen, aber unbestimmten und unbekannten Gestalten des Selbst. Dies zeigt, daß die Individuationstendenz sich noch sehr wenig in ihr realisiert hat. Nur solche positiven Figuren wie Lisbeth und Frieda sind schärfer umrissen, und so müßte wohl die Träumerin bei ihnen beginnen, d. h. deren Lebenseinstellung in sich zu übernehmen suchen, um weiter zu kommen. Diese Frauen gehören zwar verschiedenen Konfessionen an, sind aber alle nach Aussage der Träumerin im realen Leben verankert und religiös zugleich – sie bringen die zwei Seiten, welche bei ihr zu weit auseinanderklaffen, richtig zusammen und werden deshalb vom Unbewußten als Modellfiguren einer richtigen Einstellung verwendet.

Im übrigen aber zeigen meines Erachtens diese paar Träume (und es ist dies nur eine winzige Auswahl aus einer Flut von ähnlichen archetypischen Träumen) das, was man vielleicht als eine grundlegende religiöse Tendenz in der Seele bezeichnen könnte, eine Tendenz, welche mit dem Individuationsprozeß untrennbar ineins fällt und auch alle schöpferischen Möglichkeiten der Persönlichkeit mitumfaßt.

ÜBER EINIGE ASPEKTE
DER ÜBERTRAGUNG

Ich bin angefragt worden, über einige der tieferen Aspekte des Übertragungsproblems zu sprechen, und habe ein wenig unüberlegt zugesagt. Offengestanden fühle ich mich nämlich dieser Aufgabe nicht gewachsen. Als Jung „Mysterium Coniunctionis" beendet hatte, sagte er selber: „Ich glaube nicht alles hierüber gesagt zu haben; es steckt noch viel mehr dahinter, aber ich habe es dargestellt, soweit ich konnte". Was kann dann unsereins noch sagen? Ich kann daher nur ein paar Aspekte besprechen, soweit sie mir wenigstens ahnungsweise aufgegangen sind.

Mir scheint, man könnte das Problem zunächst behelfsweise einmal in vier Hauptaspekte einteilen: I. archaische Identität, II. gegenseitige Projektionen, III. menschliche Beziehung, IV. Schicksalsverbundenheit „im Ewigen".

In der praktischen Situation tritt für den Analytiker zunächst nicht der erste Aspekt deutlicher hervor, sondern meistens der zweite: nämlich die schon von Freud gesehene Tatsache, daß in der Übertragung viele Projektionen der Familienprägungen, Übertragung des Vater- und Mutterbildes und des Bruder- und Schwesterbildes auftreten, welche eine unrealistische, von infantilen Ansprüchen und Vorurteilen verdunkelte erotische Anziehung schaffen. Wie H. Dieckmann durch seine Experimente bestätigt hat, konstellieren diese Projektionen auch alle noch nicht bewußt gewordenen parallelen

inneren Bilder im Analytiker, so daß fast sofort eine Ver-
wobenheit der Probleme manifest wird: der negative
Mutterkomplex eines Analysanden zum Beispiel evo-
ziert ähnliche negative Erinnerungsbilder auch im Behandelnden selber. Darauf basiert einerseits im positiven Sinn ein Sich-einfühlen-Können und Verstehen des
Analytikers, andererseits aber auch negativ eine gemeinsame Unbewußtheit, welche u.a. durch eine Kontrolle
von Kollegen gesteuert werden könnte.

Der erste Aspekt:
Wenn man in dieser Phase des Geschehens von „Projektionen" spricht, so muß man sich erinnern, daß Jung in
seiner Definition dieses Begriffes sagt[1], daß man von
Projektion *erst dann* reden könne, wenn eine *Störung*,
ein unbewußter Zweifel vorhanden sind, welche die vorherrschende Anschauung über den Partner als nicht
mehr passend erscheinen lassen; vorher handelt es sich
um *archaische Identität* (weshalb ich diese als die erste
Phase bezeichnet habe). Ich glaube, daß wir in dieser
Hinsicht oft in der praktischen Arbeit einen Fehler machen; d.h., daß wir zum Analysanden von einer „Projektion" sprechen, weil wir selber es als eine solche ansehen
(also zweifeln), auch dann, wenn noch keine Anzeichen,
z.B. Träume, vorliegen, die diesen Zweifel dem Analysanden klarmachen könnten. Dies erweckt dann aber
berechtigte und unnötige Widerstände im Analysanden.
Ich glaube, daß es in bezug auf die erste Phase richtiger
ist, sich einfach praktisch dem Analysanden gegenüber
so zu verhalten, wie man sich selber fühlt, ohne verbale
Auseinandersetzungen. Also daß man z.B. einem Be-
mutterungsanspruch gegenüber einfach den eigenen

---

1 C. G. Jung, Psychologische Typen, 1921. *Ges. Werke,* Bd. 6, 1960.
Abschnitt „Definitionen" unter „Projektion".

Zeitmangel oder Mangel an Lust dazu hervorhebt, ohne dem anderen vorzuwerfen, er projiziere die Mutter auf einen: Das bewirkt dann mit der Zeit von selber jene erwähnte „Störung" oder jenen „Zweifel" im anderen, welcher sich meist in den Träumen abbildet; und dann erst ist m. E. der richtige Moment gekommen, von einer Projektion offen zu sprechen. Das vorhergehende Stadium hat nämlich eine lebendige Funktion, die nicht vorzeitig abgebrochen werden sollte, weil sie oft eine Art tragendes Vehikel am Anfang der Behandlung bildet. Darum sind auch Gruppenexperimente so bedenklich, weil – wie allgemein anerkannt – dadurch das Übertragungsphänomen zurückgedämmt wird.

Dasselbe – daß man die archaische Identität erst leben lassen sollte – gilt auch für den Analytiker. Es ist mir nämlich bei mir selber aufgefallen, daß ich manchmal bei Analysanden relativ intensive Gegenübertragungs-Faszinationen erlebte, die mir vom Bewußtsein her nicht einmal besonders sympathisch schienen, und in diesen Fällen hat sich regelmäßig herausgestellt, daß ein schwereres Problem, Psychose oder Todesnähe vorlag, die ich nicht ernst genug gesehen hatte. Besserte sich der Zustand des Analysanden, so war die ganze Faszination wie weggezaubert. Besonders bewirkte dies eine nicht erkannte Nähe des Todes. Es schien mir, daß die Natur bzw. das Unbewußte auf die Art einfach von mir die nötige Gefühlsbeteiligung und Bemühung um ein Verstehen erpressen wollte, wo ich sie vom Bewußtsein her nicht genügend aufbrachte. Wenn ich nun versucht hätte, diese Faszination bei mir selber vorzeitig als „Projektion" aufzulösen, hätte sie nicht positiv für den Analysanden funktionieren können. So unbequem es sein kann, scheint es mir darum, daß man die erste Phase der archaischen Identität leben lassen sollte; und wenn ich Jung richtig verstehe, hat er selber dies auch getan. Wenn man nämlich die ersten Bilder der alchemisti-

243

schen Rosariumserie ansieht[2], wo König und Königin sich begegnen, so spielt eine schöne, positive Liebesanziehung und zwar eine Berührung der *linken* Hand zwischen dem Paar; erst nachher kommt das Bad, die Nigredo und der Tod, d. h. kommen jene Störungen ans Licht, welche eine durch Arbeit zu erringende Bewußtmachung der Projektionen erfordern.

Der zweite Aspekt:
Die Bewußtmachung von Projektionen erscheint mir in erster Linie ein moralisches Problem zu sein. Ich habe nämlich öfters gesehen, daß Analytiker dort, wo sie auf eine Liebesfaszination eines Analysanden (oder -in) nicht einzugehen Lust hatten, sie sie vorzeitig und intellektuell als Projektion abzubauen tendierten, ohne Rücksicht darauf, ob die Zeit dazu vom Inneren des Analysanden her als gekommen angezeigt war. Umgekehrt deuten manche ihre eigenen Liebesträume punkto Patient (oder -in) als keine Projektion, sondern als eine vom Leben oder Selbst her „gemeinte" Beziehungsnotwendigkeit, nur deshalb weil eigentlich ein eigenes geheimes Begehren in diese Richtung strebt. Man wird somit einfach von einer unbewußten Begehrlichkeit oder Abweisungstendenz überrannt, mit negativen Folgen für beide Beteiligten.

Es scheint mir wie erwähnt zunächst richtiger, wenn zum Beispiel eine Mutterübertragung vorliegt, den anderen – *soweit man es fühlt* – auch wirklich zu bemuttern, bis dann die Projektion spruchreif geworden ist. Besonders ist mir auch aufgefallen, daß oft fast zwanghafte heftige Übertragungs-Phänomene dort auftreten, wo der Analysand oder die Analysandin an den inneren Prozeß „an-

---

2 C. G. Jung, Die Psychologie der Übertragung in *G. W.*, Bd. 16.

gekettet" werden müssen, weil er oder sie sonst der inneren Wandlung aus Widerständen oder Oberflächlichkeit davonlaufen würden. Die Übertragung dauernd zu besprechen (discuss the transference), wie es die Londoner SAP-Richtung der Jungschüler tut, halte ich in einer solchen Situation direkt für schädlich. Das qualvolle Hängenbleiben muß wohl eher von beiden Seiten einfach ertragen werden. Jung schreibt ja auch in einem Brief[3], *daß Menschen sich dann in eine unerwiderte Liebe verstricken, wenn es eine erotische Erfahrung zu verhindern gilt,* weil eine solche sie von dem Ziel der Individuation abbringen könnte, nämlich von der Bemühung um eigene größere Bewußtheit.

Manchmal allerdings habe ich in solchen Situationen auch zusehen können, daß sich der Analytiker einem „berechtigten" Gefühlsanspruch einer Analysandin nicht *stellte* und dadurch *unnötig* Zeit und Kraftverlust und Tränen beim Patienten erzeugte. In diesen Fällen allerdings ist dann die Übertragung nach einiger Zeit jeweils „abgesprungen" auf einen anderen Partner, wo bessere Beziehungsmöglichkeiten bestanden.

Der dritte Aspekt, der oft von Anfang an mit in eine Analyse hineingehört, sich aber naturgemäß nur allmählich entwickeln kann, ist derjenige der menschlichen Beziehung oder sogar einer Freundschaft. Das kann natürlich nicht mit allen Analysanden zustande kommen, und besonders variiert auch die dabei sich herauskristallisierende Nähe oder Distanz dieser Beziehung nach unerforschlichen Imponderabilien. Jung schreibt deshalb in einem Brief an einen Analytiker[4]: „Die Distanzverringerungen gehören zu dem wichtigsten und schwierigsten

---

3 C. G. Jung, Briefe I, 1972, S. 220.
4 Ebenda, S. 79 f.

Kapitel des Individuationsprozesses. Die Gefahr ist immer, daß die Distanz bloß einseitig abgebaut wird, woraus unfehlbar eine Art von Vergewaltigung mit nachfolgendem Ressentiment entsteht. Jede Beziehung hat ihr Optimum an Distanz, das natürlich empirisch herausgefunden werden muß. Die Widerstände müssen auf's sorgfältigste berücksichtigt werden. Man kann sie nicht ernst genug nehmen, denn man ist allzu gern bereit sich zu täuschen."

Während manche verliebte Analysanden einen durch große Distanzverringerung zu vergewaltigen streben, gibt es andere, welche eine persönliche Beziehung nicht *wollen.* Sie wollen, daß man wie ein physisch behandelnder Arzt nur eine unpersönliche Seelen-Reparaturwerkstätte für sie bleibe. Und zwischen diesen Extremen gibt es tausend Nuancen. Auch beim Analytiker bestehen beide Extreme; entweder eine Tendenz, den Analysanden liebevoll zu familiarisieren, als Partner(-in), Sohn oder Tochter usw. zu adoptieren, und die Distanz zu stark zu verringern oder die Tendenz, einfach nur wie ein Ölgötze zynisch unbeteiligt „den inneren Prozeß die Kanalisation hinunterschwimmend" zu begleiten, wie Jung es einmal formulierte, d. h. sich allen menschlichen Kontaktnotwendigkeiten zu verweigern. Und dazwischen spielen wieder alle tausend Nuancen, die so heikel zu erfassen sind, und deren optimale Mitte empirisch so schwer zu finden ist.

Besonders im Bereich des ersten und zweiten Aspektes, der archaischen Identität und der Bewußtmachung der Projektionen, spielt natürlich der Machtschatten *die* große Zerstörerrolle, vor der Adolf Guggenbühl neuerdings wieder gewarnt hat. „Wo die Liebe fehlt, besetzt die Macht den leeren Platz", wie Jung sagt. Zum Machtschatten gehört nicht nur das gegenseitige Rivalisieren- und-Dominierenwollen, sondern nicht zuletzt auch beim Analytiker das Heilen-Wollen.

Ich erinnere mich da an meine erste Analyse mit einer schwer gestörten Borderline-Analysandin. Ich versuchte verzweifelt und mit Aufwand aller Kräfte, ihr Abrutschen in einen psychotischen Schub zu verhindern. Da ließ mich Jung kommen, hörte sich alles an und sagte dann sehr ernst: „Wieso wissen Sie so sicher, daß die Analysandin keinen Schub durchmachen muß? Manche Leute sind nach einer solchen Episode besser. Wieso meinen Sie, ihre Schicksalsbestimmung so genau zu kennen? Vielleicht verhindern Sie gerade das, was nach göttlichem Ratschluß geschehen sollte." Ich fiel aus allen Wolken und sah erst dann, daß mein Machenwollen Macht war. Als ich meine falsche Zwängerei abstellte, besserte sich die Analysandin, statt in einen Schub abzugleiten. Es hat mich darum später tief beeindruckt zu finden, was in einer mittelalterlichen Exorzismus-Anleitung für Priester steht: Der Priester solle in einem stillen Gebet zuerst innerlich herauszufinden suchen, ob Gott den Kranken von dem quälenden Dämon befreit haben wolle, oder ob Er nach Seinem unerforschlichen Ratschluß wolle, daß der Kranke sein Leiden noch weiter behalte und daran laboriere. Erst dann, wenn es der erste Fall zu sein scheine, solle sich der Priester zu einer Heilungszeremonie anschicken. Zuviel christliches Helfen-wollen ist, wie Jung einmal schrieb, „ein Eingriff in den Willen des Anderen. Man sollte sich so einstellen wie jemand, der eine Gelegenheit bietet, welche ergriffen oder verworfen werden kann. Sonst gerät man in Schwierigkeiten. Das ist so, weil der Mensch nicht von Grund auf gut ist, beinahe zur Hälfte ist er ein Teufel." [5]

Aber eben, das nur zynische Zuschauen und alles Gott oder dem Schicksal Überlassen hat Jung ebenso sehr verworfen wie das Zu-viel-machen-Wollen. Die

5 Ebenda, S. 116.

Mitte zwischen diesen Extremen zu halten, scheint mir eine ganz besonders schwere Aufgabe, weil es von Mensch zu Mensch und von Zeitmoment zu Zeitmoment variiert. Ich glaube, daß man dies gar nicht vom Denken oder vom Gefühl her allein bewältigen kann, sondern daß einem nur hilft, selber im Tao zu sein, so daß einem dann vom eigenen Selbst her instinktiv zufließt, was man hier und in diesem Moment tun oder nicht tun sollte. Aber natürlich sind wir alle gar nicht immer im Tao, im innerlich richtigen Kontakt mit dem Selbst, oder zum mindesten ich nicht.

Von Anfang an, aber zunehmend beim dritten Aspekt, scheint sich der Tatbestand zu intensivieren, daß man überhaupt nicht mehr mit Regeln und Denk-Einsichten oder persönlichen Gefühlen funktionieren kann, sondern daß alles Entscheidende von der Arbeit an einem selber abhängt, wie weit man damit gekommen ist oder nicht, weil es sich mehr um Einmaliges in der menschlichen Begegnung und Einmaliges in ihren Zeitphasen handelt, wo alle generellen Gesichtspunkte versagen. Es entstehen ja in einem analytischen Gespräch immer wieder Situationen, wo man unmittelbar blitzschnell reagieren muß. Da entscheidet nicht nur, was man denkt oder sagt oder fühlt, das Absinken der Stimme, eine unwillkürliche Bewegung, ein Zögern, alles kann entscheidend sein; darum wirkt in diesen Augenblicken *nur das, was man ist* und wo man innerlich selber hingekommen ist in der eigenen Entwicklung, und kein noch so wohlgemeintes, bewußt erlerntes „Verhalten".

Der vierte Aspekt:
Damit kommen wir aber nun zum vierten Aspekt, den ich eine „Schicksalsverbundenheit im Ewigen" genannt habe, das eigentliche *Mysterium Coniunctionis*. Auf dieser Stufe geht es um das Erlebnis des Selbst, der inneren Ganzheit, welche nicht intellektuell, sondern nur durch

Liebe verstanden werden kann. „Diese Liebe ist nicht Übertragung und ist keine Freundschaft im üblichen Sinn, noch Sympathie. Sie ist primitiver, ursprünglicher und spiritueller als irgend etwas, das wir zu beschreiben imstande sind."[6] In diesem Bereich stehen sich nicht mehr zwei persönliche Menschen gegenüber, „sondern es begegnen sich die vielen, zu denen wir gehören, jeder dessen Herz wir berühren."[7] Dort herrscht „keine Unterschiedenheit, sondern unmittelbare Präsenz. Es ist ein ewiges Geheimnis".[8] In gewissem Sinn findet beim Hervortreten dieses vierten Aspekts eine Rückkehr zum ersten statt, aber auf höherer, bewußterer Stufe. Und darum ist oft die Ahnung dieser höchsten Stufe schon bei der ersten Phase vorhanden und bewirkt die Tiefe der Leidenschaft, mit welcher manche an der Stufe der „participation mystique" festhalten wollen und sich gegen eine bewußte Auseinandersetzung und die Anerkennung der beschränkten menschlichen Wirklichkeit sträuben. Jung sagte in dem erwähnten Briefzitat, dieser Aspekt der Liebe sei primitiver und spiritueller als Übertragung, Freundschaft und Sympathie im gewöhnlichen Sinn des Wortes. Daher die ungeheuren Paradoxien, mit welchen die alchemistische Coniunctio-Symbolik diese Art der Beziehung darzustellen versucht. Ich möchte sie durch den Traum einer jungen Frau illustrieren. Der Traum wurde während des letzten Weltkrieges geträumt, in einem Augenblick, als sich die Träumerin entschloß, ihre Übertragung anzunehmen. Er lautet:

„Ich bin in München bei einem Amtsgebäude, von dem ich weiß, daß Hitler darin weilt. Zu meinem Erstaunen ist es nicht bewacht. Neugierig trete ich ein und finde

---

6 Ebenda, S. 273.
7 Ebenda.
8 Ebenda.

mich alsbald allein Hitler gegenüber. Ich halte eine Pistole in der Hand und der Gedanke kommt mir blitzartig, daß dies eine einzigartige Gelegenheit sei. Ich erschieße Hitler und renne weg. Die Pistole werfe ich in ein Abflußrohr. (Dann folgt eine lange Verfolgungsjagd). Endlich befinde ich mich auf einem Feldweg zu Fuß unterwegs nach Hause zur Schweizer Grenze. Da sehe ich vor mir einen weißen Hahn mit einer Schar Hühner in gleicher Richtung laufen. Der Hahn bittet mich, ich möge ihn doch mit seinen Hühnern mit in die Schweiz nehmen. Ich willige ein, stelle aber die Bedingung, daß unterwegs kein sexueller Verkehr stattfinden solle. Der Hahn willigt ein, und eine Stimme sagt: „Und so zogen sie dahin wie ein Fürstabt mit seinen Nonnen." Als wir weitergehen, sehe ich ein junges, schönes Menschenpaar ebenfalls zur Grenze gehen. Sie tragen goldene Kronen auf dem Kopf: es ist ein König und eine Königin. Weil sie sehr weltfremd zu sein schienen, biete ich ihnen an, mit uns zu kommen, was sie dankbar annehmen. In der Nacht gelingt es uns, die Grenze zu überschreiten. Die Schweizer Grenzwächter bringen uns in ein Quarantänelager, wo wir vier Wochen bleiben sollen. In dieser Zeit, so verlangen sie, sollen die von den Hühnern gelegten Eier dem Schweizer Staat gehören."

Die Erschießung Hitlers bedeutet die Beseitigung des Machtanimus, welcher dem Individuationsprozeß im Wege steht. Dann kommt die Flucht in die Schweiz, in die Heimat, d.h. an den inneren Ort, wo man hingehört, und in das Land der Freiheit, d.h. der individuellen Bewußtwerdung. Der primitive ursprüngliche Aspekt der *Coniunctio,* wie Jung es bezeichnet, ist im Hahn und seinen Hühnern dargestellt, ein Bild, das auch in der alchemistischen Symbolik vorkommt. So beschreibt Senior, wie die Mondsubstanz zur Sonne sagt: „Oh Sonne, ich

bedarf deiner, wie der Hahn der Henne bedarf."[9] In anderen Texten sind es Wolf und Hund oder ein Hirsch
und Einhorn oder andere Tiere, die diese Seite darstellen. Die Eier, die am Schluß des Traumes eine Rolle
spielen, sind ein bekanntes Bild für die Ausgangsmaterie
des Individuationsprozesses. Dieser Hühnerschar wird
im angeführten Traum eine spirituelle Disziplin auferlegt, damit ihre Tiernatur auf dem Wege zur inneren
Freiheit keine Störungen bereitet. Nach dem erwähnten
Seniorzitat stellen Hahn und Henne eigentlich Sonne
und Mond dar, ebenso tun dies König und Königin in
der alchemistischen Symbolik, so daß das Königspaar,
das danach im Traum auftritt, eigentlich den anderen
Aspekt derselben Sache bedeutet.

Das erinnert an Jungs Bemerkung, daß diese Form
der *Coniunctio,* der *Hierosgamos,* sowohl primitiver als
auch spiritueller sei als alles, was wir beschreiben können. König und Königin stellen wie die Tiere auch etwas
völlig Transpersonales dar, gleichsam etwas, das im
göttlichen Bereich existiert, jenseits von Raum und Zeit.
Darum heißt es im Traum, das Königspaar sei „weltfremd" – das menschliche Ich müsse ihnen helfen, sich
im konkreten Bereich bewegen zu können. Der Traum
zeigt sehr schön die Mittelstellung des Ego, welches
einerseits den Tieren eine gewisse spirituelle Disziplin
auferlegt und andererseits dem königlichen Paar ein
Stück irdischer Realität beibringen muß.

Diese Mitte zu erfühlen, konstelliert endlose Mühse-
ligkeiten, aber wie Jung betont hat, ist es lebenswichtig
nicht nur für den einzelnen, sondern für den moralischen und geistigen Fortschritt der Menschheit. Wenn
also sich der Psychotherapeut damit abplagt, bemüht er
sich nicht nur um diesen einzelnen Patienten, sondern

9 Senior, De Chemia, 1566, S. 8.

auch für seine eigene Seele, und so klein seine Leistung
sein mag, so vollzieht sie sich an einem Ort, wo das Numen heute eingewandert ist, d. h. wohin sich das Schwer-
gewicht der Menschheitsproblematik verlagert hat." [10]
Darum ist auch im vorgelegten Traum ein Stück mögli-
cher Weltgeschichte, die Tötung Hitlers, dargestellt als
Reaktion darauf, daß sich die Träumerin entschlossen
hatte, ihre Übertragung ernst zu nehmen. Darum benützt das Unbewußte oft so sehr kosmische und erhabene Bilder, um das Übertragungsproblem auszudrükken, d. h. um auszudrücken, daß es um Bedeutendes
geht. So träumte einmal eine Analysandin, nachdem sie
den Film „Hiroshima – mon amour" gesehen hatte, daß
entweder das Liebespaar richtig zusammenkommen
oder die Atombombe explodieren würde. Darin sagt das
Unbewußte, daß es um Letztes und Entscheidendes
geht.

Wie ungeheuer bedeutsam das Liebesproblem vom
Unbewußten her gesehen wird, mag auch der folgende
Traum illustrieren. Er wurde von einer Frau mittleren
Alters geträumt, die eine tiefe, von der anderen Seite er-
widerte Liebe zu einem verheirateten Mann erlebt, eine
Liebe, gegen die sie sich jedoch noch aus konventionel-
len und rationalen Gründen teilweise sträubte.

„Ich hörte den mächtigen, tiefen Ton einer bronzenen
Glocke – einen außergewöhnlichen Klang, wie ich ihn
nie gehört oder mir vorgestellt hatte, einen Ton vom Jenseits, von außerordentlicher Schönheit – unwidersteh-
lich! Fasziniert stand ich auf, denn ich mußte irgendwie
zum Ursprung dieses Tones gelangen, der nur göttlich
sein konnte. Da mir der Ton heilig zu sein schien, dachte

---

10 C. G. Jung, Die Psychologie der Übertragung, in *G. W.*, Bd. 16,
S. 250.

ich, er könnte aus einer Kirche stammen, und sogleich befand ich mich in einer Kirche von reinstem gotischen Stil, aus weißem Stein, und ich machte mich daran, den Glockenturm zu besteigen, um die Glocke zu finden, den Ursprung des ernsten, rhythmischen Klanges, den ich noch immer hörte. Aber alles verwandelte sich, die Kirche wurde ein weites Gewölbe wie das Schiff einer Kathedrale aus einem durchsichtigen, lebendigen, orange-roten Material, von einem rötlichen Licht übergossen und gestützt von einem Säulenwald, der mich an Stalaktiten in Naturhöhlen erinnerte, die ich in Spanien gesehen hatte. Einen Moment lang sah ich mich ganz winzig klein und allein in dieser riesengroßen Halle stehen, staunend, daß ich da eine ganze Welt zu erforschen hatte. Es war mein Herz, ich stand im Innern meines eigenen Herzens, und ich realisierte in diesem Moment, daß der wunderbare Glockenton, den ich noch hörte, nichts anderes war als der Schlag meines eigenen Herzens, oder daß dieser äußere Ton und mein Herzschlag ein und dasselbe waren. Sie schlugen im selben Rhythmus, Makrokosmos und Mikrokosmos waren aufeinander abgestimmt, der Rhythmus des Herzens der Welt und meines eigenen Herzens waren identisch."

Ich glaube, dieser Traum bedarf keiner Deutung, er spricht für sich selbst und zeigt, wie Eros und Individuum unauflöslich miteinander verbunden sind.

Ich greife nochmals einen Traum eines verheirateten Mannes auf, den ich kürzlich in einem Vortrag besprochen habe.[11] Er war in eine verheiratete Frau, Alberta, verliebt und hatte mit ihr eine sexuelle Beziehung. Zur Zeit des Traumes dachten beide an Scheidung.

---

11 In: *Lebenskrisen,* ed. W. Bitter, Klett Verlag, Stuttgart 1970, S. 82.

„Ich war mit meinem Lehrer, einer unsichtbaren Präsenz, am Rande einer Sphäre, die er als ‚letzte Wirklich-
keit‘ bezeichnet hatte, etwas Zeit- und Raumloses, unbe-
schreibbar, nur die, die es gesehen haben, können diese
Erfahrung verstehen, als ein ‚Alles-Nichts‘, ein ‚Überall-
Nirgends‘, ein ‚Jedermann-Niemand‘, als ‚das noch
nicht ausgesprochene Wort‘. Irgendwie half mir der
Lehrer, zwei Wesen oder Etwasse aus dieser letzten
Wirklichkeit herauszuziehen. Ich sah sie nicht, aber
wußte um sie. Um sie sichtbar zu machen, half mir der
Lehrer, eine silbergraue nebelartige Materie aus dem
Raum, worin wir schwebten, zu extrahieren, und wir be-
kleideten damit zwei Wesen, und ein drittes Etwas, das
die zwei trennte. Als ich sie bekleidet sah, befiel mich ein
tiefes Staunen: ‚Das sind ja Engel‘, rief ich aus. ‚Ja‘, antwortete er, ‚das bist du.‘ Ich sah den grauen Vorhang,
der die zwei Engel trennte, und der Lehrer erklärte: ‚Das
ist der Schleier der Illusion.‘ Er hatte viele Löcher. Ich
war tief bewegt und rief: ‚Oh, er vergeht, er vergeht‘, und
ich fühlte, daß Tausende von Jahren, die gelebt worden
waren in der halbbewußten Hoffnung, daß er durchbro-
chen werden könnte, nun erfüllt waren. Ich ging zum
Engel, der ‚ich‘ war, und sah eine silberne Schnur von
ihm in eine winzig kleine Kreatur hinabreichen, die
auch ‚ich‘ selber war, im Bereich der Illusion. Eine andere Schnur reichte hinab in eine Frau da unten, es war
Alberta. Die zwei Engel schienen identisch und ge-
schlechtslos, und sie konnten ‚zusammen denken‘ in einer Art von Identität (das ist mir mit Alberta manchmal
in Wirklichkeit ‚da unten‘ so gegangen). Und wir dachten: ‚So ein kleiner Teil unseres Bewußtseins lebt in diesen kleinen Kreaturen, und sie machen sich Sorgen um
solche Kleinigkeiten. Arme kleine Kreaturen!‘ Und wir
sahen, daß ihre Vereinigung nur richtig zustande kommen könne, wenn die zwei kleinen Kreaturen ihre Verpflichtungen gegenüber ihren Angehörigen einhielten

254

und nicht ihrem egoistischen Begehren folgten. Und zugleich war uns klar, daß es eine Sünde gegen jene ‚letzte Wirklichkeit' sein würde (Sünde wider den heiligen Geist?), wenn wir nicht weitergingen in dem Prozeß der gegenseitigen Bewußtwerdung."

Hier ist das alchemistische Königspaar durch zwei Engel ersetzt, Gottesboten, sie stellen aber denselben bewußtseins-transzendenten tieferen Aspekt der Liebesbeziehung dar, welche in dieser Phase des Geschehens beim Träumer zu sehr auf die konkrete sexuelle Ebene abgeglitten war. Wie Jung betont, kann es ja sowohl falsch sein, eine erhabene Geistigkeit zu affektieren, durch die man sich vor konkreten Verpflichtungen drückt, als auch ebenso falsch, die Beziehung auf ein atavistisch-primitives Niveau absinken zu lassen; man müsse zwischen dieser Scylla und Charybdis seinen Weg hindurchsteuern. In dieser Phase war beim Träumer die zweite Gefahr konstelliert, weshalb der Traum die geistige Seite so besonders stark betont. Zuvor hatte aber derselbe Träumer einen Traum gehabt, wo er einen gefährlichen, bedeutsamen, runden Kupfergegenstand, der von Schlangen in Wellenlinien umsäumt war, annehmen sollte. In der damaligen Lebensphase wollte er sich der *physischen* Seite des Liebesproblems illegitimerweise entziehen. Dieser runde Gegenstand erinnerte ihn im Traum an die Dornenkrone Christi und er wußte, er bedeute „Blut und Tränen". Die Übertragung führt nämlich immer auch zu einer *Kreuzigung,* d. h. zum Tod des bisherigen natürlichen, d. h. unbewußten Menschen.[12] Man wird durchkreuzt: erstens durch das Aufkommen des eigenen Schattens in Form von Eifersucht, Bemäch-

---

12 Vgl. C. G. Jung, Die Psychologie der Übertragung. S. 161: Daher die sich durchkreuzenden Blumenzweige des abgebildeten alchemistischen Königgspaares.

tigungsgelüsten, sexuellen Leidenschaften usw., zweitens dadurch, daß der Partner nicht so ist, wie man ihn haben möchte, und drittens durch die Inhalte des kollektiven Unbewußten, welche durch die Übertragung emporkommen und auf das eigene Schicksal gestaltend Einfluß nehmen. Das alles führt zu einem Tod des *Ich,* und wenn es richtig geht, zu einer Geburt des Selbst. Die Hauptaufgabe in dieser Phase ist bekanntlich diejenige der Auseinandersetzung mit Animus und Anima.

Ich gestatte mir darum, eine Schilderung der Anima aus einem unveröffentlichten Kindertraumseminar zu wiederholen: Die Anima ist eine Art von Begehren oder ein System von Erwartungen, die ein Mann einer Frau gegenüber hat, ein erotisches Beziehungssystem. Wenn sich dahinter äußere Erwartungen, wie gewöhnliche Sinnlichkeit oder Spekulation auf Geld, Macht usw., einmischen, ist alles verloren. Die Anima bewußt machen heißt deshalb, den anderen lieben um seiner selbst und um der Liebe willen. „Wenn ich meiner Liebe folge, ist meine Liebe erfüllt." Nur wer der Anima in dieser Art aus Selbstzweck folgt, dem wird sie zu Beatrice, sie wird ihm zur Brücke, zum Übergang. „Dem Pfad der Liebe folgt ich sinnend ...", wie Dante es ausdrückt. Die Anima steckt aber zuerst auch im Ehrgeiz des Mannes und verwickelt ihn so in Schuld und Irrtum, wenn er sich seine Machtgelüste nicht bewußt macht. Wenn ein Mann dies nicht kann, vereinsamt er schließlich völlig in einem Zustand von Besessenheit.

Wir könnten dies auch auf den Animus anwenden, der eigentlich ein System des Verstehens ist.

Beim Animus ginge es um Einsicht oder Wahrheit um der Wahrheit willen gegen alle Einmischungen von Sinnlichkeit oder Machtgelüsten. Nur wer die Wahrheit um ihrer selbst willen liebt, kann den Animus integrieren, und dann wird auch er – wie die Anima – zu einer Brücke zum Selbst, d. h. zur Erkenntnis des Selbst. Und wenn zwei Menschen in Beziehung zueinander auf dem Weg des wechselseitigen Individuationsprozesses sind, dann konstelliert sich das Motiv der *Coniunctio* eines überpersönlichen Paares. Jung betonte in dem anfangs angeführten Briefzitat, daß sich im *Hierosgamos* nicht zwei Ichs gegenüberstehen, sondern „jeder dessen Herz wir berühren". Dieser seltsame Vielheitsaspekt ist sehr schwer zu verstehen; es ist so, als ob im „Jenseits" nur ein göttliches Paar, Schiva und Shakti, bestünden, die in ewiger Vereinigung stehen, und an deren *Coniunctio* der irdische Mensch nur „als Gast beim Feste", wie es Andreae in der Chymischen Hochzeit schildert, teilnimmt. Diese Vieleinheit mag der folgende Traum eines jungen Mädchens illustrieren. Sie hatte ihren sehr geliebten Bräutigam durch einen tragischen Unfall verloren. Nach etwa zwei Jahren näherte sich ihr ein anderer junger Mann, ihr heutiger Gatte, den sie gut mochte, aber etwas in ihr sträubte sich, ihn anzunehmen, weil sie dies als Untreue gegenüber dem ersten Bräutigam empfand. Sie verlobte sich aber doch mit dem zweiten, und er gab ihr einen schönen Ring. Aber da befielen sie von neuem heftige Zweifel. Im Traum erschien hierauf der tote Bräutigam und sagte: „Aber *ich* habe Dir ja diesen Ring gegeben" (und wies auf den Ring des zweiten). Dies ermöglichte ihr, die neue Verbindung anzunehmen.

Ich bilde mir nicht ein, diesen Traum wirklich zu verstehen, aber es scheint mir eben auf jenes Mysterium hinzuweisen des *einen* Paares im Jenseits, in dessen Verbindung die Vielen, „deren Herz wir berühren", eingeschlossen sind. In der alchemistischen Symbolik ist dies durch das Bild der sogenannten *Multiplicatio* dargestellt: Wenn der philosophische Stein hergestellt ist, vermehrt er sich gleichsam von selber tausendfältig, indem er alle umliegenden Steine und Metalle zu Gold wandelt. Wenn dieses Geschehen im Hintergrund einer menschlichen Begegnung aufleuchtet, wenn der Gott und die Göttin gegenwärtig sind, dann entsteht ein Gefühl von Ewigkeit; als ob der Moment der irdischen Begegnung jetzt und auch immer zugleich wäre, eben wie Jung es ausdrückt, „unmittelbare Präsenz". Darum schreibt Jung in den Erinnerungen: „Die gefühlsmäßige Verbundenheit enthalte immer noch Projektionen, die es zurückzunehmen gilt, um zu sich selbst und zur Objektivität zu gelangen ... Die objektive Erkenntnis steht hinter der gefühlsmäßigen Bezogenheit; sie scheint das zentrale Geheimnis zu sein. Erst durch sie ist wirkliche Coniunctio möglich."[13] Und andernorts: „Auch in der Beziehung zum anderen Menschen ist es entscheidend, ob sich das Grenzenlose in ihr ausdrückt oder nicht"[14] – dieses Grenzenlose scheint mir eben jenes im Hintergrund aufleuchtende Motiv von Gott und Göttin zu sein.

Das Problem der Vieleinheit scheint mir auch in einer chinesischen taoistischen Anschauung über das Leben nach dem Tode angedeutet. Nach dieser Auffassung zerfällt die Seele des Verstorbenen in einen männlichen spirituellen, nach oben entweichenden Teil und in einen weiblichen, irdischen, zur Erde hinabsinkenden. Dann wandern beide, der erste nach Osten, der andere nach Westen, und von dort zu einem geheimnisvollen Weltzentrum des Ursprunges, zu „den gelben Quellen". Und dort feiern die beiden die Hochzeit „der dunklen Vereinigung", als Herr des Ostens und Herrin des Westens, als das eine Götterpaar, das immer wieder jeden Gestorbenen verkörpert.

Wenn sich eine Beziehungssituation einer wirklichen Tiefe annähert, dann schimmert irgendwie schon aus dem Zeitlosen her dieses Coniunctio-Mysterium durch alle an der Oberfläche erscheinenden Wünsche, Wider-

---

13 C. G. Jung, *Erinnerungen, Träume, Gedanken,* hrsg. von A. Jaffé, Zürich 1962, S. 300.
14 Ebenda, S. 328.

stände, Projektionen und Einsichten hindurch; meistens nur in gewissen Momenten, um im nächsten Augenblick wieder zu entschwinden. Wir werden es nie erfassen können, aber es scheint mir wichtig, wenigstens um die Existenz dieser Dinge ahnend zu wissen, damit man nicht dem Gott und der Göttin aus rationalistischem Vorurteil die Türe verschließt, wenn sie hereinkommen wollen.

Das Motiv des Hierosgamos ist, wie es Jung ein anderes Mal ausdrückte, das Geheimnis der gegenseitigen Individuation, „denn nichts Bedeutendes kann ohne Liebe vollendet werden, weil Liebe einen in eine Stimmung versetzt, in der man bereit ist, alles aufs Spiel zu setzen und keine wichtigen Dinge zurückzubehalten."[15] Nur so ist eine Begegnung mit dem Selbst möglich. Darum hat Jung wohl auch die Figur des Selbst, die er in Bollingen malte, Philemon, den liebevoll Gesinnten, genannt.

Der Drang zur Ganzwerdung ist der stärkste Trieb im Menschen, und er steckt deshalb eigentlich hinter der tieferen Leidenschaft in der Übertragung. Am Ende seines Lebens bekannte Jung, daß er es nicht wage, die Paradoxien des Eros ausdrücken zu können: „Eros ist ein Kosmogonos, ein Schöpfer und Vater-Mutter aller Bewußtheit. Es geht um Größtes und Kleinstes, Fernstes und Nahestes, Höchstes und Tiefstes, und nie kann das eine ohne das andere gesagt werden ... Wenn er ein Gran Weisheit besitzt, so wird er die Waffen strecken und *ignotum per ignotius* benennen, nämlich mit dem Gottesnamen."[16]

Und in einem Gespräch sagte er einmal: „Das Problem der Liebe ist so schwierig, daß man froh sein muß, wenn man am Ende seines Lebens sagen kann, daß niemand an einem zugrunde gegangen ist."

15 Serrano, M. de, *C. G. Jung and Hermann Hesse.* Routledge and Kegan Paul, London 1966, S. 60.
16 C. G. Jung, *Erinnerungen,* a.a.O., S. 356.

ÜBER PROJEKTION ...

Ihre Beziehung zu Krankheit und seelischer Reifung

Definition der Projektion

Die Tiefenpsychologie S. Freuds und C. G. Jungs verwendet gemeinsam den Ausdruck Projektion, jedoch in verschiedener Bedeutung. In der Sicht Freuds handelt es sich dabei darum, daß sich ein neurotischer Mensch eines Gefühlkonfliktes dadurch entledigt, daß er ihn auf ein anderes als das gemeinte Objekt abschiebt, daß z. B. eine Tochter den Inzestwunsch, mit dem Vater zu schlafen, auf eine Vaterfigur wie den Arzt oder Pfarrer überträgt. In der Sicht Jungs ist dies jedoch nur eine von vielen Möglichkeiten. Nach Jung erscheint alles Seelische, das uns noch nicht bewußt ist, in projizierter Form als angebliche Eigenschaft äußerer Objekte. Projektion ist in dieser Sicht eine unabsichtliche und unbewußt geschehende, d. h. nicht bemerkte Hinausverlegung eines subjektiven seelischen Tatbestandes in ein äußeres Objekt.[1] Dabei „wählt" das Unbewußte des Projizierenden meistens nicht irgendein beliebiges Objekt, sondern eines, das ein wenig oder auch viel von der Natur der projizierten Eigenschaft an sich hat. Jung spricht von einem „Haken" im Objekt, an den der Projizierende seine Projektion wie einen Mantel aufhängt.

---

1 Vgl. C. G. Jung, Über den Archetypus mit besonderer Berücksichtigung des Animabegriffs in *G. W.*, Bd. 9/I, 1976.

Besonders häufig enthalten Projektionen – darin stimmen Freud und Jung überein – nicht verarbeitete Fehlprägungen aus der frühen Kindheit. Ein Sohn oder eine Tochter, die ihren Vater als autoritär erlebt haben (ob er es wirklich war oder nicht), zeigen die Neigung, auf alle väterlichen Autoritäten, wie den Lehrer, Pfarrer, Arzt, Vorgesetzten, Staat, ja sogar auf das Gottesbild, die negative Eigenschaft „autoritär" zu projizieren und entsprechend abwehrend zu reagieren. Das Projizierte ist aber, genauer besehen, gar nicht nur ein Erinnerungsbild des Vaters, sondern stellt die autoritäre Neigung des Sohnes oder der Tochter selber dar; sie selber benehmen sich unbewußt tyrannisch, ohne es zu merken, sind aber dabei „heilig" überzeugt, es in der Außenwelt ständig mit Tyrannen zu tun zu haben, sobald ein Gegenüber ihnen auch nur eine Spur von Selbstbehauptung oder Machtanwendung als „Haken" anbietet. Solche Projektionen, die auf ersten Kindheitserlebnissen von Vater und Mutter beruhen, sind besonders hartnäckig. Ärzte müssen z. B. immer mit einem negativen oder positiven Vaterkomplex beim Patienten rechnen. Ärztinnen hingegen mit der Projektion des Mutterbildes. Auch Sozialarbeiter, Lehrer, Psychotherapeuten usw. erleben dieses Spiel der Projektionen tagtäglich. Dabei sind es nicht nur die negativen eigenen Eigenschaften, welche projiziert werden (obwohl dies häufiger vorkommt, weil man seine negativen Eigenschaften weniger gern einsieht als seine guten). Auch das Positive in uns, das uns unbewußt ist, kann projiziert werden. Dies bewirkt dann Verliebtheit in Form einer unrealistischen schwärmerischen Faszination, die an der Realität des Gegenübers völlig vorbeisieht.

Projektion als Anpassungsstörung

Es ist an sich völlig unabsehbar, was alles, das wir von äußeren Objekten und Menschen fühlen, ahnen, denken oder empfinden, „objektiv" vorhanden ist oder nicht. In östlicher Sicht ist die ganze Außenwelt letztlich „Maya", d. h. eine Projektionswelt, die uns unsere unbewußte Lebensenergie (Shakti) aufbaut; und auch die westliche Wissenschaft beginnt mehr und mehr zu realisieren, daß sie die Realität „an sich" gar nicht erfassen, sondern davon nur mentale Modelle entwerfen kann. In diesem Sinn wäre also eigentlich die ganze Welt eine Projektion. Im praktischen Alltag ist es hingegen besser, von Projektion erst dann zu reden, wenn das vorgestellte Bild oder Urteil eines Menschen über ein Außenweltsobjekt seine Anpassung ausgesprochen und auffallend stört. Dies nämlich ist ein Signal, daß der Betreffende sich besinnen und merken sollte, daß dasjenige, das ihn außen verwirrend positiv oder negativ fasziniert, in ihm selber ist. Im praktischen Leben äußert sich die Störung meistens als ein zu starker Affekt oder als übertriebene Emotion (Verliebtheit, Haß, Schwärmerei, Fanatismus usw.) oder als eine den anderen Menschen regelmäßig auffallende Illusion oder Fehlbehauptung, die sich nicht, wie ein gewöhnlicher Irrtum, einfach korrigieren läßt. Was aber heißt ein „zu starker" Affekt? Italiener z. B. kultivieren absichtlich die dramatische Emotion, Engländer und Buddhisten unterdrücken sogar ihre uns normal erscheinende Affektivität. Wer kann entscheiden, was übertrieben ist oder nicht? Bei uns entscheidet im Leben meistens der sogenannte „gesunde Menschenverstand". Es ist aber letztlich eine Ermessensfrage, für die es bis heute keine objektiv-wissenschaftlichen Kriterien gibt. Man sollte daher mit dem Begriff der Projektion sehr vorsichtig umgehen.

Die archaische Identität

In Wirklichkeit fangen wir erst heute an, in bezug auf dieses Problem aufzuwachen. Historisch gesehen ist nämlich der ursprüngliche Zustand der gewesen, daß Innenwelt und Außenwelt nicht schärfer unterschieden wurden, d. h. daß Subjekt und Objekt weitgehend identisch waren. Jung nennt dies die archaische Identität. Der Primitive, wie auch bei uns das Kind, lebt zunächst in einem Ereignisstrom, in welchem Umweltereignisse und Innenwelterleben nicht oder nur undeutlich unterschieden werden.[2] Dies ist auch noch unser Normalzustand, der nur, soweit unser bewußtes Ich von Zeit zu Zeit reflektiert, unterbrochen ist. Auch bei uns ist die Kontinuität des Ichbewußtseins nur sehr relativ. Wer z. B. besinnt sich schon darüber, ob das Bild, das er oder sie sich von ihrem Ehepartner macht, „stimmt", solange keine Störung im Kontakt ihn oder sie dazu zwingt? Wir sind im Grunde auch heute noch durch ein ganzes System von Projektionen an unsere Umgebung gebunden, ja, die Projektionen dienen sogar als eigentliche Brücken vom Individuum zur Außenwelt und zu den Mitmenschen. Sie bewirken das Spiel unbewußter Sympathie und Antipathie, Anteilnahme oder Ablehnung, durch das unser ganzes Leben sich gestaltet. Erst wenn sich die seelische Energie aus irgendeinem Grund aus diesen Projektionen zurückzieht, z. B. unsere Liebe in Ablehnung übergeht oder unser Haß anfängt, uns selber lächerlich vorzukommen, erst dann ist der Moment gekommen und die Möglichkeit der Besinnung gegeben, so daß man die vorangegangene unbewußte Projektion einsehen kann. Dabei ist es entscheidend wichtig, nicht etwa nur zu denken, man habe sich ge-

---

2 Vgl. C. G. Jung, Briefe, Bd. II, S. 180.

täuscht, sondern zudem zu suchen, bis man ganz konkret und in seiner praktischen Auswirkung das bisher faszinierende Außenweltelement in sich selber gefunden hat. Man haßt z. B. jemanden wegen seiner Verlogenheit; es genügt nicht, dann zu denken: „Ich lüge auch manchmal", sondern man muß merken: „Dann und dann habe ich genau im Stil des verhaßten Herrn X gelogen!" Wenn man so etwas nicht nur „akademisch", sondern wirklich einsieht, bewirkt es meistens einen Schock, der eine positive Persönlichkeitsveränderung im Sinne eines Reiferwerdens nach sich zieht. Einsicht in negative Projektionen, wie im obigen Beispiel, bewirken eine moralische Differenzierung; denn nun muß sich der Betreffende mit dem Problem seiner Verlogenheit auseinandersetzen, Einsicht in positive Projektionen bedeuten meistens eine neue Verpflichtung: anstatt den Herrn X für seine Intelligenz maßlos zu bewundern, muß ich nun selber meinen Kopf etwas mehr anstrengen! Oder statt immer wieder vergeblich „Wärme" von einem Menschen außen zu erwarten, muß ich lernen, selber mehr Gefühlswärme auszudrükken. Begreiflich, daß die meisten Menschen ihre Projektionen nicht gerne einsehen!

Am auffallendsten manifestieren sich Projektionen in politischen „heiligen" Überzeugungen, in -ismen und in leidenschaftlich umstrittenen Theorien bzw. wissenschaftlichen Vorurteilen. Sobald Humor und Toleranz verschwinden, kann man annehmen, daß Projektionen sich eingemischt haben. Wenn man merkt, daß man bei einer Diskussion über ein Thema unverhältnismäßig affektiv reagiert und in Versuchung gerät, den Diskussionsgegner zu verunglimpfen, besteht der Verdacht, daß man auf den Gegner oder auf seine Theorie etwas projiziert. Falls man die nützliche Gewohnheit hat, seine Träume zu beachten, wird man sehen, daß man dann häufig von solchen Gegnern träumt. Damit ist das Signal gegeben: „Etwas von diesem Gegner steckt in dir selbst." Auch wenn nur die anderen projizieren, ist es schwer, nicht hereingerissen zu werden. Da Affekte und Emotionen äußerst ansteckend sind, braucht es ein gutes Stück Mut, in Gruppensituationen seine Besonnenheit nicht zu verlieren, wie jeder Gruppenmoderator oder Diskussionsleiter weiß.

Die Beziehung von Projektion und Krankheit

a) Der Sender

Bei jedem Projektionsvorgang gibt es einen Sender, d. h. den, der etwas auf einen anderen projiziert, und einen Empfänger, denjenigen, auf den projiziert wird. Interessanterweise tauchen diese zwei Gegebenheiten als hochwichtige Faktoren in der Geschichte der Medizin auf: Das Senden ist in der bei Naturvölkern weitverbreiteten Vorstellung des Krankheitsprojektils veranschaulicht, eines magischen Pfeiles oder sonstigen meist spitzen Geschosses, das den Menschen krank macht.[3]. Ein Gott, Dämon oder auch ein böser Mensch schießt solche magischen „Spitzen" gegen die Leute, die Extraktion des Geschosses bewirkt die Heilung des Opfers. Im Alten Testament schießt Gott selber solche Pfeile (Hiob 6,4.): „Denn die Pfeile des Allmächtigen stecken in mir, derselben Gift muß mein Geist austrinken und die Schrecknisse Gottes sind auf mich gerichtet." Oder es

---

3 Vgl. E. H. Ackerknecht, Primitive Medicine and Culture Pattern. *Bulletin of the History of Medicine*. Bd. 12, April 1942 und derselbe: Natural Diseases and rational Treatment in primitive Medicine, ebda. Bd. 19, Mai 1946.

sind unsichtbare dämonische Mächte (Psalm 91): „... daß du nicht erschrecken müssest vor dem Grauen der Nacht, vor den Pfeilen, die des Tages fliegen, vor der Pestilenz, die im Finstern schleicht, vor der Seuche, die im Mittage verderbt." Bei den Menschen ist es besonders giftiges verleumderisches Geschwätz, das als Senden solcher Pfeile erlebt wird. (Vgl. Jeremia 9.3.8., Psalm 64,4). Man denke auch an die Verwandtschaft des deutschen Wortes „Krankheit" mit „kränken". Wir sprechen heute noch von „Pointen" oder „Sticheleien". In Indien heißt das Wort „Salya" Pfeilspitze, Dorn oder Splitter, und vom Arzt, der solche Pfeile aus dem Körper des Kranken entfernt, heißt es, er funktioniere „wie ein Richter, der aus einem Prozeß den Stachel des Unrechts auszieht". Der Stachel ist offenbar so etwas wie ein böser Affekt, der eine Rechtsunsicherheit bewirkt hat. Dem Psychiater und Psychologen ist es bekannt, daß spitze, scharfe Formen in Patientenzeichnungen und Malereien destruktive Impulse darstellen.

Auch die positive Projektion ist eine Art von „Pfeil", weshalb z.B. der Gott Amor und der indische Liebesgott Kama Pfeil und Bogen tragen. Buddha bezeichnete den Liebeswunsch als „Pfeil, der wild im Fleische wühlt".

Daß es seltener böse Menschen, häufiger Götter oder Dämonen sind, welche solche krankmachenden Pfeile senden, stimmt mit der modernen psychologischen Beobachtung überein, daß Projektionen nicht von uns gemacht werden, sondern unbewußt geschehen, d.h. daß sie von Komplexen oder Archetypen des Unbewußten ausgehen. (Dämonen = Komplexe, Götter = archetypische Bilder). Der griechische Philosoph Demokrit glaubte, daß die ganze Atmosphäre von „eidola" (Bildern) oder „dianoetikai phantasai" (Phantasievorstellungen) durchsetzt sei, die uns im Traum umschweben, aber auch am Tage affizieren. „Nur ein subtiler Geist könne sie unterscheiden, die gewöhnlichen Menschen verwechseln sie mit den Außenweltobjekten."[4]

Das Projizieren eigener, nicht bewußt realisierter, seelischer Inhalte bewirkt beim Sender einen „Seelenverlust", eine der gefürchtetsten Krankheiten bei den Naturvölkern. Man wird davon apathisch, depressiv oder zwanghaft an äußere Menschen gekettet.

b) Der Empfänger

Auch derjenige Mensch, auf den ein anderer etwas projiziert, wird davon affiziert – in primitiver Sicht wird er von einem Pfeil getroffen. Wenn der Empfänger ein schwaches Ichbewußtsein hat (wie z. B. Kinder), wird er leicht veranlaßt, das auf ihn Projizierte auszuagieren. In primitiver Sicht heißt das, daß er besessen wird. Man fühlt sich gezwungen, auf die Verliebtheit des anderen einzugehen, oder man tut unwillkürlich dem Feind das Böse an, das er auf Grund seiner Projektion von uns erwartet. Kinder agieren oft die unbewußte Schattenseite ihrer Eltern aus, d. h. das, was in ihnen steckt, aber nicht bewußt realisiert ist. Das erklärt das bekannte Phänomen, daß sich Kinder von besonders „braven" Eltern oft ausgesucht teuflisch aufführen. „Pfarrers Kinder und Müllers Vieh, gedeihen selten oder nie", sagt das Sprichwort.

---

4 Vgl. H. Diels, *Die Fragmente der Vorsokratiker,* 6. Aufl., 3 Bde., Berlin 1952, Bd. II. S. 102.

Die Projektionsrücknahme

C. G. Jung unterschied bei der Rücknahme einer Projektion fünf Stufen:

I. Die Ausgangssituation ist die archaische Identität. Man erlebt das Innerseelische ganz als Benehmen des äußeren Objektes, glaubt z. B., daß ein Stein einen verhext habe.

II. Man unterscheidet den Stein selber von dem verhexenden Element und nennt letzteres einen bösen „Geist" im Stein.

III. Man urteilt, ob dieser Geist gut oder böse sei.

IV. Man erklärt den „Geist" zu einer Illusion.

V. Man fragt sich, was zu dieser Illusion geführt habe und anerkennt letztere als etwas zwar nicht äußerlich Reales an, wohl aber als eine innerseelische Wirklichkeit, und man versucht letztere zu integrieren.

Viele Probleme der vergleichenden Religionsgeschichte und der wissenschaftlichen Hypothesenbildung lassen sich durch Einordnung in diese Stufen erhellen [5]: archaische Identität, Animismus, moralische Bewertung der eigenen Götter (wie dies die alten Griechen taten), Aufklärung, Anerkennung einer seelischen Wirklichkeit.

Gegen jeden Fortschritt innerhalb dieser fünf Stufen scheint der Mensch starke Widerstände zu empfinden, besonders aber gegen den letzten, fünften Schritt. Dies beruht darauf, daß jede Rücknahme einer Projektion den Reflektierenden belastet. Er wird für ein Stück seiner Seele verantwortlich, das er vorher unbeschwert als

---

5 Näheres s. M. L. von Franz, *Spiegelungen der Seele,* Kreuz, Stuttgart, 1978.

ihm nicht zugehörig ansah. Als Psychotherapeut muß man daher oft sorgfältig abwägen, wieviel Einsicht man einem Patienten oder Partner zumuten darf. Das Ichbewußtsein ist wie ein Fischer in einem kleineren oder größeren Boot: er kann nur so viele Fische (unbewußte Inhalte) in sein Boot hereinholen, als dies es nicht zum Sinken bringt. Manchmal ist man gezwungen, den Analysanden im Glauben an böse Geister oder verfolgende Menschen zu belassen, weil ihn die Einsicht, daß er diese Teufel in sich selber hat, buchstäblich „erschlagen" würde.

Aber auch dem Einsichtfähigsten ist eine Grenze gesetzt: sogenannte archetypische Komplexe (verbildlicht als Gott oder Götter) können überhaupt nicht integriert werden, weil sie sonst die Person übermäßig ausweiten würden, was einer Inflation (Selbstüberschätzung, Größenwahn) gleichkäme. Es ist weiser, solche archetypische Inhalte als seelisch reale kollektive Wirkmächte zu verstehen, mit denen man sich nicht identifizieren, sondern die man durch vorsichtigen Umgang mit ihnen (Respektierung, Opfer, Aussprache = Gebet) günstig stimmen sollte. In dieser Sicht waren und sind die verschiedenen Religionen der Welt alles psychotherapeutische Systeme, die es dem Menschen ermöglichen, mehr oder weniger ungeschoren mit solchen archetypischen seelischen Wirkmächten in projizierter Form umzugehen. Hierin liegt wohl letztlich der Zusammenhang von Religion und Medizin begründet.

Die Folgen

Trotz der erwähnten Widerstände scheint sich eine Entwicklung abzuzeichnen, welche dazu tendiert, im Menschen eine immer weitere Bewußtheit zu entwickeln, was zugleich eine Ausweitung seines Seelenbereiches durch den Projektionsrückzug bedeutet. Der Sinn und die positiven Folgen hiervon sind leicht einzusehen: je mehr ein Mensch von sich selber weiß und je weniger er deshalb Eigenes auf andere projiziert, desto sachlicher, illusionsloser und echter kann er sich auf den wirklichen anderen Menschen, so wie dieser ist, einstellen. Da liegt letztlich der Unterschied zwischen Sympathie, Verliebtheit oder wirklicher Liebe oder zwischen Haß und sachlicher Ablehnung und Distanzierung. Jeglicher Fortschritt im gegenseitigen Verständnis und im besseren Auskommen der Menschen untereinander hängt von der Rücknahme von Projektionen ab. Der Fortschritt wird allerdings auch mit einem Preis bezahlt: gemütliche „Stallwärme", in der man sich gehen lassen kann; Klatsch oder der Genuß eines Wutausbruchs mit dem Triumph: „Denen hab' ich's jetzt aber mal gesagt!" sind dann nicht mehr möglich. Deshalb wäre es sogar meines Erachtens zu bedauern, wenn alle Menschen plötzlich „weise" würden und ihre Projektionen einsähen. Das Götterspiel der Narretei muß ja auch weitergehen. Aber überall da, wo Projektionen zu Mord und Totschlag oder zu schwereren Unzuträglichkeiten führen, ist es angezeigt, sich zu besinnen. Letzteres ist so unbeliebt, daß man es meistens sowieso erst in der äußersten Not tut. Das Überbevölkerungsproblem jedoch, bzw. das dadurch bewirkte nähere Zusammenrücken der Menschen, hat heute eine solche akute Notlage geschaffen, die es meines Erachtens unbedingt nötig werden läßt, daß wir uns mehr von unserem wahren Wesen bewußt machen, anstatt weiterhin infantil die anderen mit unseren Projektionen zu belasten.

BERUF UND BERUFUNG

Eine der schwierigsten Fragen bei der Ausbildung zu-
künftiger Analytiker ist die nach deren Eignung zu diesem Beruf. Auch die umfassendste Ausbildung, die sich
auf die Vermittlung unerläßlicher Kenntnisse beschränkt, kann, so nötig letztere zweifellos ist, dem Menschen jenes „Etwas" nicht vermitteln, das die heilende
Ausstrahlung einer Persönlichkeit ausmacht. Zwar sind
moralische Integrität und der Wille, zu helfen, unerläßlich, aber allein können sie nicht den Ausschlag geben.
In meiner Erfahrung wird jeder Mensch, der sich in seiner Analyse lange um die Bewußtmachung der eigenen
Probleme bemüht hat, für Mitmenschen seiner Umgebung attraktiv. Die anderen spüren, daß er oder sie etwas besitzt, das sie anzieht. Sie beginnen außerhalb des
professionellen Rahmens dem Betreffenden ihre eigenen Träume oder Probleme vorzulegen. Trotzdem
scheint es mir, daß das nicht immer als Indiz genügt.
Vielleicht hat der Betreffende noch eigene andere Aufgaben zu bewältigen, zu denen er mehr „berufen" ist, als
daß er seinen Erwerb einer relativ höheren Bewußtheit,
die er erreicht hat, weitergibt. Ich erinnere mich an eine
Frau, die in dieser Lage war: Obgleich die nötigen Vor-
bedingungen erfüllt waren, schienen ihre Träume eine
analytische Tätigkeit nicht zu befürworten. Erst als ihre
beiden Kinder das Haus verließen, träumte sie: „Eine
Stimme sagte zu mir, nun dürfe ich in meinem Haus-
vorplatz eine Badeanstalt einrichten und dort als Bade-

meisterin wirken." Das heißt offensichtlich, jetzt dürfe sie anderen ermöglichen, in das Wasser des Unbewußten zu steigen, und darüber zu walten, daß die Leute darin schwimmen lernen und nicht ertrinken. Sie wurde eine begabte Analytikerin. Offenbar brauchte ihre Familie sie vorher noch zuviel, als daß sie ihre Energie an Außenstehende verausgaben durfte.

Ein schwieriges Problem stellen jene Ausbildungskandidaten dar, die vom Heiler-Archetypus besessen sind. Das archetypische Bild des Heilers ist mit demjenigen des *Puer aeternus,* des schöpferischen Sohnes der Großen Mutter, verwandt. Nicht wenige junge Menschen, die einen Mutterkomplex haben, neigen dazu, sich mit diesem Archetypus zu identifizieren. Sie haben selber einen „mütterlichen" Zug allem Hilflosen und Leidenden gegenüber, oft auch eine erzieherische Begabung[1] und wären von diesem Gesichtswinkel her gesehen nicht ungeeignet für den Analytikerberuf. Wegen ihrer Identifikation mit dem Archetypus leiden diese jungen Leute aber an einer Inflation. In solchen Fällen hilft es, sie zu zwingen, ernsthafte Studien auf sich zu nehmen, evtl. sogar – wenn möglich – ein Medizinstudium zu absolvieren. Der Inflationierte arbeitet nämlich ungern – er weiß ja sowieso alles tiefer und besser –, harte Arbeit hilft dann oft, zusammen mit der nötigen analytischen Aufklärung, die Inflation zu überwinden. Für solche Menschen ist es wichtig, zu realisieren, daß es das Unbewußte ist, das letztlich den Heilungsprozeß bewirkt und steuert, und daß der Analytiker nur Helfer und Unterstützer dieses Prozesses ist, nicht sein Erzeuger. Ich möchte dies durch den Berufungstraum eines jüngeren Kollegen illustrieren, den er am Vortag seiner ersten

---

1 Vgl. Jung, C. G., Die psychologischen Aspekte des Mutterarchetypus in *G. W.,* Bd. 9/I. 1976.

Analysestunde träumte.[2] Er hatte sich am Vorabend des Traumes Gedanken gemacht, was eigentlich „richtige" Traumdeutung und eine Analyse im Jungschen Sinn überhaupt sei.

Da träumte er: „Ich sitze auf einem offenen viereckigen Platz in einer alten Stadt. Da gesellt sich ein junger Mann zu mir, der nur mit einer Hose bekleidet ist, und setzt sich mit gekreuzten Beinen vor mich hin. Sein Torso ist kräftig und voller Vitalität und Kraft. Die Sonne schimmert durch sein blondes Haar. Er erzählt mir seine Träume mit dem Wunsch, daß ich sie ihm deuten solle. Die Träume sind dabei wie eine Art von Stoff, den er beim Erzählen vor mir ausbreitet. Jedesmal, wenn er einen Traum erzählt, fällt ein Stein vom Himmel, der dem Traum einen Schlag versetzt. Dadurch fliegen Stücke des Traumes davon. Als ich sie in die Hand nehme, erweist sich, daß sie aus Brot bestehen. Indem die Stücke wegfliegen, legen sie eine innere Struktur frei, die einer abstrakten modernen Skulptur gleicht. Bei jedem Traum, der erzählt wird, fällt ein weiterer Stein darauf und so erscheint mehr und mehr deren Skelett, welches aus Bolzen und Muttern besteht. Ich sage zu dem Jüngling, daß dies zeige, wie man einen Traum entblößen müsse, bis man zu den Bolzen und Muttern komme. Es heißt dann noch: Traumdeutung ist die Kunst zu wissen, was man wegwirft und was man behält, es ist wie im Leben auch.

Dann wandelt sich die Traumszenerie: Der Jüngling und ich sitzen nun einander gegenüber am Ufer eines wunderschönen breiten Flusses. Er erzählt mir noch immer seine Träume, aber die durch die Träume aufgebaute Struktur hat eine andere Gestalt angenommen. Sie

---

2 Ich habe diesen Traum ausführlicher gedeutet in Selbstverwirklichung in der Einzeltherapie von C.G.Jung, siehe dieses Buch S. 11 ff.

formen nicht eine Pyramide aus Bolzen und Muttern, sondern eine Pyramide aus Tausenden von kleinen Vierecken und Dreiecken. Es gleicht einer kubistischen Malerei von Braque, aber es ist dreidimensional und lebt. Die Farben und Schattierungen der kleinen Vierecke und Dreiecke ändern sich andauernd. Ich erkläre, daß es für einen Menschen essentiell sei, das Gleichgewicht der ganzen Komposition zu erhalten, indem man immer sofort eine Farbänderung durch eine entsprechende Änderung auf der Gegenseite kompensatorisch ausgleiche. Dieses Ausbalancieren der Farben ist unglaublich komplex, weil der ganze Gegenstand dreidimensional und in ständiger Bewegung ist. Dann blicke ich zur Spitze der Traumpyramide: Dort ist Nichts. Dies ist zwar der einzige Punkt, wo die ganze Struktur zusammengehalten wird, aber dort ist leerer Raum. Als ich hinblicke, beginnt dieser Raum in einem weißen Licht zu strahlen.

Wieder ändert sich die Traumszenerie: Die Pyramide bleibt da, aber besteht nun aus festgewordenem Kot. Die Spitze leuchtet noch immer. Ich realisiere plötzlich, daß die unsichtbare Spitze gleichsam durch den soliden Kot sichtbar gemacht wird und daß umgekehrt der Kot durch die Spitze sichtbar gemacht wird. Ich schaue tief in den Kot und erfasse, daß ich auf die Hand Gottes blicke. In einer augenblicklichen Erleuchtung verstehe ich, warum die Spitze unsichtbar ist: Es ist das Antlitz Gottes.

Wieder ändert sich der Traum: Fräulein von Franz und ich spazieren den Fluß entlang. Sie sagt lachend: Ich bin 61 Jahre alt und nicht 16, aber beide Zahlen addieren sich zu sieben.

Ich erwache jäh mit dem Gefühl, daß jemand stark an die Türe geklopft hat. Zu meinem Erstaunen ist die Wohnung völlig still und leer."

In der Sprache der Primitiven ist dies ein „großer" Traum, in der Sprache C. G. Jungs ein archetypischer

276

Traum, der von überpersönlicher, allgemeiner Bedeutung ist. Da ich ihn bereits oben S. 14 ff. interpretiert habe, kann ich auf dort verweisen. Für unseren Zusammenhang wichtig ist nur die Tatsache, daß das Unbewußte als Hauptsache der Behandlung hervorhebt, „daß man die Hand Gottes" im Menschlichen, Allzumenschlichen sieht und daß man an seiner eigenen Entwicklung weiterarbeitet. *Das* scheint das Entscheidende zu sein.

Dieser große Traum führt von der Angst des Träumers weit weg und antwortet ihm auf seine Fragen mit einer Lebensphilosophie, in deren Zentrum das Problem der Selbstverwirklichung steht. Das Ganze ist als Geschehen dargestellt, das den Träumer erleuchtet. Dies darf allerdings nicht dazu verleiten, zu meinen, daß Analysieren nicht auch eine Leistung des Ich erfordert. Wir wissen aus der Erfahrung, daß es harte, schwere Arbeit ist und viele Kenntnisse erfordert; der Traum, der diese Arbeit als reines Geschehen darstellt, bedeutet eine Kompensation, weil der Träumer in seinen Grübeleien des Vortages sein Ich und die Rolle des Therapeuten zu wichtig genommen hatte. Seine realen, ihm zugewiesenen Patienten, zwei junge Frauen, kommen im Traum gar nicht vor, vielmehr ist der Patient, der „Leidende", eine innere Figur im Träumer selber, er ist ein Stück seines Selbst.

Der Traum zeigt, daß die Hauptsache der inneren Entwicklung sich beim Analytiker rein zwischen seinem Ich und dem Selbst – in altmodischer Sprache – dem Gottesbild im eigenen Inneren abspielt. Er bedeutet auch dem Träumer deutlich, daß es für ihn darum geht, „die Hand Gottes", die in menschlichen Schicksalen waltet, zu sehen, nicht selber etwas „machen" zu wollen.

Jede psychologische Wahrheit läßt sich und muß sich sogar umkehren lassen: Ohne solide möglichst umfassende Kenntnisse kann und darf ein Analytiker nicht sein. Es ist das Recht öfters betont worden, daß der nicht medizinisch ausgebildete Psychologe leicht psychosomatische Tatbestände übersieht. Obwohl ich selber für nichtmedizinische Psychologen eintrete, möchte ich diesen Punkt unterstreichen. Es ist zweifellos wichtig, daß ein Nichtmediziner die Symptomatik psychosomatischer Erkrankungen gründlich lernt, um Patienten, welche eine somatische Behandlung brauchen, an einen Arzt weiterzuweisen. Es gibt aber noch andere Gebiete, über die gründliche Kenntnisse mir unerläßlich erscheinen. So erinnere ich mich eines mexikanischen Schülers, der in Ausbildungsanalyse war. Ich hatte das Gefühl, ihn nicht wirklich zu verstehen, und auch er schien mit dem, was ich sagte, nicht viel anfangen zu können. Woran dies liegen könnte, war mir völlig rätselhaft, denn er war mir ausgesprochen sympathisch. Da brachte er folgenden Traum:

Er sah in der Astgabel eines Baumes einen großen Obsidianstein. Als er hinzutrat, sprang dieser Stein vom Baum herab und begann ihn zu verfolgen. Er spürte, daß er sehr gefährlich war. Auf der Flucht kam er zu Arbeitern, die eine viereckige Grube im Boden ausgehoben hatten. Sie bedeuteten ihm, er solle in diese Grube hineinsteigen und in ihrer Mitte still stehen. Er tat dies und da wurde der verfolgende Obsidianstein immer kleiner und legte sich ihm als Steinchen „zahm" zu Füßen.

Als ich diesen Traum hörte, rief ich aus: „Um Himmels willen, was haben Sie denn mit dem Gott Tetzcatlipoca zu tun?" Da rückte er mit der Sprache heraus und erzählte, daß er zu ¾ Azteke war. In der Anamnese hatte er dies nicht erwähnt, weil in Mexiko immer noch Rassenvorurteile zu herrschen scheinen. Ich verstand ihn plötzlich. Er lebte innerlich, ohne es zu wissen, in der geistigen Tradition der Azteken und hatte dies vor sich selbst verleugnet. Mit diesem Traum begann seine Individuation und auch geistige Kreativität. Tetzcatlipoca, ein höchster Gott der Azteken, wurde sein innerer Guru.

278

Wo wäre aber diese Analyse steckengeblieben, wenn ich nicht gewußt hätte, daß der Obsidianstein ein Symbol des Gottes Tetzcatlipoca sei? Natürlich kann auch ein versierter Analytiker nicht alle mythologischen Motive, deren Zahl in die Hunderttausende geht, kennen. Wichtig ist es darum, den zukünftigen Analytiker dazu zu erziehen, daß er nicht Träume willkürlich deutet, sondern sich immer wieder die Mühe nimmt, Fachwerke über Symbole nachzuschlagen, und daß er weiß, wo er dies tun kann. Ein Arzt hat ja auch Handbücher, wo er Einzelheiten über Medikamente und Symptome nachsehen kann. Die mythologischen Kenntnisse sind in einer Jungschen Analyse wesentlich wichtiger als in einer Analyse anderer Schulen. Letztere gehen meistens von einer bestehenden Traumtheorie aus, welche gewisse Deutungen von vornherein nahelegt. In der Auffassung Jungs bringt aber jeder Traum etwas prinzipiell noch Unbekanntes, für den Patienten Neues zur Sprache. Solange es sich um Traumbilder aus dem persönlichen Unbewußten handelt, genügt oft das sorgfältige Aufnehmen der Assoziationen des Träumers. Über archetypische Motive hingegen wissen die Leute meist wenig zu sagen. Da kommt es darauf an, objektive vergleichend-mythologische Kenntnisse zu eruieren.

Während dieses Problem mehr die denkerische Ausbildung, das Wissen eines zukünftigen Analytikers betrifft, darf man aber auch nicht das Gefühl, d.h. das Herz vergessen. So geistvoll ein herzloser Analytiker auch sein mag – ich habe nie gesehen, daß ein solcher je jemanden geheilt hätte! und „Herz" kann man nicht einpflanzen. Wer keines hat, ist meiner Ansicht nach am allerwenigsten für diesen Beruf geeignet. Es gibt allerdings auch Menschen, die eigentlich Gefühl und Mitleidenkönnen besitzen, aber es nicht wagen, dies zu äußern. Diesen Menschen kann man in der Ausbildung durchaus helfen, gute Analytiker zu werden.

Eigentlich müßte ein Analytiker – ideal gesehen – alle vier Bewußtseinsfunktionen ausgebildet haben. Er braucht die Empfindungsfunktion, denn er muß realistisch sein, innere und äußere Tatsachen sehen können, um zu funktionieren. Es darf nicht vorkommen (wie ich erlebt habe), daß ein Analytiker nichts von der Finanzlage seines Patienten weiß, oder übersieht, daß er zuwenig ißt. Und die Intuition ist natürlich ebenfalls unerläßlich, weil man ohne sie die prospektive und prognostische Funktion der Träume nicht erfassen kann und auch nicht erraten kann, was der Analysand alles nicht erzählt, was meistens besonders wichtig ist.

Natürlich ist es praktisch kaum möglich, daß alle Analytiker so rund und vollständig geworden sind, daß alle ihre vier Bewußtseinsfunktionen integriert sind. Man muß sich oft damit begnügen, dem zukünftigen Analytiker beizubringen, daß er wenigstens weiß, wo seine unausgebildeten Funktionen sind, daß er seine Schwächen kennt und vor ihnen auf der Hut ist und in Zweifelsfällen einen Kollegen beizieht, wenn der Verdacht besteht, daß irgendetwas in einer Analyse nicht klappt.

Das Problem der Kenntnisse und Entwicklung der Bewußtseinsfunktionen betrifft die Normalität des zukünftigen Therapeuten, seine Anpassung an die Außenwelt und Gesellschaft. Doch das Wort „Berufung", das in unserem Wort für „Beruf" steckt, spielt noch auf etwas Tieferes und Wesentlicheres an: auf die Beziehung zu Gott oder Göttern, das heißt, zu sich innerseelisch manifestierenden Mächten. Historisch betrachtet war es darum im Mittelalter nicht der besonders „normale" Mensch (obwohl er auch relativ normal sein mußte), der zum seelischen Helfer für berufen galt, sondern der Priester, oder man erwartete sogar von den Gräbern von Märtyrern oder Heiligen, daß ein übernatürliches

Weiterwirken ihrer Persönlichkeit dem seelisch Kranken Heilung bringen könne. Wenn wir noch weiter historisch zurückgreifen, hebt sich die spezifisch christliche Spaltung zwischen Religion und Medizin auf, und wir gelangen zur Persönlichkeit des Priesterarztes, wie er z. B. in den griechischen Asklepiusheiligtümern (Kos, Epidauros usw.) wirkte.[3] Was „Berufung" damals hieß, erfahren wir z. B. von Apuleius, der als Katochos – freiwillig Internierter[4] – im Dienste der Göttin Isis lebte.

Die spätantike Gestalt des Priester-Heilers ist eine archetypische Variante des weltweit verbreiteten Typus des Medizinmannes und Schamanen. Und hier ist Berufung immer das, was ursprünglich mit diesem Wort gemeint war: ein Ruf der Götter oder Geister, ein Heiler zu werden. Die Schamanen (wie auch viele Medizinmänner anderer Völker) machen dabei eine spezifische Werdezeit durch. Sie sind durch Sippengeister oder auch andere Geister dazu berufen, oft gegen ihren Willen „Ehe ein Schamane in Erscheinung tritt, wird die Seele des Menschen, der für dieses Amt bestimmt wird, von Geistern ergriffen und in die Unter- oder Oberwelt gezogen."[5] Die Seelen des werdenden Schamanen werden dann in Nester auf die Zweig-Etagen eines großen Baumes gelegt, meist erzieht und bebrütet sie dort eine „Tiermutter" in Gestalt eines Raben oder anderen Vogels oder eines geflügelten Elches, Rehs usw. Diese Tiermutter ist sein Alterego, Doppelgänger, Schutzgeist und Lebensprinzip. Manchmal verschlingt sie den Schamanen und gebiert ihn neu, oder sie bebrütet ihn

3 Vgl. Meier, C. A.: *Der Traum als Medizin,* Daimon Einsiedeln, 1985.
4 Vgl. Preusschen, G., *Mönchtum und Serapiskult,* Gießen, 1903, passim.
5 Zit. nach Friedrich, A. / Budruss, L. G., *Schamanengeschichten aus Sibirien,* S. 45, München, 1955.

in einem Ei. Weiterhin besteht die Schamaneninitiation meistens auch – wie bekannt ist – in einer Zerstückelung und Skelettierung. Das Skelett stellt dabei die unvergängliche Grundsubstanz dar, aus der der erneuerte Schamane wieder aufgebaut wird. Nicht immer ist der neue Schamane dieser seiner neuen Gestalt mächtig, sondern er begegnet ihr nur in entscheidenden Augenblicken bei der Initiation und im Tode, aber dieses innere Alterego ist es, durch das er seine Heilungen zustande bringt. [6]

Vom Standpunkt der modernen Tiefenpsychologie aus betrachtet ist diese Schamanenerfahrung das Erlebnis eines Einbruchs des kollektiven Unbewußten und eine Bewältigung dieses Erlebnisses. Wenn die Lehranalyse eines zukünftigen Analytikers im Besprechen der persönlichen Probleme steckenbleibt, so wird er meiner Erfahrung nach später nie ein wirklich wirksamer Helfer sein können. Nur wenn das Unendliche, wie C. G. Jung es formuliert, in seinem Leben erlebt worden ist, hat dieses Leben einen Sinn gefunden, sonst ist es in Oberflächlichkeiten vertan. [7] Und – so könnte man beifügen – dann kann ein solcher Mensch auch dem anderen nur Oberflächliches anbieten: Gute Ratschläge, intellektuelle Deutungen, wohlmeinende Normalisierungsempfehlungen. „Mache frei du deinen Sinn von der Zanksucht und dem Hader, Lärche, du sollst Trommel werden", sagt ein Schamane zu dem Holz, das er zur Fertigung seiner Zaubertrommel gewählt hat. [8]

Die Symbole des Tiermuttergeistes, der Trommel, des Baumes und viele andere, die ich hier nicht alle erwähnen kann, sind in Jungscher Sprache alle Symbole des Selbst. Der zukünftige Heiler muß somit in der schama-

---

6 Ebenda S. 48.
7 *Erinnerungen, Träume, Gedanken,* S. 327/328, Zürich 1962.
8 Friedrich /Budruss, a.a.O., S. 80.

nistischen Tradition nicht nur einen Einbruch des kollektiven Unbewußten erlebt haben, sondern er muß hindurchgedrungen sein zu dessen Zentrum, zu dem, was C. G. Jung als das Selbst bezeichnet hat. Das Selbst tritt eigenartigerweise dem Menschen oft zuerst feindselig gegenüber[9] als etwas Zersprengendes, welches sogar Wahnsinn bringen kann. Den Tungusen war dies bewußt, sie behaupteten sogar, daß, ehe ein Mensch Schamane werden kann, er über einige Jahre an Geisterstörungen leide. Es seien die Seelen verstorbener Schamanen, die ihm den Wahnsinn bringen. Sie sind es oft, die ihn während der Initiation zerstückeln.[10]

So war z. B. ein Burjate 15 Jahre lang krank, lief im Winter nackt herum und „benahm sich wie ein Tor".[11] Dann fand er seinen Hilfsgeist, der zu ihm sprach: „Warum treibst du solche Possen? Kennst du uns nicht? Sei ein Schamane. Sei abhängig von uns, deinem *utcha* (Vorfahre = Hilfsgeist). Bist du einverstanden?" Er stimmte zu, ging durch die Initiationsriten und begann zu schamanisieren: „Überall tut er Gutes und heilt." Es ist streng verboten, zu schamanisieren, bevor die Initiationszeit vorüber ist und der Initiant von seiner schamanistischen Einweihekrankheit geheilt ist.[12]

All dieses von den zirkumpolaren Völkern über den Schamanismus Ausgesagte ließe sich erstaunlich gleich auf die Berufungsproblematik moderner Therapeuten anwenden. Wer nicht einmal tief ins Unbewußte geraten ist und von dort „die Wege aller Krankheitsgeister" geschaut hat, besitzt kaum je genug wirkliche Einfühlung in die ernsthaften seelischen Leiden seiner Mitmen-

---

9 Vgl. Jung, C. G., „Der philosophische Baum" in *G. W.,* Bd. 13, 1978.
10 Vgl. Friedrich/Budruss, a.a.O., S. 212/213.
11 Ebenda, S. 209.
12 Ebenda, S. 159.

schen. Er wird sie nur nach dem Lehrbuch kennen und behandeln, sich aber nicht einfühlen können, was für den Patienten oft entscheidend ist. Auch der, der zu früh zu schamanisieren anfängt, bevor er seine Initiationskrankheit überwunden hat, ist ein uns nur allzu bekanntes Bild. Viele enthusiastische junge Leute wollen schon gleich zu Beginn ihrer Lehranalyse andere behandeln, bevor sie mit ihren eigenen Problemen und Inhalten des Unbewußten zu Rande gekommen sind. Dabei landen sie dann meistens durch „participation mystique" mit einem Kranken in dessen blindem Fleck. So entsteht eine „folie à deux" und keine Heilung, oder der Patient ist intelligent genug zu merken, daß sein angeblicher „Arzt" selber nicht sicher steht. „Der ist ja deprimierter als ich selber", sagte mir einmal ein Analysand, an dem sich ein noch nicht flügge gewordener „Heiler" versucht hatte.

Es ist behauptet worden, daß Schamanen und Medizinmänner die seelisch kranken oder zumindest labilen Individuen einer Gemeinschaft seien [13], aber Eliade hat betont, daß z. B. die Eskimos zwischen der „schamanischen" Krankheit und einer gewöhnlichen Geistesstörung sehr wohl unterscheiden können: Im Laufe der schamanischen Initiationskrankheit gelingt es dem Initianten, für sich selber Heilung zu finden, was der gewöhnliche Kranke eben nicht kann. Die Schamanen sind zudem die schöpferischen Individuen, die Dichter und Künstler ihrer Gemeinschaft. Dies berührt eine Frage, die auch für den modernen Therapeuten von Belang ist, denn der Volkswitz kennt sehr wohl die Figur des selber verrückten Psychiaters. [14] Ich möchte mich

---

13 Vgl. zu dieser Frage M. Eliade, *Schamanismus und archaische Ekstasetechnik*, S. 33 ff., Zürich 1957.
14 Etwa in dem Witz: Was ist der Unterschied zwischen einem Geisteskranken und seinem Behandelnden? – Der, der den Schlüssel hat, ist der Psychiater.

diesbezüglich der Ansicht der Eskimos anschließen: Der, der sich selber heilen kann, ist nicht der Kranke, sondern ist derjenige, der den andern helfen kann. Ein solcher Mensch ist nämlich in seinem innersten Kern intakt und besitzt Ichstärke, zwei unerläßliche Bedingungen für den Therapeuten-Beruf. Er erleidet seine Initiationskrankheit nicht aus Schwäche, sondern „um alle Wege der Krankheiten" kennenzulernen, um aus eigener Erfahrung zu wissen, was Besessenheit, Depression, schizoide Dissoziation usw. bedeuten. Seine Initiations-Zerstückelung ist auch keine Schizophrenie. Es ist nach der mythologischen Aussage eine Reduktion auf das Skelett. Letzteres bedeutet aber in den Augen jener Völker das Nicht-Zerstörbare, Ewige im Menschen, auch das, was durch die Kontinuität der Generationen weiterlebt. In modernere Sprache übersetzt würde das bedeuten, daß der Initiant eine „Analyse" – im Sinne von Auflösung aller seiner uneigentlichen, z.B. konventionellen oder infantilen Eigenschaften – durchmacht, um zu dem durchzudringen, was er in seinem wahren Wesen ist, daß er in Jungscher Sprache individuiert ist, eine feste Persönlichkeit geworden, die nicht mehr als Spielball innerer Affekte und Projektionen oder äußerer gesellschaftlicher Modeströmungen funktioniert.

Ethnologisch betrachtet hat aber auch der Heiler einen spezifischen Schatten, d.h. diese Berufung hat auch eine dunkle Gegenseite. Es ist dies die Figur des dämonischen Schamanen oder Medizinmannes. Die oberflächlichste Form davon ist der vom Machtkomplex beherrschte Therapeut. Es ist ja klar, daß in diesem Beruf, in dem man sein eigener Herr und Meister ist, und wo sich andere oft in kindlich naiver Art anklammern, die Ausübung von Macht eine große Versuchung darstellt, z.B. durch Übernahmen der Elternrollen, der Rolle des „Wissenden", dessen, der das „Richtige" kennt usw. Diese Tatsache, so unsympathisch sie ist, ist jedoch meines Erachtens nicht allzu gefährlich, weil solche Therapeuten meistens von ebenfalls machtbesessenen Patienten gebührlich geplagt werden oder dadurch gestraft sind, daß sie einen langweiligen Kindergarten um sich versammeln, der sie mit Ansprüchen belästigt. Der „dämonische" Heiler ist noch etwas Umfassenderes, Gefährlicheres: Die Jakuten z. B. glauben, daß es einem Schamanen während seiner Einweihung frei steht, ob er von den Geistern „der Quelle des Verderbens und des Todes" oder von den Geistern „der Heilung und der Rettung" geweiht werden wolle.[15] Das Verwirrende dabei ist, daß auch der von den bösen Geistern Geweihte als ein großer Schamane gilt.[16] Aber damit ein solcher Schamane werden kann, müssen viele Menschen (oft aus seiner Sippe) vorher sterben,[17] während die Sippe eines Schamanen der lichten Geister gedeiht.[18] Die ersteren Schamanen heißen darum die „Blutdürstigen". Psychologisch betrachtet sind letztere, die dunklen Schamanen, solche, die die nötige Vertrautheit mit den Mächten des Unbewußten gefunden haben, die sich auch stark genug erwiesen, ihnen nicht zu erliegen, die sich aber gleichsam freiwillig den dunklen Impulsen des Unbewußten nachgebend gehen lassen. C. G. Jung hat das Dämonische, das auch „schwarze Magie" genannt werden könnte, folgendermaßen beschrieben[19]: Während die „weiße Magie" die Kräfte der Unordnung im Unbewußten zu bannen strebt, „erhebt die schwarze Magie die zerstörenden Impulse zur einzig gültigen Wahrheit im Gegensatz zur bisherigen Ordnung und überdies zwingt sie diese in

15 Friedrich/Budruss, a.a.O., S. 171.
16 Vgl. ebenda, S. 158.
17 Ebenda, S. 154.
18 Ebenda, S. 150, 147.
19 Jung, C.G., Briefe, Bd. 2, S. 296f., 1972/1973.

den Dienst des einzelnen im Gegensatz zur Gesamtheit. Die Mittel, die hierzu benützt werden, sind primitive, faszinierende bzw. angsteinflößende Vorstellungen, Bilder, für den gewöhnlichen Verstand unverständliche Aussagen, fremdartige Wörter" usw. „Das Dämonische ... beruht auf der Tatsache, daß es unbewußte Mächte der Negation und Zerstörung gibt und daß das Böse real ist." Ein Mensch, der solche schwarzmagische Wirkungen ausübt, ist meistens selber von einem unbewußten Inhalt besessen. C. G. Jung erwähnt dort als Beispiel Hitler, als einen solchen negativen Heiland oder Zerstörer. Im Bereich schamanistischer Tradition sind solche gefährlichen Schamanen, die jedermann zutiefst fürchtet, bekannt. M. Eliade bringt viele Beispiele von „Hochmut der Schamanen", welche oft als eigentliche Ursache des Bösen angesehen werden, und den heutigen Tiefstand des Schamanismus erklären sollen. [20] Es gibt sie meines Erachtens auch unter den modernen Therapeuten und sie sind in meinen Augen sogar gefährlicher als fachlich ungenügend Ausgebildete. Es gibt vermutlich keine organisatorischen oder rationalen Mittel, um solche Individuen vom Analytikerberuf fernzuhalten; man kann nur hoffen, daß das allgemeine Publikum noch genügend Instinkt besitzt, um sie zu meiden.

Wenn man sich die bisher dargelegten Gesichtspunkte überlegt, so ergibt sich, daß der Analytikerberuf unerhört hohe Anforderungen stellt, Anforderungen, denen kaum je ein Mensch in allen Punkten genügen kann. Gottlob wissen auch die Naturvölker, daß es nicht nur sehr seltene große Schamanen gibt, sondern auch kleinere und kleine Schamanen, die durchaus hilfreich wirken können. Die Größe oder Bedeutung des Schama-

---

20 Mircea Eliade, a.a.O., S. 72.

nen hängt dabei davon ab, wie oft und wie tief er in das Unbewußte gedrungen ist und wie viel Leiden er dabei auf sich genommen hat. Es ist darum meines Erachtens nicht unbedingt nötig, ein großer Heiler zu werden, sondern vielmehr, seine eigenen Grenzen zu kennen. Es kann nämlich vorkommen – und das ist gar nicht so selten –, daß ein Patient über einen hinauswächst, d. h. innerlich weiterkommt, als man selber ist. Die instinktive Tendenz des Analytikers ist dann, den Patienten reduktiv auf das eigene Bewußtseinsniveau zurückholen zu wollen. Nur wenn man sich seiner eigenen Grenzen bewußt ist, kann man diese Gefahr vermeiden und das Bedeutende, Werdende im anderen nicht mit einer Nichts-als-Deutung entwerten. Wenn man sich seiner Beschränktheit bewußt bleibt, kann man manchmal sogar einem überlegenen Patienten helfen, indem man sich strikt damit begnügt, die Hilfe beizutragen, deren man fähig ist, und den Rest – offen ausgesprochen –, dem Patienten selber anzuvertrauen; und indem man, da wo man schwach ist, dies dem Patienten zugibt und ihn umgekehrt um Verständnis bittet. Dann wird der Prozeß keine „Behandlung" mehr sein, sondern eine Beziehung des gegenseitigen Gebens und Nehmens, was dann natürlich bei der finanziellen Regelung berücksichtigt werden muß.

Ein spezielles Problem des Analytikerberufs bildet die Kreativität. Die besten Analytiker sind nämlich zweifellos diejenigen, welche neben ihrem Beruf etwas Schöpferisches leisten. Nicht umsonst sind in den primitiven Gesellschaften die Medizinmänner auch die Dichter, Maler usw. ihres Volkes. Das Schöpferische und das Heilende sind sich sehr nahe. „Das heraufströmende Chaos", betont C. G. Jung, „verlangt nach neuen symbolischen Gesamtideen, welche nicht nur die bisherigen Ordnungen, sondern auch die wesentlichen Inhalte des Ungeordneten umfassen und ausdrücken. Solchen

Ideen käme eine sozusagen magische Wirkung zu, da sie die zerstörenden Kräfte des Ungeordneten zu bannen vermögen, wie das z. B. im Christentum und in allen Religionen überhaupt der Fall gewesen ist."[21] Was C. G. Jung hier in bezug auf das Kollektiv ausdrückt, gilt auch für kleinere Gruppen und hauptsächlich für den einzelnen. Immer geht es darum, in der eigenen Tiefe das ordnende Wirken des Selbst zu finden und auch auszudrükken, in Ideen, in Kunst, in Taten. Wenn der Analytiker nicht neben seinen Konsultationen an dieser Aufgabe arbeitet, verfällt er, wie C. G. Jung betont hat, der Routine und wird mit der Zeit ein schlechter Analytiker. Ich habe bemerkt, daß sich in dieser schweren Arbeit leicht Mißmut oder eine gewisse Menschenverachtung einschleichen. Nur das Weiterarbeiten an eigenen inneren schöpferischen Aufgaben kann diese Wirkung verhindern. Es genügt demnach nicht, sich einmal als „berufen" gefühlt zu haben; die Berechtigung zu diesem Beruf muß immer wieder innerlich neu erworben werden.

---

21 Jung, C. G., *Briefe,* Bd. 2, a.a.O., S. 296, Unterstreichung von mir.

ZUR PSYCHOLOGIE DER GRUPPE

Gruppenprobleme in Jungscher Sicht

In den meisten neueren soziologischen Schriften unterscheidet man drei Erscheinungen zwischenmenschlicher Kollektivbeziehungen: 1. die Gruppe, in der eine meist kleinere Zahl von Individuen in wechselseitiger Beziehung steht und die aus einem Füreinander von gefühls- und verstandesmäßig verbundenen Mitgliedern besteht, von denen jedes im Kollektiv eine bestimmte Funktion oder eine Rolle ausübt;[1] 2. die Masse: eine niedrig organisierte Anhäufung einer unbestimmt großen Anzahl von Menschen, welche mehr triebhaft und emotional miteinander verbunden sind bzw. gleichgeschaltet agieren und meistens unter einer Führerfigur stehen; 3. die Menge, ein unorganisiertes zufälliges Nebeneinander von unter sich unbezogenen Individuen.

Gustave Le Bon und Sigmund Freud nahmen an, daß die Masse den Urzustand darstelle (Urhorde Freuds) und daß jede Entartung von Gruppen zur Masse eine historische Regression bedeute. Es ist das Verdienst Peter R. Hofstätters, die Irrigkeit dieser Ansicht nachgewiesen zu haben. Auch in den uns bekannten ursprünglichen Verhältnissen besteht nämlich schon Gruppenordnung

---

1 Vgl. Raymond Battegay, *Der Mensch in der Gruppe,* Huber, Bern–Stuttgart, 1967, Vol. I, S. 11.

neben Neigungen zur Entartung zur Masse. Hofstätter nimmt nun aber an, daß die zwei Phänomene ursprünglich nahezu identisch waren und erst mit zunehmender Kulturentwicklung sich auseinander differenziert hätten.[2] Die meisten Forscher sind außerdem der Ansicht, daß Familie und Großfamilie, Sippe und Clans historisch die älteste Gruppenform darstellen und daß die Ausdifferenzierung des Individuums historisch später sei als die Familie.

Diesen zwei Voraussetzungen oder Denkmodellen kann die Jungsche Psychologie nur bedingt zustimmen; und da es sich hier um die Grundvoraussetzung des Problems handelt, muß ich auf die zwei letzterwähnten Punkte näher eingehen:

Daß das Kollektiv, und zwar in seiner Urform von Großfamilie, Sippe, Clan usw., am Anfang unserer Entwicklung steht, ist wohl kaum zu bezweifeln, ebensowenig wie daß ein „Wir-Interesse" im allgemeinen vor dem „Ich-Interesse" bestanden zu haben scheint. Adolf Portmann hat jedoch darauf hingewiesen, daß bereits bei Tiergruppen schöpferische Wandlungen des Verhaltens nur von Individuen hervorgebracht werden. Zum Beispiel beginnt ein Vogel einer Gruppe, die sonst in Europa nicht überwintert, plötzlich einmal im Winter am Ort zu bleiben. Gelingt es ihm nicht zu überleben, so geht er sang- und klanglos unter, überlebt er aber gut, so werden eventuell im nächsten Jahr einige andere Individuen der Gruppe dasselbe versuchen, zumal da die Migration ebenfalls große Bedrohungen mit sich bringt. Gelingt der Versuch erneut, so kann das allmählich zu einer Wandlung des Verhaltens der ganzen Gruppe führen. Ein Spannungsfeld zwischen Gruppe und Individuum scheint somit schon bei höheren Warmblütlern

---

2 a.a.O. S. 10.

sichtbar, und die Tatsache, daß der Mensch zweifellos ein „Zoopolitikon" ist, schließt diesen Tatbestand nicht aus. Die Spannung von Gruppe und Individuum erweist sich auf Grund obigen Beispiels im weiteren auch als nicht identisch mit derjenigen von Ich und Wir, da der einzelgängerische Vogel zwar ein Individuum, aber wahrscheinlich kein Ich ist. Genauer besehen bestehen somit zwei Polaritäten: 1. Gruppe – einzelner und 2. Ich-Bewußtsein „Wir" (im einzelnen und in den Gruppen). Battegay bekämpft nun zwar die Ansicht, daß nur in einer Gruppe sich der einzelne seines Ichs allmählich gewahr werden könne. So wahr dies teilweise ist, so unwichtig ist es, wenn es Allgemeingültigkeit beansprucht. Das Ich bildet sich nicht nur in den Wechselbeziehungen mit der Außenwelt und den Mitmenschen einer Gruppe aus, sondern ebenso durch Kollision mit der eigenen Innenwelt.

Masse und Gruppe

Auch der Ansicht Hofstätters, daß sich im Urzustand Gruppe und Masse nähergestanden hätten als heute, kann ich nicht beipflichten. Recht hat Hofstätter nur, sofern er offenbar meint, daß die zwei Phänomene: geordnete Gruppe – getriebene Masse leichter von einem Zustand in den anderen umkippen. Das läßt sich ethnologisch belegen: Primitive Gruppen geraten leicht und rasch „außer Rand und Band", ebenso Gruppen von Jugendlichen und von in sozialer Hinsicht labilen Individuen.[3] Sie sind aber im Gegenteil als Phänomen selber schärfer geschieden. Die soziale Ordnung ist nämlich auf primitiver Stufe im allgemeinen starrer, strenger und

---

3 Für das letztere vgl. Battegay, Vol. I, S. 16f.

absoluter als bei höherer Entwicklung, die desorganisierte Masse hingegen besonders chaotisch wild und zur Massenhysterie neigend. Es handelt sich somit nach meiner Ansicht eher um eine schärfere schwarzweiße Polarisierung und Umkipprelation als um eine größere Identität. Dies läßt sich auch durch neuere Entdeckungen der zoologischen Verhaltensforschung untermauern: Je tiefer wir auf der Evolutionsstufe bei den Tieren hinabsteigen, desto starrer werden die Verhaltensmuster und desto katastrophaler wirkt sich deren Nichtfunktionieren aus. Auf höherer Stufe und am weitesten fortgeschritten bei den Primaten wächst die individuelle Lernfähigkeit, und es entsteht damit eine größere Flexibilität der Verhaltensweisen. Historisch läßt sich ähnliches bei uns selber nachweisen: Sogar in den den primitiven Zustand ablösenden Frühkulturen, z. B. im Samuraiwesen in Japan oder bei uns im Mittelalter im Rittertum zeigt sich noch eine starke Neigung zur formalen Starre, unter deren Decke noch heftigste primitive auflösende Affekte lauern. Je stärker jedoch ein Mensch wirklich domestiziert und kultiviert wird, desto flexibler wird seine „Form", weil sie weniger unter dem Druck primitiver heftiger Affekte steht. Statt einem Schwarzweißverhalten zeigt sich dann eher ein fein nuanciertes „Spiel" zwischen helleren und dunkleren Aspekten.

Nicht nur in bezug auf die zwei oben genannten fundamentalen Voraussetzungen der Sozialpsychologie vertritt Jung eine abweichende Auffassung, sondern es kommt hierzu noch eine weitere Grundanschauung, welche in der Soziologie bisher kaum berücksichtigt worden ist: nämlich die Archetypen-Hypothese, welche das Bild grundsätzlich verändert. Nach Jung besitzen wir wie die Tiere angeborene Verhaltensweisen, welche nicht nur unsere äußeren, instinktiven Handlungen, sondern auch unsere nur im Innenraum wahrnehmbaren Gefühle, Emotionen, Phantasien und Ideen gestalten. Der Innen-

294

aspekt der Verhaltensweisen ist das, was Jung als Archetypen bezeichnet. Sie konstituieren angeborene strukturelle Dispositionen, welche sich im inneren Gesichtsfeld des einzelnen als allgemeinmenschliche und darum bei allen Menschen gleiche oder ähnliche Gefühle, Ideen, Symbolvorstellungen, Urteile usw. aktualisieren. Die Tatsache, daß mythologische, religiöse und moralische Vorstellungen oder Regeln in ähnlicher oder gleicher Form bei Völkern auftreten, die in keinem Kulturkontakt standen, zeigt dies deutlich; ebenso die Tatsache, daß wir immer wieder bei unseren Analysanden das Auftauchen von Traumsymbolen, Vorstellungen usw. beobachten können, von denen sie nicht ahnen, daß es sich hierbei um der Menschheit irgendwann und irgendwo schon bekannte kollektive Bilder oder Ideen handelt. Wie die Instinkte, so werden auch ihr innerpsychischer Aspekt, die Archetypen, wach, wann immer eine Situation ihr Funktionieren anfordert. Darum taucht z. B. eine Helden- oder Heiland-Imago besonders in Notsituationen auf, eine positive Mutter-Imago, wenn vertrauende Geborgenheit fehlt, oder eine negative, wenn Inertie und Materialismus überwiegen usw. Oder es erscheint der Mythos des wunderbaren Kindes, wenn eine schöpferische Bewußtseinserneuerung notwendig geworden ist.

Wie steht nun die Welt der Archetypen zu dem Problem Masse oder Gruppe und zur Spannung Kollektiv–Individuum? Um diese Frage zu beantworten, müssen wir zuvor noch einen weiteren Aspekt der Archetypen betrachten. Bereits Pierre Janet unterschied bei allen psychischen Funktionen eine sog. „partie inférieure" und „supérieure". Die erstere hat emotionalen und Triebcharakter und ist zwanghaft, die letztere enthält bewußtseinsfähige Elemente und ist daher in stärkerem Maße korrigierbar. Jung unterschied diese zwei Aspekte auch bei konstellierten archetypischen Inhalten und definiert sogar die Psyche selbst als einen Wirklichkeitsbereich, der sich, einem Spektrum vergleichbar, zwischen dem „infraroten" Ende der emotional triebhaften, ins Körperliche übergehenden Impulse und dem „ultravioletten" Ende der symbolhaften Sinnrealisationen ausbreitet. Ist der infrarote Pol mehr angeregt, so kippt das Geschehen in physische Prozesse und Handlungen über, ist es hingegen der ultraviolette Pol, so erlebt der Mensch erschütternde Sinnrealisationen, Inspirationen und „idées forces", die ihn zur Schaffung von Normen und religiösen Kollektivvorstellungen anregen. Vom Standpunkt Jungs her gesehen bewegt sich somit die Masse meistens näher dem infraroten Pol des Psychischen, die Gruppe hingegen dem ultravioletten.

Hier jedoch möchte ich mit einer grundlegenden Kritik an den soziologischen Begriffen von Masse und Gruppe einsetzen: nämlich an ihrer impliziten Bewertung. In der neueren Literatur wird Masse fast immer negativ, Gruppe fast immer positiv bewertet. Dies ist m. E. viel zu undifferenziert gesehen. Es gibt „Massenphänomene", welche positiv gesehen werden können, z. B. der heroische Abwehrkampf eines kleinen Volkes gegen eine Übermacht, nicht geleitet von strategischer oder anderer Vernunftorganisation, sondern unter einem Führer gleichgeschaltet von der Emotion der Territoriumsverteidigung. Man denke z. B. an die Südtiroler und Andreas Hofer in ihrer Notwehr gegen die napoleonische Invasion.

Umgekehrt können vernünftig organisierte, kleinere Gruppen, die z. B. eine politische Ideologie vertreten, derartig starr in einem Volk dominieren, daß alles warme Strömen des psychischen Lebens unterbunden wird, denn die Äußerungen des infraroten Poles, die spontane Affektivität, verleihen dem menschlichen Leben auch seinen Charme, seine Wärme und Vitalität. Oft schwanken auch die Begriffe Masse und Gruppe in ihrer

Bewertung von außen. So herrschte zum Beispiel in den Zeitungen allgemeine Unsicherheit, ob die Aufständischen von Biafra als positive „Gruppe" zu bewerten seien, die für die Freiheit ihres Lebens und ihrer Religion kämpfen, oder als aufständischer Mob, den die Zentralregierung zu Recht niederschlagen sollte. Ebenso beurteilte man die Aufstände in Prag und Polen in Ost und West entsprechend verschieden.

Vom Standpunkt der Jungschen Psychologie her gesehen wäre es demnach richtiger, die zwei soziologischen Begriffe Masse und Gruppe sowohl positiv als auch negativ zu sehen und sie besser nur den zwei oben genannten Polen des psychischen Geschehens zuzuordnen. Die positive oder negative Bewertung selber wäre hingegen in einer ganz anderen Seite des Phänomens zu suchen: Beim Individuum können wir beobachten, daß sein psychisches Lebensoptimum nahe der Mitte zwischen den zwei obengenannten Polen liegt; ein zu weites Abrutschen zum infraroten Pol bewirkt ein Überwältigtwerden durch Emotionen, Affekte und Triebe, ein Abrutschen zu weit nach dem ultravioletten Pol hingegen ideologische Besessenheit und starren Formalismus. *Les extrèmes se touchent* – wie immer –, der negative gemeinsame Nenner für beide Extreme ist Besessenheit in ihrem Gegensatz zu Bewußtseinsfreiheit.

Der letztere Punkt ist allerdings von den Soziologen durchaus gesehen worden, wird doch immer wieder betont, daß Gruppen flexibel sein und den Individuen – und ich möchte hinzufügen: auch den kollektiven formwidrigen Affekten, also „der Masse" in ihr selbst – einen gewissen Spielraum einräumen sollten. Die Masse, wie sie heute definiert wird, bildet nämlich m. E. so etwas wie den Schatten der Gruppe – analog zum Verhältnis Ich und Schatten im einzelnen.

Kollektiv und Individuum

Zum Problem des Spannungsfeldes Kollektiv–Individuum erinnern wir uns noch einmal an das erwähnte Vogelbeispiel von Adolf Portmann. Mir scheint, daß das Individuum in seinem Gegensatz zur Gruppe nicht historisch jünger ist – schon auf der Tierstufe gibt es den positiv schöpferischen und den negativ anomalen Außenseiter. Es handelt sich da um ein tief in die Naturgeschichte zurückreichendes echtes Gegensatzpaar. Richtig ist es hingegen sicher, daß Gruppen, welche trotz dichtem Binnenkontakt Außenseiter besser vertragen und assimilieren können, lebensfähiger sind und an Realitätsintensität gewinnen als solche, die sie ablehnen. Richtig ist es auch, daß unter dem Druck einer Gruppennorm unerfreuliche Anomalien von Außenseitern meistens leichter weggeschliffen werden können als in der Einzelbegegnung mit einem Therapeuten.[4] Gruppe und Individuum sind in diesem Sinne ein Paar von gleichberechtigten, sich gegenseitig bedingenden Gegebenheiten.

Jung wurde nicht müde zu betonen, daß Gruppen und Gesellschaften nur so weit überhaupt lebensfähig sind, wie es das einzelne Individuum ist. Der einzelne ist der Lebensträger, die Realität an sich. Der einzelne wird aber im Rahmen einer Gruppe immer alteriert, er ist nicht ganz darin enthalten. Doch von seiner Ganzheit hängt eben gerade auch die Gesundheit und das Leben der Gruppe ab. Nun wird aber in der Soziologie von Gruppe und Individuum auch als von Wir-Interesse und Ich-Interesse geredet. Dies scheint mir unexakt, denn es handelt sich hier um eine teilweise ganz andere Proble-

---

4 Vgl. Battegay, Vol. II, S. 20. Dies ist aber nur der Fall, wenn der Therapeut geringes „Mana" besitzt, ein „großer" Heiler kann noch durchschlagender wirken als eine Gruppe.

matik: Das „Wir" einer Gruppe drückt nämlich nur das Gruppenbewußtsein aus, neben dem es noch ein Gruppen-Unbewußtes gibt; ebenso bedeutet das Wort „Ich" nicht das Individuum als Ganzes, sondern nur dessen Ichbewußtsein, zu dem noch dessen Unbewußtes gehört. Ein kleines Kind kann z. B. schon eine markante Individualität zeigen, ohne noch ein ausgesprochenes Ichbewußtsein entwickelt zu haben. Wir-Interesse versus Ich-Interesse bedeutet somit nur einen kleinen Ausschnitt im Gegensatzpaar Gruppe–Individuum, und die positive Bewertung des einen oder anderen kann deshalb sehr variieren. Die heutigen Soziologen bewerten im allgemeinen das Wir-Interesse positiver als das Ich-Interesse. Demgegenüber wäre jedoch einzuwenden, daß Bewußtseinsphänomene an sich, sei es in den vielen oder im einzelnen, nicht *eo ipso* positiv sind. Das Bewußtsein des Menschen kann von der Instinktgrundlage abweichen und „schief" werden, gemessen am gesamten seelischen Gleichgewicht. In einer solchen Situation kann das „Wir-Interesse" auch neurotisch schief gewickelt sein und in Kontrast zu einem gesunden Ich-Interesse eines Individuums geraten. Ich habe Fälle gesehen, wo eine ganze Familie ein neurotisches Wir-Interesse gegen das einzige gesunde Ich-Interesse eines Mitglieds verteidigte, und dasselbe kann ebensogut auch in anderen „Gruppen" entstehen, die als neurotische Clique ein normales Individuum verfolgen oder ablehnen. Bevor man also das eine als besser als das andere bewertet, müßte man immer zuerst noch die Frage der seelischen „Gesundheit" der beiden stellen – woher aber die Kriterien für diese nehmen, ohne sich nicht wieder nach einem Ich- oder Wir-Interesse zu richten? Diese Frage möchte ich im Augenblick offen lassen, denn es geht mir zunächst mehr darum zu zeigen, wie sehr die Denkmodelle der heutigen Soziologen noch „des terribles simplifications" enthalten, welche der Komplexität und Tiefe unserer menschlichen Probleme nicht gewachsen sind. Bei der Besprechung von therapeutischen Problemen gehen die Autoren z. B. immer von der stillschweigenden Voraussetzung aus, der Gruppenleiter sei der normalste, ebenso sei die Gruppe im ganzen meistens normaler als ein obstruierender Einzelpatient. Sind wir aber dessen wirklich immer so sicher? Ich habe ärztliche Gruppenleiter gekannt, die deutlich eine „latente Psychose" hatten oder einen Heilandwahn, ich habe Gruppen gesehen, die deutliche typologische Einseitigkeiten aufwiesen. In extravertierten Gesellschaften wie z. B. in Amerika wird oft der Introvertierte *eo ipso* als „anormal" abgelehnt; und auf einer Reise in den Fernen Osten konnte ich beobachten, daß ein unternehmungslustiges energisches Gebaren eines einzelnen auf kollektives Mißtrauen stößt. Wenn einer sich hier in einer deutschen Stadt nackt auf einem Bein zu Ehren Gottes an einer Straßenecke aufstellt, so kommt er ins Irrenhaus, in Kalkutta hingegen erhält er als „Heiliger" Geldgeschenke: Wo sind dann die letzten Kriterien? Gruppentherapie begünstigt sicher das soziale Anpassungsvermögen eines Menschen, nicht aber mit Sicherheit seine seelische Gesundheit. Zu viele der soziologischen Anschauungen sind unkritisch aus eigenen affektiven unbewußten Hypothesen ihrer Schöpfer entsprungen,[5] und es wird wohl noch einer Periode langer differenzierter Forschung bedürfen, bevor sich die Grundbegriffe der heutigen Soziologie den realen Tatbeständen angepaßt haben. Dabei scheinen mir die reinen Beobachtungen und die sog. soziometrischen Resultate viel weniger zweifelhaft als die halb-unbewußten Bewertungen, die sich allseits einschleichen. Welches sind nun aber die Archetypen, wel-

---

5 Dies wurde richtig gesehen von Clovis Shepherd, *Small Groups,* Chandler, St. Francisco 1967, Einl.

che Gruppenkohärenz besonders bewirken und fördern?

Battegay machte darauf aufmerksam, daß seine Gruppen gern einen „eigenen Raum", dem tierischen Territorium entsprechend, wünschten und daß auch bei Naturvölkern Gruppen territoriumsgebunden auftreten. Dies weist auf den Archetypus der Mutter hin. Daher das Geborgenheitsgefühl, das die Gruppe vermittelt, daher auch die Gefahr infantiler Regressionen, die beim Eintritt von Patienten in eine Gruppe beobachtet wurden. Doch ist dies nicht die einzige Möglichkeit: Bei den exilierten Juden war das Gesetz als Ersatz für den fehlenden Boden ebenso wirksam, um die Gruppe zusammenzuhalten, auch bei Gruppen von Männerbünden, kriegerischen Rotten usw. weisen die Symptome eher auf eine Dominanz des Vaterarchetypus hin: In diesen Fällen prädominiert der „contract social" oder eine geistige Idee über das Territoriumsgefühl. Hans Marti hat in seinem Buch *Urbild und Verfassung* aufgezeigt, daß solche Aspekte sich allmählich gegenseitig ablösen können. So baute sich die Schweizerische Verfassung ursprünglich mehr nach dem patriarchalen Urbild des „contract social", des Männerbundes und der Idee der Demokratie auf, in neuerer Zeit wurde aber der Staat mehr und mehr im Urbild einer nährenden Mutter gesehen, welche zugleich Erde, Wasser, Wälder – alles mütterliche Symbole – in Besitz genommen hat. Die Gruppe, wie eine Gesellschaft, kann aber nicht nur väterliche und mütterliche Züge besitzen, es gibt hier noch weitere zu berücksichtigende Variationen.

Die Sozialwissenschaft hat herausgefunden, daß eine Gruppe sich jeweils um eine „Mitte" konstituiert. Diese besteht „aus der gefühls- und/oder verstandesmäßigen Ausrichtung der Mitglieder auf einen Gruppeninhalt, einen Gruppenzweck oder ein Gruppenziel".[6] Von der Existenz einer solchen Mitte hängt der Bestand der Gruppe ab. Oft ist die Mitte ein reiner Zweck[7] wie bei sportlichen, politischen und kommerziellen Vereinigungen, oder sie gehört zu einer höheren Ordnung wie das Totem bei Naturvölkern oder eine Gottesvorstellung in einer religiösen Gesellschaft; ihre Existenz sei, so formuliert es Battegay, „im Bedürfnis nach Transzendenzerleben begründet". In dieser Charakterisierung fehlt ein wesentlicher Aspekt[8], nämlich eine Unterscheidung von bewußt und unbewußt. Die erstgenannten Beispiele besitzen vorwiegend einen bewußten Zweck, Sport oder Geschäft oder politische Ziele, wobei jedoch unbewußte emotionale Motivationen mit hineinspielen können (besonders z. B. im Falle von politischen Verbänden), aber nicht müssen.

Bei Selbsterfahrungsgruppen und für therapeutische Zwecke aufgebauten Gruppen besteht die Mitte im „inneren" Ziel der Unterstützung von Heilungstendenzen oder „Bewußtwerdungstendenzen" in bezug auf die gegenseitigen „Wirkungen" vom Individuum auf die Gruppe und umgekehrt. Die Binnenkontakte ergeben sich sekundär durch das häufige Zusammensein. Beim politischen Verein spielt oft stärker ein weiterer Faktor

---

6 Battegay I, S. 40 f.
7 a.a.O. S. 32.
8 Der Unterschied von Zweck versus anders geartetem Verband wird auch als ‚structured group versus focused group' gesehen. Vgl. Shepherd, S. 3.

eine schwächere oder dominierendere Rolle, nämlich eine nicht nur kühlvernünftige Zwecksetzung, sondern eine „leidenschaftliche" weltanschauliche Überzeugung. Untersucht man eine solche näher, so erweist sie sich unfehlbar als Ergriffenheit durch eine archetypische Vorstellung, sei dies den Mitgliedern bewußt oder nicht. Je stärker eine solche archetypische Vorstellung als Gruppen-„Mitte" funktioniert, desto größere Kohärenz ist zu erwarten. Der Nationalsozialismus und der Kommunismus sind hierfür Beispiele. Die größere Kohärenz oder der Binnenkontakt bewirkt bekanntlich zugleich eine größere Aggressivität nach außen gegen die „Andersgläubigen". Solche politischen Vereinigungen nähern sich dem Bild der Gruppe von der größten Kohärenz, der religiösen Gemeinschaft, die sich um eine „transzendente Mitte" schart. Wie die Weltreligionen beweisen, vermag eine solche transzendente Mitte weit größere Gesellschaften zusammenzuhalten als die kleineren oder bewußtseinsnäheren „Mitten".

Vom Standpunkt der Jungschen Psychologie betrachtet, hat dies folgende Gründe: Unter den Archetypen des kollektiven Unbewußten besitzt *ein* Archetypus eine ausgesprochen prädominante Stellung, nämlich der Archetypus des Selbst, welcher sich in monotheistischen Gottesvorstellungen, monistischen Vorstellungen des letzten Urgrundes des Seins (z. B. dem Tao) oder (beides vereinigend) in Bildern eines kosmischen Menschen oder Gottmenschen veranschaulicht oder in einem abstrakten, die letzten Weltgegensätze vereinigenden Symbol, einem Mandala (z. B. dem Tai-gi tu der Chinesen).

Buddha wurde vor der Berührung mit dem Griechentum zur Alexanderzeit in den Tempeln ausschließlich als steinernes Rad (Mandala) dargestellt, nie als Buddhafigur, wie wir sie heute kennen. Bis zu einem gewissen Grad antizipieren auch primitive Totemsymbole die kosmischen Gottmenschvorstellungen der Hochkulturen. Obgleich also verschiedene archetypische Inhalte zur religiösen „Mitte" einer menschlichen Gemeinschaft werden können – man denke z. B. an Kulte einer „Großen Mutter" oder der vergöttlichten Ahnen, der mächtigen Toten, wie sie van der Leeuw nennt –, so erwiesen sich doch die „kosmischer Mensch"- oder Gottmenschmotive als fähig, eine universellere Bedeutung zu erlangen, entsprechend der größeren emotionalen Ladung des Selbst-Archetypus. Im Osten hat dieses archetypische Bild meistens die Kulte einzelner anderer archetypischer Gestalten überlagert, ohne sie zu zerstören (z. B. das hinduistische Pantheon oder den chinesischen Kult von Ahnen und „Unsterblichen"). Bei uns bestand zwar eine Tendenz im Frühchristentum, den Polytheismus (Kult vieler Archetypen) auszurotten, eine Tendenz, die dann aber heilsam durch die Engelverehrung und den Heiligenkult der katholischen Kirche kompensiert wurde. So hat z. B. der Erzengel Michael im Süden den Thot-Hermes, im Norden Wotan weitgehend assimiliert, der Kult von Kosmas und Damian die Verehrung der göttlichen Brüder und Helfer in Seenot, Castor und Pollux, ersetzt, Maria natürlich die verschiedenen Muttergöttinnen, besonders Isis, assimiliert. Vergnüglicherweise enthält die katholische Heiligenliste sogar einen Heiligen Priapus (!), der aber ein recht frommer Mann geworden ist. Die Daimonion-Lehre der Spätantike floß in die Vorstellung des persönlichen Schutzengels ein. So haben die Götter zwar ihre Gestalt gewandelt, aber der darunterliegende Archetypus blieb lebendig und im Kollektivbewußtsein berücksichtigt. Die Symbole des Selbst umfassen nämlich in einer Paradoxie in einer Viel-Einheit alle anderen Archetypen des kollektiven Unbewußten in sich zusammen. Sie stellen aber noch in einer weiteren Hinsicht eine Viel-Einheit dar, nämlich in dem Sinn, daß das Selbst in je allen einzelnen Menschen der Kern ihrer Seele und auch nur ein einziges Selbst ist, das für alle dasselbe ist. In der indischen Philosophie ist dies z. B. durch die paradoxe Identität des individuellen Selbst (Atman-Purusha) mit dem kosmischen Selbst Atman-Purusha veranschaulicht. Das gleiche gilt für den „Buddha" oder den „Buddha-Mind" in den meisten Richtungen des Buddhismus. Im Christentum verwirklichte sich dieser kollektive Aspekt des Selbst in der Anschauung vom *„Christus in nobis"* und der *filiatio* durch die Ausgießung des Heiligen Geistes sowie in der Lehre, daß die Vielheit der Gläubigen (die Kirche) den sichtbaren Leib Christi darstelle. Christus stellt in diesem Sinn eine gruppendynamische „Mitte" dar, was sich in der Selbstbezeichnung der frühen Christen als „Brüder und Schwestern in Christo" ausdrückt. Im frühen Christentum läßt sich feststellen, daß diese Mitte einerseits eine bewußte Kollektivvorstellung war, die durch Propaganda, genannt Mission, verbreitet und durch kultische Begehung verehrt wurde, zum Teil aber auch – und dies um so stärker, je weiter wir zeitlich zum Ursprung zurückgehen – auf aus dem Unbewußten spontan auftauchenden archetypischen Symbolisierungen, die als „Christus" verstanden wurden, beruht. Man denke an das Erlebnis des Paulus, die Konversion des Augustinus, die Visionen vieler Märtyrer und Mystiker, die Wundererlebnisse im Volke.

Zwischen der kollektiv-bewußten Vorstellung eines Symboles des Selbst und seiner Spontanmanifestation aus dem Unbewußten bestehen oft Spannungen, oder es wird nur das eine oder andere als „wirklich" anerkannt. So stoßen manche Zen-Meister sogar Buddhastatuen um oder mokieren sich über den Begriff Buddha, um das innere Spontanerlebnis zu fördern; umgekehrt hat die Inquisition im Mittelalter begonnen, individuelle Spontanvisionen und Träume von Christus nach den etablierten Normen der bewußten Kollektivvorstellung streng zu zensurieren. Eine solche Spannung ist nichts anderes als ein Symptom dafür, daß die bewußt-kollektiven Vorstellungen in Gefahr stehen, nicht mehr mit dem Leben des kollektiv-seelischen Urgrunds übereinzustimmen. Auf ein weiteres Symptom für einen solchen beginnenden Zerfall hat Arnold Toynbee hingewiesen, nämlich den Übergang des Universalismus und Totalitätsanspruchs der Religionen an politische und Staatsorganisationen, ein Zerfallsymptom, das bei uns mit dem Sacerdotium-Imperium-Streit begann und seither weit zuungunsten der religiösen Mittebildung fortgeschritten ist. Für den Psychologen ist dies zunächst weder bedauerlich noch gut, sondern in erster Linie ein psychologisches Symptom dafür, daß die bewußte Zentralvorstellung (in unserem Fall „Christus") nicht mehr mit dem spontanen Leben der unbewußten Kollektivpsyche übereinstimmt, wodurch Gruppenzerfall und Bildung anderer archetypischer „Mitten" begünstigt werden.

In großen Zügen könnte man die heutige Weltsituation religionspsychologisch gesehen folgendermaßen charakterisieren: Die größeren universellen Gruppen sind wohl das Christentum mit seinem Mythos des inkarnierten Gottmenschen Christus, der Buddhismus mit seinem Bild des kosmischen Buddha-Geistes, der Hinduismus, der Islam und der sich wie eine Religion ausbreitende Marxismus. Das Selbstsymbol im Christentum krankt an der Tatsache der Nichteinbeziehung des Bösen, des Weiblichen, der Materie und an einer Überbetonung der kollektiven Norm gegenüber der individuellen Symbolbildung im einzelnen. Das Symbol des Selbst im Buddhismus ist zu jenseitig und nicht genug realitätsbezogen, ebenso wird die individuelle symbolbildende Funktion der Psyche weitgehend als zur „Illusion gehörig" verworfen, Gut und Böse werden zwar als gleichstarke Realmächte anerkannt, doch nur, um sie möglichst in einen Zustand der Befreiung von den Gegensätzen zu transzendieren. Der Marxismus enthält, wenn auch etwas getarnt, ebenfalls den Mythos eines „vollkommenen Anthropos", der aber nicht als eine historische oder mythische Einzelfigur verehrt wird, sondern auf die Arbeiterklasse als Ganzes projiziert ist. Die Tendenz, daraus eine Einzelfigur zu machen, erscheint in dem immer wieder drohenden Personenkult. Die Arbeiterklasse stellt nach Marx den einzig vollständigen gesunden, d. h. nicht neurotisch oder moralisch entarteten, in völliger Harmonie mit der Natur stehenden, einzig echten Menschen dar. Nach der Ansicht Maos ist der Arbeiter zudem allein einsichtig, selbstlos und schöpferisch. Wie die oben genannten Selbstsymbole der Religionen zu einseitig gut oder zu transzendent sind, so ist dieser marxistische, mythische Anthropos dafür zu diesseitig kollektiv und völlig materiell und zudem eine intellektuelle Konstruktion ohne Öffnung zum ewigen Urgrund hin. Trotzdem ergreift sie die Emotion und Phantasie der Massen, weil sie Fehlendes im bisherigen Anthroposbild konstelliert. Auch ein zweiter Aspekt des Selbstsymbols ist in ähnlicher Art gespalten, das Mandalabild. Im offiziellen Christentum erscheint dieses u. a. im Bild der Ezechielvision, im Paradies und im himmlischen Jerusalem, im Buddhismus in der Tatsache, daß Buddha selber als Rad dargestellt war, sowie im runden Grundriß der Stupas usw. Im Marxismus erscheint hingegen das „himmlische Jerusalem" materiell verirdischt, in der Versprechung eines utopischen Harmoniezustandes nach der Ausrottung des Kapitalismus. Der Maoismus ist noch ein Rätsel; was aber die Marxsche Lehre einmal sein wird, wenn sie in dem so anders gearteten hochkultivierten chinesischen Geist wirklich rezipiert sein wird, können wir heute, wie Jung einmal betonte, noch nicht wissen.

Der Zerfall der religiösen Mitte

Angesichts dieser Lage können wir zunächst nur zu beobachten suchen, wohin das Unbewußte und seine spontan religiöse Symbole schaffende Funktion tendiert. Was bei uns sich dabei im stillen andeutet, soll hier nicht erörtert werden. Im sichtbaren Außen aber sind wir zunächst in erster Linie Zeugen eines zunehmenden Zerfalls jeder religiösen „Mitte" und einer entsprechenden Atomisierung der Gesellschaft und Vereinsamung der einzelnen. Der soziale Hunger nach echtem mitmenschlichem Anschluß hat darum die Mode der Gruppendynamik und Gruppenerfahrung etc. auf den Plan gerufen. Meines Erachtens bedeutet dies aber ein Flikken an der Oberfläche. Statt aber dem zerbröckelnden Gebäude Zementeinspritzungen zuführen zu wollen, wäre es wohl weiser zu untersuchen, was die Fundamente erschüttert – vielleicht ist es der lebendige Gott selber? (Wenn wir nicht an den Teufel glauben oder das Böse auf irgendwelche andere Gruppen projizieren wollen.)

Dies erinnert mich an den Traum eines katholischen Ordensmannes. Am Vortage hatte ich mich dazu hinreißen lassen, ihm vorzuschlagen, in seinem Orden eine Reformgruppe zu bilden und in diesem Rahmen echte Meditation im psychologischen Sinne anzuregen. Darauf träumte er: Er geht mit Schaufel und Spachtel auf ein Kloster zu, neben ihm schiebt ein Arbeiter einen Schubkarren mit frisch angemachtem Zement. Sie wollen das zerbröckelnde Klostergebäude flicken. Da sagt eine Stimme von oben: „Halt! Du kannst das Gebäude nicht bewahren! Du kannst nur versuchen, einzelne herauszuretten." Hierzu wäre aber auch der Traum eines katholischen Priesters zu erwähnen, welcher die Frage erwog, was seine Funktion im Rahmen der Kirche sei. Er träumte, er solle innerhalb der Kirche an der Kirche weiterbauen, und zwar mit lebendigen Steinen. Das erinnert an den Ausspruch des paracelsischen Alchemisten Gerhard Dorn: „Verwandelt euch in lebendige Steine (der Weisen!) *(Transmutemini in lapides vivos philosophorum)*. Dorn glaubte an eine ecclesia spiritualis, „zu der", wie er sagt, „auch Türken und Heiden gehören können".

Auf Grund solcher Erfahrungen kommt man zum Schluß, daß Gott selber oder, neutraler ausgedrückt, der Archetypus des Selbst jedem seinen Platz und seine Rolle in der Gesellschaft zuweist, und zwar dort, wo er seinem eigenen individuellen Wesen und dem Wohlergehen der Gesellschaft gemäß am besten leben und funktionieren kann.

Im Protestantismus hat sich der Zusammenhalt des Gebäudes schon so sehr gelockert, daß, negativ gesehen, oft nicht mehr viel übrig ist, positiv gesehen hingegen ein Zustand „geistlicher Armut" erreicht ist, welcher den Gang zur inneren Urerfahrung geradezu unumgänglich notwendig macht. Das Wort Nietzsches „Gott ist tot", das als Modeslogan vor ein paar Jahren in theologischen Kreisen spukte, drückt nichts anderes als eben diese Verarmung aus. Denn natürlich ist Gott als wirkender Archetypus in der menschlichen Seele nie tot, was wir auch diesbezüglich immer behaupten; der Ausspruch besagt nur, daß unsere kollektiv-bewußte traditionelle Gottesvorstellung tot ist. Das Ereignis eines Gottestodes ist aber, wie Jung betont hat, ein sich von Zeit zu Zeit wiederholendes Geschehen, und es ist sogar an zentraler Stelle im christlichen Symbol bzw. Dogma vorgesehen und enthalten.[9] Zunächst folgt in einem solchen Fall meistens ein Interregnum von geistiger Umnachtung und Besessenheit durch verschiedene -ismen. Der „Leib" des toten Gottes ruht während dieser Zeit im

---

9 Zur Psychologie westlicher und östlicher Religion, *G. W.*, Bd. 13.

Grabe, dort wird der Gott aber nachher gerade nicht mehr wiedergefunden. Der „Leib" bedeutet die sichtbare äußere Form oder bisherige Fassung des höchsten Wertes. Aber der christliche Mythos sagt im weiteren aus, daß der höchste Wert in wunderbarer Weise gewandelt wieder erstehe. „Da nur wenige den Auferstandenen sehen, so bedeutet das, daß keine geringen Schwierigkeiten bestehen, den gewandelten Wert wiederzufinden und zu erkennen." Das gewandelte Christus-Symbol erkannte Jung im alchemistischen Lapis-Christusbild als einem neuen Bild des Selbst. Wir stehen an der Zeitenwende, in der dieses Hintergrundsgeschehen im kollektiven Unbewußten dominiert und die sozialen Krisen hervorruft, an denen wir alle leiden, weil die Ausrichtung auf eine „Gesellschaftsmitte" nicht mehr vorhanden bzw. schwach geworden ist.

Schon 1923 hat Jung in einem Seminar in Cornwall prophezeit, daß bei einem zunehmenden Zerfall der kollektiven christlichen Vorstellungen eine Regression auf totemistische Gruppenbildungen erfolgen würde, manche würden den mithräischen Vereinen gleichen, „und da würde viel Stiergebrüll ertönen", andere würden mehr einen „Lämmchen-Charakter" aufweisen und unschuldiges Opfertier spielen. Wir sehen heute die Verwirklichung dieser Prognose, z. B. bei den Gruppen der Blumenkinder, die massenhaft zugrunde gehen, und den brüllenden „Gangs" gewalttätiger Jugendgruppen. Von einem extravertierten Gesichtspunkt her betrachtet ist es verständlich, daß Pfarrer und Theologen diesen Tendenzen entgegenzuwirken suchen, indem sie selber Gruppentherapie und -erfahrung bei sich oder ins Gemeindeleben zur Rettung der zerfallenden Gemeinschaft einführen wollen. Ob dies sinnvoll ist, scheint mir aus gewissen Gründen fraglich. Bevor ich aber hierauf eingehe, muß ich einen kleinen Umweg machen, welcher das Problem des geistigen Führertums oder Gruppenleiterwesens betrifft, ohne das sich ja bekanntlich Selbsterfahrungsgruppen nicht denken lassen.

Gruppe und Individuation

Gehen wir historisch zu den Wurzeln des Priesterwesens und der Psychotherapie zurück, so stoßen wir auf einer früheren Stufe, im Schamanismus und Medizinmannwesen, auf eine Situation, in der Priester, Arzt und Psychotherapeut in einer Gestalt vereinigt waren. Eine leichte Spaltungstendenz machte sich allerdings auch dort schon bemerkbar, indem manche Priester mehr die traditionellen Rituale hüteten und ausübten, während die „schamanistischen" Priester mehr die Heilung und das Leben der Seele betreuten. Besonders das richtige Sterben und der Weg der einzelnen Seele nach dem Tode ins Jenseits ist ihr Anliegen sowie die Heilung von individuellen und kollektiven Besessenheitszuständen. Der Schamane zeichnet sich gegenüber dem Besessenen nämlich durch folgendes aus: Wenn ein gewöhnlicher Mensch einem Dämon oder Geist begegnet – in moderner Sprache: einem archetypischen seelischen Inhalt –, wird er von ihm besessen und dadurch krank; dies geschieht auch oft zuerst dem Schamanen selbst während seiner Initiationszeit, aber er kann sich davon befreien und durch richtiges Verhalten von seiner Besessenheit heilen. Das ermöglicht ihm dann, dem gewöhnlichen Kranken, der sich nicht selber heilen kann, zu helfen. Die symbolischen inneren Erfahrungen, die ein Schamane und viele Medizinmänner während ihrer Initiationszeit durchmachen und die Mircea Eliade vergleichend zusammengestellt hat, sind samt und sonders identisch mit den symbolischen Erfahrungen, die der heutige Mensch während des Individuationsprozesses im Jungschen Sinn erlebt, d. h. während jenes Wand-

311

lungsprozesses, durch den er sich des Selbst oder seiner inneren Ganzheit allmählich bewußt wird. Wir könnten deshalb rückblickend sagen, daß der Schamane und Medizinmann einfach der jeweils individuierteste bzw. bewußteste Mensch seiner Gruppe war.

Von Anfang an taucht aber auch der Schatten dieser Gestalt auf, nämlich die Figur des psychopathischen Schwarzmagiers. Letzterer läßt sich definieren als ein Mensch, der seine innere Erfahrung (= auf dieser Stufe: Erfahrung der Geisterwelt) zu persönlichen Machtzwecken mißbraucht. Der erstere hat eine unbeabsichtigte Machtstellung, die auf der natürlichen Autorität des jeweils bewußteren Menschen beruht bzw. auf der Tatsache, daß ihm die Geister oder Gott wohlgesinnt sind – in moderner Sprache: dadurch, daß er in Übereinstimmung mit dem Selbst steht. Der Magier hingegen beansprucht mit seinem bewußten Ego Autorität. Schwarzmagier sind letztlich als psychisch krank zu bezeichnen. Moderne Beispiele bieten Rasputin und Hitler. Der Individuationsprozeß ist nämlich letztlich mit irgendeinem sozialen Machtanspruch, und sei dieser auch noch so diskret getarnt, z. B. als wohlmeinende, liberale, bescheidene, nur hie und da Affekte moderierende Gruppenleitung, unvereinbar. Nicht vom Machttrieb entstellte Autorität kann nur das Selbst verleihen als spontanes Geschehnis, nicht aber bewußte Wahl eines Ichs oder einer Gruppe.

Gruppentherapie hat zweifellos ihre positiven Werte, und zwar besonders bei Jugendlichen und bei klinischen Patienten, denn es landet selten ein Mensch in einer Klinik, dessen seelisches Leiden nicht auch dessen soziales Funktionieren gestört hätte, und die Selbsterfahrungsgruppen sog. Gesunder helfen zweifellos dem einzelnen, sich einerseits seiner Aggressionen und Angst und andererseits seiner „Persona", d. i. seiner Antwort auf die von ihm in einer Gruppe erwarteten Rolle, bewußter zu wer-

312

den. Ein Stück von Adlers psychologischen Erkenntnissen findet dadurch endlich Anerkennung. Nun ist aber der Pfarrer, ähnlich wie der Arzt, in besonderem Maße davon bedroht, sich mit seiner Persona bzw. Rolle zu identifizieren. Für ihn ist darum eine individuelle Behandlung ganz besonders nötig und Gruppentherapie besonders gefährlich. Es scheint mir ferner auch besonders fraglich, ob Selbsterfahrungsgruppen in den Bereich des Religiösen gehören. Zuviel schon experimentieren m. E. die heutigen Kirchen, besonders in Amerika, wo den Menschen alles, vom Tanzkurs, Heiratsvermittlungsbüro, Alters- und Jugendverein, Popkonzert usw., geboten wird, um sie in die Kirche zu holen. Das wirkliche Anliegen der Religionen der Erde hat aber nie dort gelegen, sondern im Ansprechen des „inneren Menschen" und im Anschluß des Menschen an das Ewige oder Transzendente, und das führt ihn zur Berücksichtigung der stärksten und wirksamsten Gesellschafts„mitte", dem Erlebnis des Göttlichen. Wenn diese „Mitte" nicht mehr lebendig ist, nützt ein Flicken von außen nichts. Jede heilende Wandlung kann nur beim und im einzelnen geschehen. Der chirurgische Eingriff, betonte einmal Jung, geschieht auch beim einzelnen. Wenn man die Seele durch Gruppenanalyse behandelt, tut man ja, „als ob sie ein kollektives Phänomen wäre, damit ist sie als individuell eliminiert".[10] Jung schreibt: „Auch eine kleine Gruppe ist regiert von einem suggestiven Gruppengeist, der, wenn er gut ist, sehr günstige Wirkungen haben kann, allerdings auf Kosten der geistigen und moralischen Selbständigkeit des Individuums. Die Gruppe erhöht das Ich ..., das Selbst aber wird vermindert und zugunsten des

---

10 Mysterium Coniunctionis, *G. W.*, Bd. 14, 1. Halbband, S. 115, Fußnote.

Durchschnitts in den Hintergrund gedrängt ... Bei der notorischen Neigung des Menschen aber, an andere und an -ismen sich anzuklammern, anstatt Sicherheit und Selbständigkeit in sich selber zu finden, welche in erster Linie not täten, besteht die Gefahr, daß der einzelne aus der Gruppe Vater und Mutter macht und dabei so abhängig, unsicher und infantil wie zuvor bleibt."[11] Ein Vorwurf, den Jung speziell gegenüber den christlichen Konfessionen erhoben hat – nicht gegenüber Christus, wie ihn die Evangelien zeigen –, ist deshalb das, was er „das Spiel von Hirt und Schafen" nennt. Durch die Institutionalisierung des religiösen Erlebens wurden mehr und mehr die individuellen Momente der symbolbildenden Funktion des Unbewußten im einzelnen zum Zwecke eindeutiger Normierung unterdrückt, und dies bedeutete zugleich, daß die Autorität der jeweiligen Vertreter der Kirche auch dann betont und durchgesetzt wurde, wenn sie nicht als „natürliche" Autorität Anerkennung fand. Die Schafherde als Symbol der Menge der Gläubigen ist für diese Situation ein sprechendes Symbol. Man übersah dabei die Gefahr, daß eine solche Unselbständigkeit und Bereitschaft zur Unterordnung auch eine große Gefahr enthält. Tatsächlich ist heute der Kommunismus in den katholischen Gegenden, wo eine straffere religiöse Institution herrscht, weiter verbreitet als in den protestantischen. Der Wunsch, sich einfach wieder kollektiven Glaubensartikeln und einer straffen Leitung, die für den einzelnen denkt, unterzuordnen (die Schafmentalität), wird so in seiner verderblichsten Seite sichtbar. Jung hat darum dem Protestantismus vorgeworfen, er sei den eigenen Weg nicht weit genug zu Ende gegangen, so weit nämlich, daß dem einzelnen die ganze

---

11 B. Bach und H. Illing, „Historische Perspektiven zur Gruppentherapie", *Zeitschr. f. psychosomat. Medizin,* 2. Jahrg. 1955–1956 (Göttingen), S. 131 ff.

Verantwortung für sein inneres Leben aufgebürdet und so das „Spiel von Hirt und Schafen" wirklich endgültig beendet würde. Durch diesen Schritt allein läßt sich jener „wahre innere Mensch" finden, welcher der Christusgestalt zwar ähnlich ist, nicht aber mit ihr koinzidiert.[12] Er ist der Anthropos im Individuum, der das Spiel von dem Hirten und den Schafen schon deshalb nie spielen wird, „weil er genug zu tun hat, als Hirt sich selber zu hüten". Er ist und erweist sich dem Dogma und daher dem Kollektiv gegenüber als autonom. Der Vorwurf, daß die Jungsche Auffassung einem asozialen Individualismus huldige, einem aus dem 19. Jahrhundert stammenden „bürgerlichen" Individualismusideal, welche gerade besonders negativen Vermassungserscheinungen Vorschub leiste, ist immer wieder erhoben worden[13], von kirchlicher Seite der Vorwurf, es werde so Gemeinschaft gesprengt. Dies entspricht jedoch einem Irrtum bzw. Mißverständnis, das auf Unkenntnis der Tatsachen beruht bzw. auf der Unfähigkeit, die Paradoxie des Selbstarchetypus als eines Viel-Einen oder einer „conglomerate Soul" (wie z. B. das Bild des Atman Purusha in Indien genannt worden ist) zu erfassen. Jung hat immer wieder betont, daß keiner allein auf der Spitze des Mount Everest individuieren könne, sondern daß eine Gefühlsverbundenheit zu den unmittelbar umgebenden Mitmenschen und im weiteren Sinne universell mit der ganzen Menschheit überhaupt eine *conditio sine qua non* des Individuationsprozesses darstelle. Er sagt: „Wird nämlich die innere Verfestigung des Individuums nicht bewußt hergestellt, so tritt sie spontan ein, und zwar in jener bereits bekannten Erscheinung, daß der Massenmensch sich gegen seinesgleichen in un-

---

12 Vgl. Myst. Coni. II, S. 100 sq.
13 Auch wieder angedeutet in P. R. Hofstätter, *Gruppendynamik,* Rowohlt, Hamburg 1957.

vorstellbarem Maße verhärtet. Er wird zum seelenlosen Herdentier, nur noch regiert von Panik und Begierde. Die Seele aber, die nur aus der menschlichen Beziehung lebt, geht verloren ... Ohne anerkannte und akzeptierte Bezogenheit auf den Nebenmenschen gibt es überhaupt keine Synthese der Persönlichkeit. Die innere Verfestigung des Individuums stellt daher keineswegs die Verhärtung des Massenmenschen auf höherer Stufe dar, etwa in Form einer geistigen Abgeschlossenheit und Unzugänglichkeit, sondern bezieht den Mitmenschen ein ... Die Beziehung zum Selbst ist zugleich die Beziehung zum Mitmenschen, und keiner hat einen Zusammenhang mit diesem, er habe ihn denn zuvor mit sich selbst." [14] Das Phänomen der Übertragung ist dabei die „prima materia", aus der meistens eine solche Differenzierung der Gefühlsbeziehungen zuerst erwächst. Wenn daher von Gruppentherapeuten betont wird, daß in der Gruppe das Übertragungsproblem an Intensität verliert, so ist das gerade kein Vorteil; auch die Chance der Individuation und Bewußtwerdung wird dadurch entsprechend vermindert.

Jung hat die Wichtigkeit der Übertragung als Beginn individueller Bezogenheit nicht nur betont, sondern in seinem Leben auch verwirklicht. Alle, die ihn näher gekannt haben, haben erlebt, wie sehr er jedem Menschen jedes Standes, jeder Rasse und jeder Religion offen und warm gegenübertrat und wie tief er den Mitmenschen in sich aufnehmen und aus der eigenen Tiefe antworten konnte. Individuation hat somit überhaupt nichts mit Individualismus zu tun. Sie besagt allerdings, daß das Individuum sich nicht nach einer Gruppennorm richten wird, es sei denn, daß die Norm auch mit der vox Dei im

---

14 „Psychologie der Übertragung" in: Praxis der Psychotherapie, *G. W.*, Bd. 16, S. 248 f.

eigenen Inneren koinzidiere. Das aber ist es, was unsere Zeit am meisten bedarf, denn wir haben zu oft gesehen, wie Gruppen sich schief entwickeln oder unter Druck „umfallen" können. Je mehr einzelne fähig sind, ihrem Gewissen, eben der Stimme des Gottesbildes im eigenen Inneren, zu folgen, desto geringer wäre diese Gefahr, aber das ist leider eine Wahrheit, die allen machthungrigen Ideologen nicht paßt, seien sie nun „idealistisch" oder „materialistisch" gesinnt. Jung schreibt: „Ich lasse der Einpassung des Individuums in die Gesellschaft durchaus ihr Recht, aber ich setze mich für die unveräußerlichen Rechte des Individuums ein, denn es allein ist der Lebensträger und ist heutzutage durch Nivellierung aufs schwerste bedroht. Auch in der kleinsten Gruppe ist es nur akzeptabel, wenn es der Mehrheit als annehmbar erscheint. Es hat sich mit Duldung abzufinden. Aber Duldung allein fördert nicht, im Gegenteil, sie fördert den Zweifel an sich selber, unter dem ein isoliertes Individuum, das etwas zu vertreten hat, unter Umständen ganz besonders leidet. Ohne eigenen Wert hat auch die soziale Beziehung keine Bedeutung."[15] Die modernen Soziologen preisen meistens die kleine innerhalb der Gesellschaft relativ freie und in ihrer Internstruktur flexible, aber doch kohärente Gruppe als Ideal. Falls diese keinen Leiter hätte und als gemeinsame „Mitte": „Gott", wie er im einzelnen spricht, anerkennte, könnte man dem vom Jungschen Standpunkt beistimmen, aber von einer solchen Konzeption scheint die heutige Gruppentherapie noch weit entfernt. Zudem ist in einem solchen Idealmodell immer noch nicht der Geist der Lüge berücksichtigt. Was könnte eine Gruppe, konkret gesprochen, tun, wenn ein Mitglied verlogenerweise behaupten würde, von der vox Dei oder dem Selbst im In-

---

15 Zitiert bei Bach-Illing, s. o.

neren einen Befehl erhalten zu haben, von dem man
fühlt, er sei nicht echt? Nein – eine ideale Gruppe, wie
oben geschildert, wird es wohl in Wirklichkeit nie geben,
sondern wohl immer nur bessere oder schlechtere Ap-
proximationen. Gruppe und Individuum bleiben ein
seelischer Gegensatz, der eine immer wieder zu erneuernde Vereinigung sucht und nur im Symbol des Selbst
tatsächlich geeint erscheint. Darum rührte Jung nie an
einer noch bestehenden religiösen Kulturform, er sagt
sogar: „Man muß in aller Demut bekennen, daß die religiöse Erfahrung *extra ecclesiam* subjektiv und der Gefahr grenzenlosen Irrtums ausgesetzt ist. Das geistige
Abenteuer unserer Zeit ist die Auslieferung des menschlichen Bewußtseins ans Unbestimmte und Unbestimm-
bare, wenn schon es uns scheinen will, als ob auch im
Grenzenlosen jene seelischen Gesetze walten, die kein
Mensch erdacht, deren Kenntnis ihm aber durch ‚Gno-
sis‘ zuteil wurde in der Symbolik des christlichen Dog-
mas, an dem nur unvorsichtige Toren rütteln, nicht aber
Liebhaber der Seele."[16]

Als ich diesen Aufsatz beinahe zu Ende geschrieben
hatte, hatte ich folgenden Traum: Ich sah ein Stück
Land, das im Besitz eines Herrn X war. (Herr X ist in
Wirklichkeit ein mir sympathischer, jovialer und selb-
ständiger, freidenkender, aber vielleicht etwas querköp-
figer, extravertierter Mann. Er stellt also eine ähnlich ge-
artete Animusseite in mir selber dar.) Auf diesem Stück
Land war eine protestantische Kirche, eher älter, nicht
mehr baulich ganz solid. Dicht daneben wuchs ein junger, aber schon recht großer Eichbaum. Ich sah mir
diese Situation an und dachte: Wenn der Baum größer
wird, wird er mit der Kirche kollidieren, entweder ster-

---

16 Zur Psychologie westlicher und östlicher Religion, *G. W.*, Bd. 11,
   S. 117.

ben oder umgekehrt die Mauer zerstören (Verpflanzen konnte man ihn nicht, dazu war er schon zu groß.) Mit dieser Frage hörte der Traum auf. Er beleuchtet zunächst einen persönlichen Konflikt, den die Themastellung in mir aktiviert hat, und zeigt, daß bei mir zum mindesten (im Bereich meines Herrn X-Animus) das Phänomen der Individuation, d. h. der Baum, mit der „Kirche" zu nahe zusammengerückt ist und im Konflikt steht. Baum und Kirche sind in dieser Art inkompatibel, d. h., sie drohen sich gegenseitig zu zerstören.

Wenn man die gegebene Situation zu Ende denkt, so sehe ich nur einen Ausweg: die Mauern der Kirche so zu erweitern, daß der Lebensbaum darin Platz hat, und zudem ein Loch in der Decke zu machen, damit der Regen Gottes frei auf ihn fallen kann. Das Loch in der Decke würde psychologisch bedeuten, keine abgeschlossenen Meinungen oder kein geschlossenes System zu haben, sondern ein Loch für das Einwirken des Transzendenten offen zu lassen. So offen ich mich meinte geäußert zu haben, so wirft mir der Traum eine noch extravertierte Einstellung und Versöhnlichkeit vor. Daraus läßt sich wohl nur ersehen, wie tief das Problem reicht und wie weitreichender seelischer Wandlungen wir noch bedürfen, um eine Lösung zu finden. Das wachsende seelische Lebensgesetz, die „arbor philosophica" der Alchemie, d. h. die Individuation, ist ein absolutes Wagnis, das denen keine Wahl läßt, die es wagen müssen. Nicht wir, sondern nur Gott selber kann wohl diesen Gegensatz zwischen dem individuellen lebendigen seelischen Wachstum und dem von Menschen gebauten Kollektivsystem versöhnen.

DIE DROGEN IN DER SICHT
C. G. JUNGS

Die Drogenwelle, welche heute unsere Welt heimsucht,
hatte sich vor dem Tod Jungs noch nicht ausgebreitet;
Jung kannte daher nur die Meskalinwirkung (besonders
durch Aldous Huxleys Beschreibung) und wußte, daß
solche Pharmaka in der Psychotherapie Beachtung zu
finden begannen.[1] Er bekannte in einem Brief vom April
1954, daß er den psychotherapeutischen Wert solcher
Mittel bei neurotischen und psychotischen Patienten zu
wenig kenne, um sich ein abschließendes Urteil zu bilden.[2] Zutiefst beunruhige ihn hingegen unsere moderne
Neigung, aus eitler Neugier solche neuen Entdeckungen
auszubeuten, ohne uns unserer damit erwachsenden moralischen Verantwortung bewußt zu werden:

„Dies ist wirklich der Fehler unseres Zeitalters: Wir
meinen, es genüge, neue Dinge zu entdecken, aber dabei
realisieren wir nicht, daß jedes Mehr-Wissen auch eine
entsprechende Entwicklung der moralischen Verantwortung verlangt – radioaktive Wolken über Japan, Calcutta
und Saskatchewan deuten auf eine zunehmende Vergif-
tung der allgemeinen Atmosphäre hin ...!

Ich hege ein tiefes Mißtrauen gegen ‚die reinen Gaben
der Götter' – man bezahlt sie teuer. *Quidquid id est,*

---

1 A. Jaffé: *Der Mythus vom Sinn im Werk von C. G. Jung,* Daimon,
   Zürich, 1983, Seite 82 ff.
2 ebenda Seite 83. Alle Zitate des englisch verfaßten und abgedruck-
   ten Briefes wurden von mir übersetzt.

timeo Danaos et dona ferentes. [Was es auch sei, ich fürchte die Danaer, auch wenn sie Geschenke bringen.]"[3] Durch die Drogen (Haschisch, Meskalin, LSD, Opium, Heroin) wird, im allgemeinen gesehen, ein Zerfall der Apperzeption bewirkt, das heißt eine Zersetzung der durch das Bewußtsein geleisteten Zusammenfassung und Wahrnehmung von „Gestalten" (im Sinne der Gestaltpsychologie); dafür treten die normalen Perzeptionsvarianten, nämlich die zahlreichen Form-, Sinn- und Wertnuancen, welche normalerweise unterschwellig bleiben, hervor, was zunächst eine Bereicherung der Apperzeption bedeutet. Wir berühren so „die Sphäre, wo die Farbe, die uns die Welt malt, erzeugt wird, wo das Licht erschaffen wird, das uns den Glanz der Morgenröte erstrahlen läßt, wo die Linien und Kurven aller Formen entstehen, der Klang, der das All erfüllt, der Gedanke, der die Dunkelheit des leeren Raumes erfüllt".[4] Es ist ein Erlebnis des kollektiven Unbewußten. Wäre dieses Erlebnis eine gottgesandte Gabe ohne geheimes Gegengift, so bedeutete es eine ungeheure Bereicherung, eine Ausdehnung des Bewußtseins, von der wir natürlicherweise fasziniert werden. Aber eben durch diese Ausdehnung und Bereicherung des Bewußtseins wird die Integration und moralische Verarbeitung des Geschauten und Gehörten verunmöglicht. Jung sagt darum:

„Wenn wir allzu unbewußt sind, bedeutet es eine große Erleichterung, ein Weniges vom kollektiven Unbewußten zu wissen, aber allzubald wird es gefährlich, mehr zu wissen, weil man nicht gleichzeitig lernt, wie dieses Wissen durch ein bewußtes Äquivalent auszuglei-

---

3 ebenda Seite 83.
4 ebenda.

chen. – Nur vielleicht für gewisse besonders verarmte Menschen mag ein solches Erlebnis ohne Gegengift bleiben."

Die Welt des kollektiven Unbewußten, die Jung ohne Droge als erster in ihrem Wesen als schöpferischen Urgrund in jedem Menschen entdeckt hat[5], ist etwas Lebendiges, welches sich nicht erobern läßt, ohne ebenfalls zu reagieren. Es hat mich darum schon länger die Frage beschäftigt, wie das Unbewußte selber auf die Einnahme von Drogen reagiert; also was die Träume von Süchtigen zu dem Problem aussagen. Ein junger Mann, welcher Heroinschmuggel betrieb und selber häufig LSD einnahm, hatte zum Beispiel folgenden Traum:

„Ich bin in Tahiti am sonnenbeschienenen Strand. Ich habe mir eine kleine Strohhütte unter Palmen gebaut und lebe von den Fischen des Meeres. Es ist zauberisch schön. – Plötzlich kommt eine ungeheure Sturmflut und schwemmt alles weg. Ich werde unter Wasser gezogen und finde mich plötzlich in der Tiefe des Meeres gegenüber einem großen Schreibtisch, an dem der ‚Herr des Meeres' sitzt. Es ist eine riesige Schirmqualle, die mich zornig anblickt, und mir dämmert es, daß sie die Sturmflut geschickt hat. ‚Ja' sagt die Qualle, ‚ich bin auf dich böse und werde dich noch ganz vernichten.' Da erwache ich mit einem Schock."

Das zauberische primitive Unschuldsland in der paradiesischen Naturschönheit, mit seinem verantwortungslosen glücklichen Leben – das ist es, was der Drogenbenützer eigentlich sucht. Er ist dort allein, ohne soziale oder gefühlsmäßige menschliche Verpflichtungen. Früher sind ja auch tatsächlich die Fahnenflüchtigen in unserer Kultur in Wirklichkeit in solche Länder geflohen.

---

5 Für Sigmund Freud sind es bekanntlich „archaische Residuen".

Aber der „Herr des Meeres" ist darüber ergrimmt. Die große runde Schirmqualle ist das, was C. G. Jung als ein Mandala bezeichnet hat, ein Symbol des Selbst, d.h. des letzten regulativen transpersonalen inneren Seelenzentrums. Und dieser göttliche Seelenkern ist böse auf den Träumer und will ihn vernichten. Das Unbewußte reagiert somit negativ auf ein unverantwortliches Eindringen in seine Sphäre. Tatsächlich ist der Träumer bald darauf verkommen und verschollen.

In einem anderen Fall ergab sich ein etwas anderes Bild: Ein junger Mann, der aus abscheulichsten Familienverhältnissen stammte, nahm regelmäßig LSD. Er war vielleicht einer jener von Jung erwähnten „besonders verarmten Menschen", für die die Droge kein Gegengift enthielt, jedenfalls hatte er immer „a good trip" und scheinbar keine üblen Folgen. Aber da dies seine Probleme doch nicht löste, entschloß er sich zu einer Analyse, die ihn schrittweise und verantwortlich an die Welt des Jenseits heranführte. Da beschloß er, doch einmal wieder LSD zu nehmen: Er hatte nicht nur „a bad trip" mit psychotisch anmutenden Angstzuständen, sondern es blieb ihm von dieser „Reise" während mehrerer Monate ein nervöses Kopfschütteln, das ihn sehr ängstigte. Irgendwie war offenbar nun die Drogenreise illegitim geworden, jetzt, da er um den besseren Weg ins Unbewußte wußte; und das Unbewußte selber schreckte ihn heilsam von sich weg – er hat nie mehr LSD genommen, sich hingegen sehr erfreulich innerlich entwickelt und dem Leben zugewendet.

In einem weiteren Fall zeigt sich noch einmal ein etwas anderes Bild. Es handelt sich um ein künstlerisch hochbegabtes junges Mädchen, das aber durch eine anerzogene konventionelle Haltung seelisch stark eingeengt war. Aus Neugier nahm sie einmal LSD. Nach dieser Tat träumte sie, sie hätte eine schöne Reise gemacht, aber nun müsse sie selber sich anders einstellen: Sie sah ihren Analytiker mit einer fröhlichen Narrenkappe vor sich stehen. Das Unbewußte sagte ihr offensichtlich, daß sie mehr schöpferische „Narretei" brauchte und diese durch die Analyse (darum ist es im Traum der Analytiker, der die Narrenkappe trägt) erwerben sollte, nicht nur die Droge. Die Droge hat zwar das Land des unkonventionellen Erlebens aufgetan, aber nun muß die Konsequenz moralisch bewußt daraus gezogen werden.

Ein Arzt, der LSD experimenthalber genommen hatte und der nachträglich über das Erlebnis intensiv nachdachte, weil ihn die seltsame Persönlichkeitsveränderung während des Rausches verwunderte, hatte folgenden Traum:

„Ich stehe auf einer schönen weiten Ebene; über mir am Himmel erblicke ich seltsame phantastische Wolkenformationen. Vor meinen Füßen liegt ein runder, sehr tiefer Brunnenschacht. Ich blicke hinunter und sehe im Wasser ähnliche phantastische Wolkengebilde. Da realisiere ich, daß es meine Pflicht ist und es daher um mein Leben geht, daß ich einen Eimer hole und diese Wolkengebilde im Brunnen, welche reale Dinge sind, schöpfe und heraufhole. Ich erwache auf der Suche nach einem Eimer."

Bisher hatte die Menschheit immer ihre innerseelischen Inhalte an den Himmel projiziert, als „Zeichen vom Himmel". Aber nun erblickt der Träumer ähnliches in der eigenen Seelentiefe. Diese Inhalte erweisen sich als keine Spiegelungen, wie man meinen könnte, sondern sie haben eigene Wirklichkeit. Man muß sie schöpfen – schöpferisch (!) verarbeiten, sonst sind sie offenbar irgendwie gefährlich. Schöner als dieser Traum es tut, könnte man wohl kaum darstellen, worum es geht. Jung schreibt deshalb in dem bereits erwähnten Brief:

„Ich weiß nur, daß es keinen Sinn hat, mehr vom kollektiven Unbewußten wissen zu wollen, als man durch seine Träume und Intuitionen erhält; denn je mehr man davon weiß, desto größer und schwerer wird einem die moralische Belastung, weil sich die unbewußten Inhalte in unsere individuellen Aufgaben und Pflichten verwandeln, sobald sie bewußt werden. Wollen Sie Einsamkeit und Mißverstehen vermehren? Wollen Sie mehr und mehr Komplikationen und wachsende Verantwortung finden? Man hat ja davon schon genug! Wenn ich vielleicht einmal im Leben sagen könnte, daß ich alles getan habe, von dem ich wußte, daß ich es tun sollte, so könnte ich dann vielleicht mir das legitime Bedürfnis erfüllen, Meskalin zu nehmen. Aber wenn ich es jetzt täte, so wäre ich gar nicht sicher, daß ich es nicht aus eitler Neugier täte ... – Es hat keinen Sinn, mehr vom Unbewußten zu wissen, denn die Geschichte hört dort nicht auf – im Gegenteil, dort ist es erst, wo unsere wirkliche Suchwanderung (quest) beginnt!"

So muß nun, im erwähnten Fall, dieser Arzt lernen, sich bewußt von der Familienkonvention zu lösen und in harter Arbeit die Inhalte der Seelentiefe schöpferisch zu entwickeln. Der „trip" hat ihm ein Ziel gezeigt, aber der Traum insistiert auf einer schöpferischen Verarbeitung.

Und endlich der Traum eines jungen Benützers von harten Drogen:

„Ich befinde mich in einem Ruderboot allein auf dem Meer. Es ist strahlender Sonnenschein, und die Meeresoberfläche ist völlig zugedeckt von herrlichen Blumen, die einen betäubenden wunderbaren Duft ausströmen. Ich tauche meinen Arm ins Wasser, und wie ich ihn wieder herausziehe – ist er, so weit er ins Wasser ragte, verschwunden – weggefressen vom Wasser, nur noch ein Stumpf! Während ich ihn erschrocken anstarre, kippt mein Boot um, und ich erwache mit einem Angstschrei."

Der Träumer hat sich aufs Meer hinaus begeben – ins kollektive Unbewußte. Die herrlichen Blumen symbolisieren die Schönheit und Süße der Drogenerlebnisse.

„Morphium gibt mir so süße Träume", sagte er oft. Aber
– das zeigt ihm der Traum – darunter lauert tödliche Zersetzung, eine Vernichtung der Persönlichkeit und des
Lebens!

Deutlicher als das Unbewußte selber könnte man es
wohl nicht sagen, was der Morphiumgebrauch bedeutet
– der Traum ist ja nicht die Reaktion eines Moralisten,
sondern eine Botschaft des naturhaften objektiven See-
lengrundes.

Daß das Drogenerlebnis einen Ersatz für ein dionysi-
sches Gotteserlebnis bedeutet, ist heute allgemein erkannt worden. Das christliche Gottesbild hat seine
Wirksamkeit für viele verloren, und so ist die objektiv
seelische Intensität oder Energie, die früher in diesem
Bild investiert war, frei geworden. „Gott" ist im Außen
nicht mehr zu finden; wir haben durch unseren wissenschaftlichen Intellekt die Außenwelt entseelt. Das aber
hat gewiß psychologische Folgen.

„Zuerst war wohl der materialistische Irrtum unvermeidlich. Da der Thron Gottes zwischen den galakti-
schen Systemen nicht entdeckt werden konnte, folgerte
man, daß Gott überhaupt nicht existiere. Der zweite un-
vermeidliche Irrtum ist der Psychologismus: Wenn Gott
überhaupt etwas ist, so muß er eine Illusion sein, die gewissen Motiven entstammt, z. B. dem Willen zur Macht
oder verdrängter Sexualität." [6]

Dadurch wird derjenige, für den „der Gott stirbt",
meistens zuerst einer Inflation zum Opfer fallen, nämlich in einen aufgeblasenen, dissoziierten Zustand geraten, wo er sich selber als der „neue Gott" fühlt, wie dies
das Beispiel Nietzsches zeigt. [7] Oder aber er wird von
irgendeinem Trieb oder einer Sucht überrannt, einem

---

6 Zitiert aus C. G. Jung: Psychologie und Religion, 1940, Seite 154.
7 ebenda Seite 155. Hervorhebungen von mir.

Trieb oder einer Sucht, welche nun dieselbe Intensität aufweisen wie vorher das Gottesbild.

Hier muß erwähnt werden, daß Rauschmittel nicht die einzige gefährliche Sucht unserer Zeit sind; eine andere Form ist die ideologische Besessenheit, welche den einzelnen ebenso „betrunken", aufgeblasen und dissoziiert machen kann wie die Droge und zudem dazu verführt, seine Ideen mit Gewalt der Gesellschaft aufzwingen zu wollen. Die vorher in der Gottesvorstellung investierte Energie strömt in die ideologische, politische oder soziologische Doktrin ein, welche fanatisch „geglaubt" wird. Zu dieser Form von Rausch greift im allgemeinen eher der Extravertierte, während der Introvertierte lieber durch die Drogen zu den inneren Bildern hinstrebt. Das Gefährliche in beiden Fällen liegt in der geistigen Unfreiheit des Individuums, welches von der unbewußten Phantasie überrannt wird. Jung sagt:

„Der schlechthin stärkste und darum ausschlaggebende Faktor in einer individuellen Psyche erzwingt nämlich jenen Glauben oder jene Furcht, Unterwürfigkeit oder Ergebenheit, die ein Gott von Menschen fordern könnte. Das Beherrschende und Unentrinnbare ist in diesem Sinne ‚Gott', und es ist absolut, wenn es nicht der ethischen Entscheidung der menschlichen Freiheit gelingt, gegen diese Naturtatsache eine Position von ähnlicher Unüberwindlichkeit aufzurichten."

Diese Gegenposition entspräche einer freien Wahl durch moralische Entscheidung für einen geistigen Gott, der im eigenen Seeleninneren erfahrbar ist.

„Es ist der menschlichen Natur anheimgegeben, ob ‚Gott' ein ‚Geist' oder eine Naturtatsache wie die Sucht des Morphinisten ist, womit auch entschieden ist, ob ‚Gott' eine segensreiche oder eine zerstörerische Macht bedeuten soll." [8]

---

8 ebenda Seite 155/156.

Dieser Gott wäre ein letzthin Unbekanntes, das Jung als das Selbst bezeichnet.[9] Ihm zu dienen, bedeutet nicht Egozentrizität, sondern im Gegenteil eine Selbstbeschränkung, durch welche Inflation und Dissoziation vermieden werden könnten. Dem Selbst zu dienen, ist eine lange harte Arbeit an sich selbst, die sich aber lohnt, denn der innere Reichtum der Seele, der sich dadurch offenbart, ist der einzige Besitz, der uns in dieser unsicher gewordenen Welt nicht genommen werden kann. Der Mensch geht oft durch Irrtümer hindurch zu neuen Realisationen. Es scheint mir sehr begreiflich und mehr als verzeihlich zu sein, wenn viele in der jungen Generation die intellektuelle Verödung und Seelenlosigkeit unserer technischen Unkultur nicht ertragen können und zur Droge greifen. Aber dann schlägt für jeden einzelnen die Schicksalsstunde, wo er sich entscheiden muß, ob er in diesem Unsinn für immer versinken will oder durch ihn, wie durch ein Tor, weiterschreiten kann zum großen Werk der objektiven Selbst-Erkenntnis.

---

9 ebenda Seite 169.

ÜBER RELIGIÖSE HINTERGRÜNDE
DES PUER-AETERNUS-PROBLEMS

Mit dem Begriff des „ewigen Jünglings", des *puer aeternus,* umschreiben wir in der Psychologie häufig eine bestimmte Form der Neurose bei Männern, welche sich durch ein Steckenbleiben im Adoleszenzalter infolge allzu starker Muttergebundenheit auszeichnet. Die Hauptcharakteristika sind darum – entsprechend C. G. Jungs Ausführungen in seinem Aufsatz über die Bedeutung des Mutterarchetypus [1] – Homosexualität und Donjuanismus bzw. überhaupt eine schwache Gefühlsbeziehung zu gleichaltrigen Frauen. Aber auch alle anderen für die Adoleszenz typischen Züge lassen sich beobachten: die Tendenz, ein nur provisorisches Leben zu führen und dabei in der Phantasie von einem „eigentlichen" schöpferischen Leben zu träumen, welch' letzteres aber zu realisieren nicht viel unternommen wird. Heilandsideen spielen dabei meistens eine größere oder kleinere Rolle, sei es daß man als Messias die Menschheit zu erlösen gedenkt oder doch wenigstens das „letzte Wort" in Philosophie, Kunst oder Politik bald wird verkünden können. Die Realität, wie sie ist, wird als unannehmbar erlebt: das Geduld erfordernde Einerlei des Alltags, die lange Anstrengung zu einer Leistung werden gemieden und überall – im Beruf, bei der Frau, mit der man lebt,

---

1 „Die psychologischen Aspekte der Mutterarchetypus" in *G. W.,* Bd. 9/I.

bei den Kollegen – findet man ein „Haar in der Suppe", weshalb immer wieder ein unbezogenes plötzliches Abbrechen aller Beziehungen erfolgt. Hochfliegend sind meistens nicht nur die spekulativen Ideen und Pläne des *puer aeternus,* sondern oft werden auch wirklich Aviatik und Bergsteigen als Hauptsport gewählt. Eine starke bewußte oder unbewußte Suizidtendenz spielt dabei öfters mit hinein und führt zu vielen Unfällen und Abstürzen. Manchmal stürzt der „geflügelte Jüngling" allerdings auch nicht konkret ab, sondern seelisch, indem er in einer plötzlichen Krise alle seine früheren Ideale verleugnet und entweder dann als kleinbürgerlicher Zyniker verdorrt und versumpert, oder aber kriminell wird, indem er dem vorher verdrängten Realismus in einer Kurzschlußhandlung Raum gewährt.

Es scheint nun, daß diese Neurosenform im großen und ganzen in unseren westlichen Kulturen zunimmt. Das literarische Œuvre des Dichters Antoine de St. Exupéry spiegelt die französische Version dieser Problematik wider, die Stefan Georgesche Schule und ihre Anbeter, Ernst Jünger und manche andere in Deutschland und die „angry young men" in England, der spanische Dichter Lorca gehören hierher, um nur einige wenige zu nennen. Dasselbe gilt auch für Amerika. Der bekannte Psychologe Henry Murray in Boston ist dort ebenfalls auf die enorme Zunahme dieser Puer-aeternus-Problematik aufmerksam geworden und arbeitet – wie ich einer Mitteilung einer seiner Assistentinnen Dr. Greer verdanke – an einer umfangreichen Studie über dieses Problem. Der Künstler George Rimmner oder der Dichter John Magee wären typische Repräsentanten dieser Art junger Leute in Amerika.

Solange es sich um Einzelfälle handelt, wäre ja das Problem von der persönlichen Mutterbindung her erklärt und auch zu behandeln; doch erhebt sich nun darüber hinaus die Frage, woher die anscheinend vorhan-

dene kollektive Häufung und Zunahme dieser neurotischen Konstellation stammt? Wir wissen, daß die Ablö-
sungsnotwendigkeit und -schwierigkeit von der Mutter
an sich ein allgemein verbreitetes, man könnte sagen
„normales", Problem darstellt, dem z. B. auf primitiver
Stufe überall mit den Zeremonien der Männerweihe begegnet wird. Die protestantische Konfirmation und die
katholische Firmung stellen *mutatis mutandis* noch
schwache Reste einer solchen Weihe dar. In gewissen
italienischen Städtchen gibt der Priester dem Jungen
bei der Firmung noch eine kräftige Ohrfeige (statt der
symbolischen Berührung) – ein kleiner Rest der Mann-
barkeitstorturen. Und bei uns erhält der junge Mann
häufig erst dann seine ersten langen Hosen und eine
Uhr – er tritt aus dem Kindheitstraum ins Zeitbe-
wußtsein und ins Mannsein hinüber. Die in vielen Mi-
lieus mehr und mehr überhand nehmende Schwächung
des christlichen Glaubens dürfte daher zunächst als
Mit-Ursache dieses modernen Problems gelten, da ja
die christliche Tradition patriarchal-spirituell orientiert
ist und darum einen Schutz gegen die Mutterwelt und
die Materie darstellt. Doch diese Feststellung genügt
meines Erachtens nicht, es gilt tiefer in die Hintergründe einzudringen:
Wenn wir die Zeugnisse der modernen Literatur studieren, welche manche typische Repräsentanten dieser
seelischen Konstellation hinterlassen haben, so sehen
wir, daß darin zwei archetypische Bilder besonders stark
hervortreten: ein Kindgott oder ein göttlicher Knabe
bzw. lichter Jüngling einerseits und ein strenger zynisch-
harter, der Machtpsychologie verfallener Vater, Tyrann
oder Chef andererseits. Letzterer wird in der Literatur
bald als Herrenmenschideal verherrlicht, bald als Feind
des „romantischen Knaben" negativ dargestellt.
Im gemilderter und nur auf persönlicher Ebene, d. h.
weniger archetypisch gestalteter Form hat Goethe die-

sen Gegensatz im Konflikt zwischen Torquato Tasso und Antonio gestaltet. Im Werther hatte sich Goethe sein eigenes Puer-Problem von der Seele geschrieben, und im Tasso hat er hierauf sogar den genialischen Jüngling Tasso mit dem väterlich verantwortlichen aber allzu realistischen und prosaischen Antonio versöhnt: „So klammert sich der Schiffer endlich noch / am Felsen fest an dem er scheitern sollte!" Diese Versöhnung geschieht bei Goethe durch die Vermittlung des Weiblichen bzw. der Anima.

In der neueren Literatur tritt derselbe Gegensatz häufig viel archetypischer auf: Die Figur des Kindgottes ist vielleicht am reinsten – wenn auch mit einem unangenehmen sentimental-infantilen Beigeschmack – in Antoine de St. Exupérys „Petit Prince" gestaltet worden: von den Sternen her kommt er, weil er sich dort mit seiner Geliebten, der Rose, entzweit hat, zur Erde und lernt durch einen Fuchs die ersten Geheimnisse der Menschwerdung kennen. Aber er wird dennoch mit der Erde nicht vertraut, sondern läßt sich von der weisen Schlange und ihrem tödlichen Giftbiß wieder von seinem Körperdasein erlösen und kehrt zu den Sternen zurück. Der Gegenspielertypus ist in diesem kleinen Werk in eine Vielfalt von Figuren aufgespalten, welche alle die verständnislosen „Erwachsenen", welche St. Exupéry schon in seiner Einleitung zum „Petit Prince" verhöhnt, verkörpern: der geldzählende Kaufmann, der machthungrige König, der zynisch-entmutigte Säufer, der donquixotistische Lampenanzünder usw. Der kleine Sternenprinz hält sich nicht bei ihnen auf, sondern geht an ihnen unberührt vorbei. In gewissem Sinn stellt dann auch noch die Schlange den großen Gegenspieler des „Petit Prince" dar: alt, weise, lebensfeindlich, die süße Versuchung des Freitodes lehrend. In anderen Werken St. Exupérys ist der Gegenspieler des Knaben deutlicher ausgestaltet und man ersieht daraus, daß der Dichter zu

334

diesen Gegnerfiguren ein positives Verhältnis sucht. So der Fluglinienchef und Organisator Rivière im Roman „Vol de nuit", der streng, ernst, pflichtgetreu, aber hart seine „Kinder", die Piloten, in den Tod schickt; oder der Scheich in „Citadelle", der väterlich streng und verantwortungsvoll ordnungsliebend regiert, aber z. B. nicht zögert, eine Frau für ein menschlich verständliches Liebesvergehen zum grausamen Tod des Verdurstens in der Wüste zu verdammen.

Das in vergangenen und noch bestehenden politischen Konstellationen vorherrschende Führer-Diktatorideal oder Landesvaterbild beruht meines Erachtens zum Teil auf der Wirkung eines solchen projizierten Bildes des „Gegenspielers". In einer Traumserie eines typischen *puer aeternus* erschien bezeichnenderweise die G. P. U. als Verkörperung einer solchen nur negativ empfundenen Ordnungs- und Vatermacht, welche den Träumer foltern wollte. Als Repräsentant dieser Polizeimacht fungierte im Traum eine ältere Frau, welche den Träumer auf den Sinus schlug. Der ungelöste Mutterkomplex trägt somit öfters seelisch zur Bildung eines Diktatorideals bei, denn die Mutterbindung erhält den jüngeren Mann infantil, sozial unverantwortlich und unordentlich, was dann natürlich eine solche brutale Gegenposition, wie die G. P. U. sie darstellt, beinahe zwangsläufig auf den Plan ruft. Dies wäre auch im großen wohl politisch der Fall.

Vielleicht am eindrucksvollsten scheint mir der archetypische Hintergrund des Puer-aeternus-Problems in dem okkulten Roman von Bruno Goetz „Das Reich ohne Raum" (1919) dargestellt zu sein: C. G. Jung hat diesen Roman öfters als eine prophetische Antizipation des Nationalsozialismus erwähnt und die darin vorkommenden destruktiven Knabenhorden auch als einen nefasten Aspekt des „Puer" oder „göttlichen Kindes" gedeutet.[2] In dieser Novelle gerät der Held der Geschichte namens Melchior von Lindenhuis zwischen zwei feindliche Parteien: derjenigen des göttlichen Knaben Fò (= Buddha) und eines ihn verfolgenden Herrn Ulrich von Spät. Fò ist von einer ekstatischen Knabenhorde begleitet, die in allen Städten Chaos, Aufruhr und „befreiende" Wildheitsausbrüche der Massen auslöst. Fò ist ein Mond- und Wassergeist, ein Sohn der Muttergöttin Erde, die ihn als Apfelfrau beschützt; Reben, Wein, Liebe, die Panflöte, die Tiere, Rosen und Feuer sind seine Elemente, er verkündet einen „ewigen Gestaltenwandel"; in vielen Wiedergeburten, ein sich Verlieren an das Leben und an den Tod, ein Suchen, Wandern, Tanz und Ekstase. Sein Verfolger und Feind Ulrich von Spät hingegen beherrscht mit seinen „gläsernen Herren" ein kristallklares Jenseitsreich am Sternenhimmel; Ordnung, Ethos und reine Geistigkeit sind das Ziel, das er den Menschen verkündet. Meistens tritt Herr von Spät als machthungriger Zauberer auf – aber in seltenen besseren Momenten offenbart sich sein Gesicht als „das vornehme leidende Antlitz eines Gottes". Um dieses edleren Aspektes willen kann ihn der Held des Romans Melchior, obwohl sein Herz mehr Fò und den Knaben zugehört, nie ganz aufgeben. Erst am Ende der Novelle hilft sein Schatten, den Schatten Ulrich von Späts zu töten, und Melchior selber vereinigt sich dann im Tode mit dem rebenumrankten göttlichen Knaben Fò. Letzterer erinnert in vielem an Goethes Euphorion und an den Knaben Lenker in Faust oder an den Stefan Georgeschen Maximin. Ulrich von Spät hingegen wäre mit einer Figur wie Klingsor in Wagners Parsifal vergleichbar. Der Herr von Spät stellt gleichsam den mächtigen Sog der Tradition und der Vergangenheit dar, denjenigen,

---

2 Einführung in das Wesen der Mythologie, l. c. S. 117.

von dem C. G. Jung einmal sagte, „der die Götter in Marmor und Gold begräbt". Der Knabe Fò hingegen steht nach Jung hinter den nationalsozialistischen Ausschreitungen. Man kann auf ihn wirklich das Wort von Rabelais anwenden: *„La vérité dans sa forme brute est plus fausse que le faux."* Da im Gegensatz zum Goetheschen Tasso die schwache Animafigur keine Vermittlerrolle zu spielen vermag, kommt es im Roman von Bruno Goetz zu keiner Wandlung oder Versöhnung der Gegner. Was aber bedeutet die Feindschaft dieses strengen Vaters mit dem beflügelten Knabengott – ein Problem, das von Klages als „der Geist als Widersacher der Seele" ausgelegt wurde? Die nächstliegenden mythologischen Analogien zu diesen zwei feindlichen Gestalten finden sich in der alchemistischen Symbolik: der Chef – Diktator – Vatergeist entspräche dort der Wandlungssubstanz als „altem König", der *puer aeternus* aber dem *„Mercurius infans"* oder *„filius regius"*, der auch manchmal als geflügelter Jüngling *„juvenis alatus"* personifiziert erscheint. Im Mysterium Coniunctionis kommentiert Jung ausführlich die Figur des alten Königs, welcher die Wandlungssubstanz darstellt und meistens von den Alchemisten zu Beginn des Werkes als defekt, unerlöst, verhärtet, krank oder sogar als böse geschildert wird. Der Defekt entspricht einer gesteigerten Ichsucht und Herzensverhärtung, welche im alchymischen Bad aufgelöst werden muß. Auch Machthunger und Concupiszenz zeichnen den alten König oft unrühmlich aus, ähnlich wie der Chef Rivière in St. Exupérys „Vol de nuit" oder Ulrich von Spät in Goetzens „Reich ohne Raum" eine reine Machtpsychologie verkörpern und sich durch einen völligen Mangel an Eros auszeichnen. Der Geist, der an sich kein „Widersacher der Seele" wäre, ist in solchen Personifikationen zum Intellekt entartet und in dieser verengerten, verhärteten Form steht er tatsächlich allen fruchtbaren und schöpferischen Impulsen des Seelischen im Wege; er ist ein Feind der Emotionalität und des Instinktes, läßt sich gerade deswegen aber auch im geheimen in negativer Form von primitiven Impulsen beeinflussen.

Der *puer aeternus* hingegen, als alchemistisches Bild verstanden, ist gegenüber dem „alten König" dasjenige Element, das ihn abzulösen bestimmt ist; er ist ein Symbol der Lebenserneuerung oder Wiedervereinigung getrennter Gegensätze, der „neue innere Mensch" oder die auferstandene Wandlungssubstanz, ein vollständigeres, erneuertes Symbol des Selbst.

Im Lichte der alchemistischen Symbolik und der Ausführungen Jungs darüber besehen, bilden somit die Vaterimago des älteren Herrschers und der geflügelte Sohn nicht nur gar keine wirklichen Gegensätze, sondern sie sind wesenseins. Die Alchemisten bezeichneten deshalb ihre Substanz auch als „senex et puer" und ebenso wurde auch Christus angerufen, insofern er der „Alte der Tage" selber ist, der als Kind durch Maria wieder geboren wurde. Durch die Einschmelzung im alchymischen Opus, sei es im Feuer oder im Bade, durch Auflösung ins Chaos oder in einer Zerstückelung wird der alte Mann jeweils zum Sohn gewandelt. Wenn sich also in den modernen Varianten die Vater- und die Sohnfigur feindlich gegenüberstehen, muß psychologisch etwas schiefgegangen sein: Der Wandlungsprozeß ist irgendwie steckengeblieben.

C. G. Jung hat nun aber gezeigt, daß der alte König nicht nur ein traditionsgebundenes allzu ichhaft verfestigtes Bewußtseinsprinzip darstellt, sondern letztlich das kollektive Gottesbild selber. Wenn es deshalb heißt, daß der König der Wandlung bedarf, so ist es letztlich unsere Gottesvorstellung, die eine Wandlung benötigt, und es ist klar, daß eine solche nur innerseelisch möglich ist, mit anderen Worten, daß wir uns nur am Unbewußten orientieren können, wenn wir erfahren wollen,

in welcher Art unsere vorherrschende Bewußtseins-
dominante sich zu ändern hätte, damit unser Gottesbild
wieder, wie Jung sagt, zu einer wirklichen Ganzheit
werde, statt nur einen Ganzheitsanspruch zu erheben.[3]
Das archetypische Bild des „puer aeternus" stellt ein
solches Gotteserlebnis, welches das Gottesbild erneuert,
dar. Wenn nun dieser ganze Prozeß der Königserneuerung, den C. G. Jung im „Mysterium Coniunctionis"
ausführlich beschrieben und gedeutet hat, nicht bewußt
realisiert wird, so scheint er sich einfach trotzdem abzu-
spielen, jedoch mit negativem Vorzeichen. Besonders interessant ist in diesem Zusammenhang der Verlauf in
St. Exupérys „Petit Prince": der Sternenknabe läßt sich
dort von der Schlange, einer gelben Sandviper, freiwillig
töten, um zu seinem Stern und seiner dort verbliebenen
Rose zurückzukehren. Nicht allzulange danach ist auch
der Autor St. Exupéry selber seinem Petit Prince im
Tode nachgefolgt. Er wurde von deutschen Fliegern
über dem Mittelmeer abgeschossen. Die Schlange ist in
der alchemistischen Symbolik mit dem *filius regius*,
also dem Sternenprinzen, identisch. Sie ist, wie C. G.
Jung sagt, „die unterste anfänglichste Lebensform" des
sich erneuernden Königs – „giftig und tödlich, eine me-
dicina, die zuerst gefährliches Gift ist, später ab das Ale-
xipharmakon (Gegengift) selber".[4] Die Schlange stellt
die dunkle Seite des Mercurius dar, ein Hermes kata-
chthónios.[5] Wenn jeweils das Lebenslicht des Heros er-
lischt, lebt er in Schlangengestalt weiter. Im Leben
St. Exupérys hat die Schlange tatsächlich eine solche
Todesbedeutung erlangt, und sie kann sie überall dort
erhalten, wo der Mensch mit dem Archetypus des
„Puer" identifiziert ist, weil er dann dessen Wandlung

---

3 Mysterium Coniunctionis, Bd. 2, S. 115.
4 ebenda, S. 87.
5 ebenda, S. 93.

in concreto mitmacht und so selber ins Chaos, in die Zerstückelung und in den Tod entschwindet. Daher kommt die Suizid- und Todesgefahr bei den menschlichen *„pueri aeterni":* die alchymische Mortifikation der Wandlungssubstanz wird zu ihrem eigenen persönlichen Tod.

In dieser Perspektive besehen erhält auch der in der modernen Gesellschaft überhandnehmende Mutterkomplex (ich erinnere an Philip Wylies Buch: „Generation of vipers" und seine Verhöhnung des amerikanischen „momism") eine neue Bedeutung: die Bindung an die Mutter ist bedingt durch die faszinierende Anziehungskraft des kollektiven Unbewußten, als dem Ort und der Matrix der „Königserneuerung". Sie ist der Schoß der *prima materia,* der dunkle Anfangszustand, den die Alchemisten als „Chaos" bezeichneten, die *massa confusa,* in welcher sich der Greis zum Jüngling wandelt. Frauen, welche keine religiöse Lebenseinstellung mehr haben und deren Leben deshalb inhaltlos geworden ist, identifizieren sich unwillkürlich mit dieser Zauberrolle der „Großen Mutter" und projizieren dann das archetypische Bild des Helden oder *filius regius* auf den Sohn – sogar bis zu dem Grade es vorziehen, daß er sterbe, als daß er eine gewöhnliche menschliche Existenz leben könnte.[6] So sagte mir eine Frau, als sie mir die Totenbettphotographie ihres ertrunkenen einzigen Sohnes zeigte, wörtlich: „Es ist mir lieber so, als daß ich ihn ans Leben und an eine andere Frau (!) hätte weggeben müssen."

Der Sohn hingegen gerät in den Bannkreis des Mütterlichen, weil er mit dem *filius regius* identisch ist und letzterer mit großer Liebesgewalt von der Matrix des Unbewußten angezogen wird, da er sich in ihr immer

---

6 Vgl. C. G. Jung: Myster. Coniunctionis, ebenda S. 29.

wieder wandelt. Dies ist in protestantischen Gegenden noch intensiver konstelliert, weil ein archetypisches Mutterbild in der Religion fehlt, so daß entweder dessen ganze Faszinationskraft der persönlichen Mutter zufällt, oder aber es entsteht eine solche Angst und Entfremdung gegenüber dem Weiblichen, daß sich das männliche Bewußtsein vor allen Einflüssen desselben und damit auch dem Einfluß des Unbewußten absperrt und in Vernünftigkeit und historischer Rückschau verdorrt. Dadurch entsteht dann die Bewußtseinseinstellung des „Herrn von Spät", d. h. des alternden Königs, der sich der Wandlung entzieht.

In Bruno Goetzens „Reich ohne Raum" tritt der Herr von Spät als ein Jugendfreund der Frauenfigur des Romanes, Sophie (Melchior von Lindenhuis' Gattin), auf, er ist also auch eine Personifikation des Animus in der Frau. Ich habe öfters gesehen, wie z. B. Mütter sich gegen eine Behandlung des Sohnes und Gattinnen gegen eine Jungsche Analyse ihres Mannes mit den Argumenten eines traditionellen „positiven Christentums" wehrten, wobei die geheime Triebfeder ihres Tuns Macht und Eifersucht und keineswegs christliche Liebe war. Mit anderen Worten, sowohl der Vater und Cheftyp „Herr von Spät" wie der *puer aeternus* sind beides Archetypen, welche auch als Animus-Personifikationen in der weiblichen Psyche auftreten können. In einer interessanten Arbeit hat Else Hoppe den „Typus des Mannes in der Dichtung der Frau" untersucht[7], wie er in literarischen Arbeiten von Frauen dargestellt ist, und in diesem Material tritt dieser Gegensatz von „Puer und Senex" sehr deutlich hervor.

Ich bin oft gefragt worden, wie es um die Psychologie

---

7 Ich verdanke die Kenntnis dieses Buches der Freundlichkeit von Herrn René Malamud.

der „puella aeterna" stehe und ob es auch eine solche gebe: dies scheint mir zweifellos der Fall zu sein, es handelt sich um jenen Frauentypus, welcher eine „ewige Tochter" darstellt, d. h. sich mit der Anima des Vaters unbewußt identifiziert. Damit lebt auch sie, wie der junge Mann vom Puer-Typus, in einer archetypischen Rolle – sie ist eine Korè, die numinose *Anima mundi,* eine lichte Göttin. Dem Herrn von Spät entspricht dann dementsprechend bei der Frau die verbitterte, oft intrigante ältere Frau, welche sich an Traditionen und Realwerte, wie Geld, Möbel, Häuser und Pelzmäntel, klammert, eine liebesunfähige alte Hexe. Auch jene Warenhaus-Hyänen, wie sie Philip Wylie so trefflich schildert, gehören hierher. Greta Garbo hat diesen Absturz aus der Korè-Rolle wohl besonders intensiv erlebt und – ich glaube wenigstens – menschlich überlebt. Ebenso hat Grace Kelly offenbar den Ausweg aus der reinen Anima-Identifikation, welche ihr Beruf ihr aufzwang, gefunden, während z. B. Brigitte Bardot im Film noch in der Puella-Rolle lebt, welche oft eine hermaphroditisch-knabenhafte Nebennuance aufweist, da ja der Filius Regius und seine Braut in der Alchemie geheim identisch sind. Mode, Film und die Animabesessenheit vieler Männer verstärken die Versuchung für die Frau, die Puella zu spielen, so wie die Animus-Besessenheit der Mütter und Frauen die jungen Männer zu „ewigen Jünglingen" macht. Dabei ist in dieser Identifikation so viel echte geistige religiöse und romantische Sehnsucht und schöpferische Emotion investiert, daß es begreiflich ist, wenn die Beteiligten sie nicht aufgeben wollen, als Alternative scheint ihnen ja nur die sterile Tyrannei des Herrn von Spät oder der enttäuschten alten Frau möglich zu sein, weil sie nicht wissen, wo und wie eine innere Wandlung dieser Figuren möglich wäre.

In der geistigen Revolution des Protestantismus ist ein Schritt in die Richtung unternommen worden, die religiösen Bilder nicht mehr außen zu sehen und die religiöse Funktion der Psyche nicht mehr mit einer sichtbaren Kirche in eins zu setzen. Aber wer A sagt, muß auch B sagen – wenn die Bilder nicht mehr „außen" oder in einer „dogmatischen Metaphysik" zu finden sind, dann sind sie eben in uns, nicht im Subjekt, aber in unserer objektiven Psyche zu finden. Diesen notwendigen nächsten Schritt völlig zu machen, hat der Protestantismus nicht gewagt, und es ist genau an diesem Punkt, daß die Wandlung des „alten Königs" steckengeblieben ist. Hätte dieser nächste Schritt stattgefunden, so wäre auch eine Versöhnung des Protestantismus mit dem introvertierten Flügel der katholischen Kirche, d. h. mit ihren Mystikern vorstellbar, und damit wäre eine Überbrückung des Schismas durch das Prinzip des Eros und durch die Anerkennung der religiösen Funktion des Unbewußten möglich.

Die „Wirklichkeit des Unbewußt-Psychischen" wurde nun aber meistens mythologisch durch den „Geist in der Natur" des Stoffes, durch die Mater, die Anima Mundi oder das „Ewig Weibliche" personifiziert. Wenn diese weibliche Macht nicht anerkannt wird, entsteht daher heute stattdessen jene höchst regressiv anmutende Zunahme des „Momism" sowie der Homosexualität in unserer westlichen Kultur einerseits und jene Bewußtseinsverhärtung andererseits, welche ihren unmittelbaren Ausdruck in der zunehmenden Bildung von Polizeistaaten findet. Ich habe bei Einzelfällen öfters sogar direkt beobachten können, wie die Imago des „Alten Gottes" (bei den Deutschen z. B. Wotan, oder bei den Juden Jahwe), und die „Polizeimacht" oder der „Diktator" sich in Träumen motivisch ablösten bzw. als identisch auftraten, denn das sich der Wandlung entziehende Gottesbild oder die alte Bewußtseins-Dominante bleibt nicht nur da stehen, wo der Prozeß nicht mehr weitergeht, sondern regrediert augenscheinlich in alte Primitivformen zurück. Besonders interessant ist für uns die heute außen überall zunehmende Wichtigkeit der Geheimpolizei- und Spionagesysteme: in ihrer Verborgenheit verkörpern sie gewissermaßen direkt das geheime Wirken des Unbewußten in einem einerseits unterminierenden und revolutionären und andererseits regressiv dem „Herrn von Spät" dienenden Aspekt. Ohne ein eigenes ideales Ziel zu besitzen, dienen diese Organisationen der Machtversteifung des jeweils vorherrschenden Prinzips. Wohl bei den meisten ihrer Vertreter ist die materielle Sicherheit, d. h. der Archetypus der mater materia das Hauptmotiv, das sie zur Teilnahme verleitet, oder aber die Überzeugung, daß gegenüber den chaotischen Massen eine „strenge Ordnung" nötig sei; mit anderen Worten das Chef-Diktator- oder „alte Königs"-Bild. Die vom Archetypus des Puer-aeternus-Besessenen sind dagegen meistens politisch uninteressiert, was bis zur sozialen Verantwortungslosigkeit geht, und sprechen nur jeder rauschartigen emotionalen Massenbewegung das Wort, gleichgültig woher sie komme und wohin sie führe. Natürlich spielen sich die beiden Typen von Besessenheit gegenseitig in die Hände; les extrêmes ne se touchent pas seulement – sie sind oft sogar identisch.

Sogar die Raketen- und Flugversuche der östlichen und westlichen Gruppen ließen sich in diesem Lichte sehen, schreibt doch der amerikanische Fliegerdichter John Magee:[8]

8 Auf dessen Werk hat mich Miss Greer aufmerksam gemacht.

High Flight

Oh! I have slipped the surly bonds of Earth
And danced the skies on laughter-silvered wings;
Sunward I've climbed, and joined the tumbling mirth
Of sun-split clouds, – and done a hundred things
You have not dreamed of – wheeled and soared
and swung
High in the sunlit silence. Hov'ring there,
I've chased the shouting wind along, and flung
My eager craft through footless halls of air …

Up, up the long, delirious, burning blue
I've topped the wind-swept heights with easy grace,
Where never lark, or even eagle flew –
And, while with silent, lifting mind I've trod
The high untrespassed sanctity of space,
Put out my hand and touched the face of God.

Und berührte Gottes Antlitz! – Gott ist also noch immer
außen irgendwo im Weltraum oder – wenn das nur eine
poetische Metapher sein sollte – nur im nach Außen ge-
wandten Tun der Flugtechnik und Flugakrobatik er-
reichbar – nicht dadurch, daß man ihn im eigenen Innern sucht. Die ekstatische Inflation, die sich mit dem
Flugerlebnis verbindet, ist hier ebenfalls unglaublich
naiv und deutlich ausgesprochen. Bald nach der Abfas-
sung dieses Gedichtes kam John Magee bei einem Flug-
unglück ums Leben – auch ihn hat, wie den Sternen-
Prinzen, der Erdgeist, der tödliche Aspekt der Mercu-
riusschlange bald darauf gebissen.

Aus Goethes Tasso geht bereits hervor, daß die Rolle
der Frau und die Differenzierung der Anima beim
Manne von entscheidender Bedeutung für die Wandlung des Senex zum Puer und für die Integration des
ganzen Problems ist. Um dabei auf die weibliche Seite
des Problems zu sprechen zu kommen, scheint mir, daß

dabei die Unbestimmtheit und Passivität der Frauen eine der wesentlichen Schwierigkeiten darstellt. Analysiert man nämlich Frauen, welche sich mit der „Großen Mutter" identifizieren, so scheinen diese öfters wie eine imposante *massa confusa* von Emotionen, unbewußten Intrigen, Animusmeinungen usw. zu sein, hinter denen aber ein ganz kleines, empfindliches, kindliches Ego steckt, und die Frauen, welche sich mit der Animarolle identifizieren, wirken zwar, wenn ihnen die Gegenwart männlicher Projektion Form gibt, originell und bestimmt, steht man ihnen aber als andere Frau allein gegenüber, so löst sich alles in eine große Leere und Unsicherheit auf. Und wenn einmal eine Frau doch bestimmt und gestaltet ist und weiß, was sie will, dann ist es leider meistens ihr Animus, der das bewirkt, und nicht ihr eigenes Wesen. Auch das Spinnen von Intrigen hängt mit ihrer Unbestimmtheit eng zusammen: man entschließt sich nicht, sondern hofft und wünscht und schaut „wie der Hase läuft", und hilft dabei auch ganz sachte dem Schicksalswalten noch ein wenig nach: eine kleine Verleumdung hier, eine kleine unechte Gefühlsdemonstration dort, eine nicht ganz unbewußte Fehlhandlung am passenden Ort unterstützen den Gang der Dinge, ohne daß man hierfür die Verantwortung übernähme. Eine andere Möglichkeit liegt in einer zwar aufrechten unintriganten, aber völlig starren männlich wirkenden Identifikation mit den alten Kollektivwerten, dem „Herrn von Spät" oder alten König, wobei die unbestimmte intrigante vague Frau in diesem Fall in ihrem Schatten zu finden ist. Manchmal ziehen sich die beiden Frauentypen auch homoerotisch an, so wie die beiden männlichen Typen es auch tun, weil sie eben tatsächlich aber eben innerlich, vereinigt werden sollten.

Nur eine größere Bestimmtheit und Umrissenheit des Wesens, welche durch die Integration des Animus entsteht, kann dem entgegenwirken, weil dann ein objektiver Eros möglich wird, der sich den Forderungen des Selbst unterwirft und zugleich den andern so lieben kann, wie er gemeint ist. Dies geht zusammen mit einem Verzicht, die archetypische Rolle der „Großen Mutter" oder der „Göttin Anima" zu spielen, eine Rückkehr zu bescheidener Menschlichkeit, genau wie sie der männliche Puer auch finden muß. Das Bedeutende aber, das Jung für uns getan hat, liegt darin, daß er einen Weg aufzeigte, wie man die Bescheidung ohne Absturz in die Banalität, ohne Rückkehr zum „Herrn von Spät" und ohne Verlust des schöpferischen Mana, der Emotion und des Glanzes, welche die Puer- und Puella-Figur umgeben, finden kann – im Gegenteil, wenn sie als das Selbst und als ein Nicht-Ich verstanden sind – dann erst entfalten sie ihre geheime erlösende und befreiende Wirkung und verlieren ihre vergiftende, nämlich das Ich unreal machende Wirkung. Ohne diese Einsicht jedoch wird der Puerarchetypus nichts weniger als zu einem eigentlichen Todesdämon.

Bruno Goetz leitet seinen Roman mit folgendem Gedicht an den göttlichen Knaben Fò ein:

Als nicht vom Himmel wich / die schwere Wolke
und allem Volke / die Sonne blich,
da kam aus Tiefen / das neue Licht uns nah,
wir schliefen / und wußten: „Du bist da."
O Sonnen / aus Deiner Augen Grund
Springende Bronnen / der Liebe aus Deinem Mund.
Funkelnder Geist / Deiner Glieder im Aethermeer –
Über die Wellen / lockst Du zu lohem Mut.
Ewiger Knabe / umspielt von der Sterne Getön
Spender der Labe / brausend und frei und schön:
Männer und Frauen schwingen in Deinem Schein,
treiben in Tod hinein / neu Dich zu schauen.
Immer ins Helle, ruft Deine weiße Gestalt.
Welle um Welle / nie sind wir alt!

Männer und Frauen treiben in Tod hinein, neu Dich zu schauen! Das ist wohl die gefährlichste Seite dieses archetypischen Bildes der Gotteserneuerung. Wenn letztere nicht bewußt realisiert wird, übt das Puer-Bild eine mächtige Verlockung in den Tod hinein aus. Es könnte sogar in unserer Zeit zum Motiv eines unbewußten Massensuizids werden. Was also die Zunahme der Puerproblematik bei uns im Angesicht der aktuellen Weltlage bedeuten könnte, ist mehr als unheimlich und zeigt, wie dringlich es geworden ist, daß der Schritt zur innerseelischen Realisation der Gottesbeziehung beim einzelnen vollzogen werde.

Da, wie ich annehme, Herr von Spät, oder der alchemistische *senex* und der *puer* bzw. *infans Mercurius,* archetypische Mächte sind, welche im Hintergrundsgeschehen unserer Zeit als Erzeuger von Besessenheit und von Projektionen konstelliert sind, glaube ich, müssen auch wir hier Ausschau halten, wo diese Mächte eventuell uns packen könnten oder schon gepackt haben. Es scheint mir, daß auch in unserer Mitte[9] sich zwei Tendenzen zum Wort melden, welche dem entsprechen: eine Konventionalität, welche Jung „akademisch" oder „medizinisch" oder sonstwie „angepaßter" machen will, wodurch wir dann z. B. „neofreudianisch" bei „Herrn von Spät" landen, oder ein puerhaftes „über Jung hinaus das letzte Wort haben wollen", wobei es zur Nebensache wird, ob das, was man sagt, wissenschaftlich stimmt oder nicht. Daß diese Tendenzen geheim identisch sind, zeigt z. B. ein „puer", wie Ira Progoff, der als großer Neuerer Jung weiter zu entwickeln verspricht, um bei – Otto Rank zu landen!

Es gäbe hier noch mehr Beispiele, „sed nomina sunt odiosa". Wir können uns hiervor wohl nur durch grö-

_____

9 Der Vortrag wurde vor Jungianern gehalten.

ßere Menschlichkeit bzw. durch die Einsicht retten, daß beide archetypischen Bilder ihre negativen Besessenheitseffekte auf uns nur soweit ausüben können, als das eigene Erleben des Selbst noch nicht weit und tief genug gegangen ist.

REGISTER

351

archaisch 49, 64, 95, 241 ff., 246, 264, 269, 323
Archetyp, archetypisch 14, 36, 71, 80, 104, 108 f., 111, 138 f., 149, 153, 157, 176, 179, 186, 192, 199, 208, 232, 240, 267, 274, 276, 279, 281, 294 f., 300 f., 303 f., 306, 309, 311, 333 f., 341 f., 344, 347
Archeus 218
Ares 218 f.
Askese 130
Asklepius 152, 181, 208
Assimilation 121 f., 125, 127
Atman Purusha 305, 315
Atheismus 22
Atom 91
Atum 17
Auferstehung 17 f.
Aufklärung 92
Ausbildung 278 f.
autogenes Training 156, 165
Azteken 278

Ba 17 f.
Balneum Mariae 233
Battegay, Raymond 293, 298, 301 f.
Bauer 57
Baum 281 f., 318 f.
Beatrice (Dante) 256
Beethoven 19
Befreiung 153
Ben-Benstein 17 f.
Berg 156
Beruf 280, 331
Berufung 273 f., 280 f., 283, 285
Besessenheit 115 f., 183 f., 186 f., 208, 210, 211, 256, 285, 297, 309, 311, 328, 342, 344, 348 f.
Bewußtheit 245, 273
Bewußtsein 14 ff., 27, 29, 52 f., 83, 85, 113, 121 f., 125, 118, 132, 137 f., 142, 144, 149, 168, 185, 189, 191, 197, 204, 210 f., 243, 280, 288, 299, 318, 322, 343
Bewußtwerdung 196 ff., 250, 255, 316
Beziehung 291
biologisch 33 f.
Blitz 176
Blume 21, 47
Blut 42
Böhme, Jakob 84 ff., 176
Bolzen 16, 20
Bon, le, Gustave 291
Böse 85, 132 f., 139, 188, 193 ff., 187, 306, 308
Braque 13, 276
Brot 12, 15 f.
Buch Henoch 168, 189
Buddha 21 f., 181, 267, 303, 305 ff., 336
Buddhismus, buddhistisch 129, 181, 193, 263, 305 ff.

Castanedas, Carlos 170 f.
Chaos 288, 338, 340
Cheopspyramide 18
China, chinesisch 138, 161, 199
Christentum, christlich 21, 133, 138 f., 154, 157, 163, 181, 187, 190, 192, 198, 209, 247, 281, 289, 305 ff., 310, 314, 327, 333, 341
Christus 21 f., 154, 171, 181, 190 f., 193, 255, 305 f., 310, 314 f., 338
chthonisch 191 f., 208
Chymische Hochzeit 257
Coniunctio 16, 197

Daimonion-Lehre 304
Dämon, dämonisch 152 f., 164, 172, 186, 203, 219 f., 247, 266 f., 311
Dante 256

Träume — Marie Louise von Franz. Neben allgemeinen Ausführungen zur Traumdeutung und deren Bezug zum Alltagsleben behandelt die Autorin das faszinierende Thema von Träumen grosser historischer Persönlichkeiten und Philosophen. Sie geht u. a. auf Traumberichte von Themistokles, Hannibal, Sokrates und Descartes ein, was nicht nur psychologisch neue Perspektiven aufzeigt, sondern auch historisch interessant ist. Wie in ihren erfolgreichen Büchern über Märchendeutung gelingt es ihr auch hier, eindrücklich ein komplexes Thema auszuleuchten.

Psyche und Materie — Marie-Louise von Franz. In zunehmenden Masse drängt sich heute die Frage auf, wie Seele und Körper im speziellen oder Psyche und Materie im allgemeinen miteinander verbunden sind. Die Autorin zeigt auf allgemeinverständliche Art und Weise an den Phänomenen des sinnvollen «Zufalls», des Zusammenfallens innerer und äusserer Ereignisse, und der Zeit, welcher Art der Zusammenhang von Psyche und Materie sein könnte.

Die Visionen des Niklaus von Flüe — Marie-Louise von Franz. Aus einer tiefenpsychologischen Perspektive werden die Visionen und Traumbilder des Heiligen Niklaus von Flüe interpretiert. Marie-Louise von Franz hebt gewisse Züge, die über das spezifische Christliche hinausreichen, hervor und zeigt viele Bezüge zur Sagen- und Mythenwelt auf. So wird das Bild des «Priester-Arztes» beleuchtet, der Therapeut und Seelsorger in sich vereint. Ein wichtiger Beitrag zum psychologischen Verständnis einer besonderen Gestalt.

Die Passion der Perpetua — eine Frau zwischen zwei Gottesbildern — Marie-Louise von Franz. Anhand der inneren Bilder einer jungen Frau diskutiert die Autorin die Entstehung des christlichen Weltbildes. Sie zeigt, wie es die individuellen Erlebnisse einzelner Menschen gewesen sind, die dem Glauben an einen menschgewordenen Gott Überzeugungskraft und Gewicht verliehen haben. Dadurch erschliesst sie zur psychologischen auch eine neue geschichtliche Interpretation jenes bedeutsamen Zeitabschnitts.

Im Umkreis des Todes — M.-L. von Franz, Liliane Frey, Aniela Jaffé. Drei Psychologinnen, die in ihrer langjährigen Tätigkeit immer wieder mit dem Phänomen des Todes in Berührung gekommen sind, geben Einblick in einer Erfahrungswelt, die immer mit einer Wandlung und Erneuerung der Erkenntnisse verbunden scheint. M.-L. von Franz schreibt über «Archetypische Erfahrungen in der Nähe des Todes», Aniela Jaffé über den «Tod in der Sicht von C.G. Jung» und Liliane Frey über «Sterbeerfahrungen psychologisch beleuchtet.»

von Franz · Frey-Rohn · Jaffé

IM UMKREIS DES TODES

DAIMON

Die Antwort der Engel — Gitta Mallasz. Auf der Suche nach sich selbst öffnet sich vier jungen Menschen unvermutet eine neue Dimension, die sie in einer leidvollen Zeit auf ungeahnte Weise zur eigenen Individualität und zum Sinn ihres Lebens führt. Die Bedeutung dieses dokumentarischen Berichts reicht weit über das Persönliche hinaus.
Ebenfalls von Gitta Mallasz: **Die Engel erlebt** und **Weltenmorgen.**

die antwort der engel

C. G. Jung im Gespräch — Reden, Interviews und Begegnungen. Die deutsche Veröffentlichung von Gesprächen und Interviews mit C. G. Jung schliesst eine Lücke im Gesamtwerk des bedeutenden Psychologen und Arztes. Das Buch gibt einen faszinierenden Einblick in das Leben und Denken eines geistigen Pioniers, und die lebendige, direkte Redeweise macht viele Konzepte C. G. Jungs leichter verständlich und setzt sie in einen Zusammenhang mit seiner Person. Eine ausgezeichnete Einführung in Jungs Gedankenwelt und Wesensart.

Daimon Verlag   Hauptstrasse 85   CH-8840 Einsiedeln